KB145724

근대를 보는 창 20

근대를 보는 창 20

초판 1쇄 발행 2007년 10월 25일 \ **초판 5쇄 발행** 2015년 3월 1일
엮은이 최규진 \ **펴낸이** 이영선 \ **편집 이사** 강영선 \ **주간** 김선정 \ **편집장** 김문정
편집 임경훈 김종훈 김경란 하선정 \ **디자인** 정경아
마케팅 김일신 이호석 김연수 \ **관리** 박정래 손미경 김양천

펴낸곳 서해문집 \ **출판등록** 1989년 3월 16일(제406-2005-000047호)
주소 경기도 파주시 광인사길 217(파주출판도시) \ **전화** (031)955-7470 \ **팩스** (031)955-7469
홈페이지 www.booksea.co.kr \ **이메일** shmj21@hanmail.net

© 최규진, 2007
ISBN 978-89-7483-325-1 43910
값 11,900원

이 도서의 국립중앙도서관 출판시도서목록(CIP)은 e-CIP 홈페이지(http://www.nl.go.kr/ecip)에서 이용하실 수 있습니다.(CIP제어번호: CIP2010002213)

책상위 교양 13

근대를 보는 창 20

최규진 엮음

서해문집

| 차 례 |

제3부_근대의 사람과 사람

| 엮은이의 말 |

한국 근대의 겉과 속

역사를 어렵게 생각하지 마세요. 인간을 둘러싼 여러 이야기 묶음이 곧 역사입니다. 사회 모순에 맞서 싸우는 민중의 이야기도 역사이고, 오랫동안 사람들을 옭아맸던 제도나 틀에 대한 이야기도 역사입니다. 어떤 이는 우리 민족과 다른 민족 사이의 투쟁을 역사의 중심에 놓기도 합니다. 천박하게도 어떤 이는 왕이나 영웅의 이야기가 '역사'라고 생각하기도 합니다.

이 책은 자잘한 우리들의 이야기를 '역사'로 다룹니다. '자잘하다'고 해서 중요하지 않다는 것은 아닙니다. "인간은 무엇보다 먹고 입고 자야 한다."는 말은 얼핏 너무 평범해 보입니다. 그러나 이 평범한 말을 '역사'는 오랫동안 잊었습니다. 그 때문에 '임금님들의 역사'는 많이 있어도, 먹고 입고 자야 했던 우리의 삶은 '역사'에서 찾아보기 힘들었습니다.

이 책은 한국방송통신대학교 교재인 『근현대 속의 한국』(이임하 · 이기훈 · 최규진 · 허수 · 송찬섭 공저)을 밑바탕으로 삼았습니다. 여러 선생님의 원고가 없었다면 이 책을 엮어 낼 수 없었습니다. 이 책은 그 원고를 잘게 나누어 문답식으로 다시 풀어 썼습니다. 아직 '교양으로 책 읽기'가 익숙하지 않은 대학교 새내기와 청소년들이 쉽게 읽을 수 있도록 하려는 뜻이었습니다. 이 책은 원본의 문제의식을 그대로 담되, 긴 글을 짧게 만들었으며 덧붙일 것은 덧붙이고 뺄 것은 빼면서 글을 쉽게 다듬었습니다. 거기에 '생각 열기'와 '한 뼘 생각'을 더 넣었습니다. 이 글을 왜 읽어야 할지, 글을 읽은 뒤에 무엇을 더 생각해야 할지를 그곳에 압축해서 썼습니다.

이 책은 스무 개 영역에서 근대의 경계를 살펴봅니다. 시기로 말하면 개항을 앞뒤로 한 때부터 '해방' 무렵까지입니다. 근대의 속살을 살펴보고 근대의 모습을 깊게 되새김하는 까닭은 아직 우리가 근대의 범주 안에 살고 있기 때문입니다.

근대를 벗어난 새 세계는 어떤 모습이어야 할까요? 새로운 기획을 해야 합니다. '근대' 또는 '문명'이라는 이름 속에 담긴 억압과 규율, 그리고 착취와 통제를 벗어나려는 생각, 그것이 곧 근대를 넘어서는 새로운 기획입니다. 새로운 기획이란 국가와 국가 사이의 경쟁, 민족과 민족 사이의 경쟁을 뚫고 사람과 사람 사이의 연대와 참다운 축제, 그리고 서로가 서로를 보듬는 공동체 정신을 되살리는 데서 시작해야 하지 않을까요? 이 책은 새로운 기획의 방향을 다 말하고 있지는 않지만, 근대를 뛰어넘는 새 세계를 꿈꾸는 속내가 담겨 있습니다.

이 책을 읽는 모든 이들이 '문명'을 내걸고 야만으로 치달았던 근대, 겉과 속이 달랐던 근대를 뛰어넘어 새로운 세상을 꿈꾸었으면 좋겠습니다.

어느덧 고등학생이 된 내 딸이 어느 만화에서 보고 가슴에 새겼다는 '명대사' 하나를 소개합니다.

"포기하면 그것은 이미 꿈이 아닙니다."

글쓴이들의 뜻을 모아
최규진 씀

제 1부

근대인 되기

시간, 돈이 되고 규칙이 되다 | 학교 종이 땡땡땡! | 아는 것이 힘, 책 속에 길이 있다 | '연애의 시대', 연애의 정석 | 체육과 스포츠, 근대의 질서를 몸에 심다 | 새 옷 입고, 새 마음으로 | 여기 세균이 있다

01

시간, 돈이 되고 규칙이 되다

생각 열기

나이 지긋한 서양 사람이 아프리카 어느 호젓한 바닷가로 여행을 갔습니다. 얼핏 봐도 물 반 고기 반인 바닷가였습니다. 짙푸른 바닷가에 초라한 어부가 조그만 배를 놔두고 늘어지게 낮잠을 자고 있었습니다. 관광객이 어부에게 넌지시 타일렀습니다. "젊은이, 좀 더 시간을 아껴서 고기를 잡지 않고 왜 게으름을 피우나요?" 그러자 어부가 눈을 동그랗게 뜨며 말했습니다. "고기를 많이 잡아서 뭐 하려고요?" "그 고기를 시장에 내다 팔아 돈을 많이 벌어 큰 배를 사고, 더 고기를 많이 잡아 나처럼 이렇게 나이 들어 여유롭게 보내란 말이오." 어부가 피식 웃으며 이렇게 말했답니다. "나는 지금 당신이 말하는 여유로운 시간을 살고 있어요."

아프리카 어부의 시간관념이 더 맞는 것이 아닐까요?

우리 모두 서양의 습관이 몸에 배어 잘 모르고 지냅니다만, 지난날에는 시간관념이 지금과 많이 달랐습니다. 서양의 시간은 무엇이고 우리에게 어떤 영향을 주었을까요? 한국에서 근대적인 시간관념은 어떻게 형성되고 전파되었을까요?

조선시대에는 시간을 세는 단위가 오늘과 달랐죠?

지금은 분과 초로 시간을 따지지만, 조선시대에는 17세기 무렵 청나라를 통해 시헌력*을 받아들여 하루를 96각刻으로 나누었습니다. 이때 1각은 오늘날의 15분에 해당합니다. 밤 시간은 다섯으로 나누어 1경更부터 5경으로 불렀습니다. 이 관행은 고려시대에 시작한 것으로 보이며, 조선 초기가 되면 확실하게 자리를 잡습니다.

오늘날 우리가 쓰는 달력의 열두 달 365일 체계, 서력기원, 주 7일제 등에 반영된 근대적 시간관념은 서유럽에서 오랫동안 발전해 온 결과물입니다. 지구가 한 번 자전하는 주기가 하루이고, 지구가 태양 주위를 한 바퀴 도는 주기가 1년이 된다는 식의 설명을 세계 사람이 받아들인 것은 겨우 100년 남짓밖에 되지 않았습니다. 이전에는 나라마다 다른 시간관념을 가지고 있었고, 조선도 마찬가지였습니다.

> **시헌력 時憲曆**
> 천체 주기에 따라 시간의 흐름을 매기는 방법인 '역법曆法' 가운데 하나. 처음 명나라에서 서양 역법을 받아들여 만든 것을 조선 중기에 들여와 오늘날까지 흔히 '음력'이란 이름으로 일상생활에서 쓰고 있다. 갑오개혁 뒤부터는 공식 일정은 태양력을 기준으로 삼았다.

얼핏 생각하기에는 조선시대에 음력만 썼을 것 같은데요?

명절과 생일과 제삿날은 음력을 썼지만, 한 해 농사의 기준이 되는 24절기는 태양의 움직임에 따라 만들었습니다. 음력은 달의 운동을 기준으로 만들어 한 달이 약 30일(29.53일)이므로 태양의 공전 주기 약 365일과 조금 차이가 납니다. 이 조그마한 차이가 쌓이고 쌓이면 계절이 엉망이 될 테니까, 24절기를 두어 음력이 계절의 변화와 어긋나는 현상을 보완한 것이지요.

조선은 농업을 중요하게 여긴 사회여서 농사에 맞는 시간관념을 가진 사람이 대접을 받았습니다. 조선 초기에 정승 황희가 늙은 농부의 말과 행동에서 교훈을 얻었다는 일화는 많은 사람이 알고 있죠. 또 세종 때 편찬한 『농사직설農事直說』은 늙은 농부가 가진 선진적인 농사 경험을 모아 만든 것입니다. "철이 들었다."는 말은 씨 뿌리고 가을걷이하는 때를 안다는 말에서 비롯되었다고 합니다. 농업을 밑바탕으로 삼는 전통사회에서는 일생 동안 쌓은 나이 든 농부의 농사 경험이 사회에서 권위를 인정받으며 다음 세대로 이어졌습니다. 노인을 공경하는 사회 풍습은 '절기를 아는' 사람에 대한 예의이기도 했습니다.

근대적인 시간관념이 들어오면서 마침내 양력을 쓴 때는 언제입니까?

우리나라에 근대적 시간관념이 영향을 끼친 것은 1876년 개항 무렵입니다. 그럼 '시간'이란 말은 언제부터 썼을까요? 서양의 'Time'을 번역한 '시간'이라는 용어는 일본에서 만들어 중국과 조선에서 유통되었습니다. 조선에서는 『독립신문』 창간호에 '우체시간표'라는 표현이 있는 것으로 보아, 1896년을 앞뒤로 한 때에 '시간'이라는 말을 쓴 것으로 보입니다.

고종은 갑오개혁과 을미개혁으로 음력 1895년 11월 17일을 양력

1896년 1월 1일로 선포합니다. 그 결과 정부 공식 문서에서 1895년 11월 17일부터 1895년 12월 30일까지의 날짜는 사라지게 되었지요. 이 43일은 우리 역사에서 이른바 '잃어버린 시간' 입니다. 새로운 시간 체계가 뿌리내리는 데에는 시간이 걸립니다. 1896년부터 1908년까지 정부는 공식적으로 두 가지 역서曆書, 다시 말하면 시헌력·명시력明時曆과 태양력을 함께 발간했습니다. 이러한 '시간의 이원화' 는 예전에 없던 일로, 전혀 다른 성격을 가진 두 개의 시간 구조가 서로 경쟁했다고 할 수 있습니다.

정부는 1908년에 명시력을 중단하고 시간 체계를 하나로 만듭니다. 그러나 근대적 시간 체계가 분명하게 자리 잡은 때는 일제 식민지 시기인 1911년입니다. 이때 조선총독부는 총독부 관측소 이름으로 양력인 조선민력朝鮮民曆을 발행하고 배포했습니다.

조선을 병합한 뒤 시간을 통일하려 한 일제는, 1911년 조선민력 발행과 함께 연호를 '메이지明治' 로 바꾸고 국경일도 모두 일본 국경일로 바꿉니다. 또 1912년에는 한국 표준시간을 동경 135도를 기준으로 하는 일본의 표준시로 통합합니다. 서울의 자오선이 동경 127도, 일본 도쿄의 자오선이 동경 135도라서 30분 남짓 차이가 나던 것을 통일한 것이지요.

일제는 근대적 시간관념을 보급하려고 특별한 기념일을 만들었다죠?

일제는 1921년부터 해마다 6월 10일을 '시時의 기념일'로 삼고, 모든 관청에서 이날을 기념하도록 했습니다. 이에 따라 관청은 학생과 부인 조직을 동원하여 홍보를 하기도 합니다. 6월 10일을 기념일로 삼은 데에는 까닭이 있습니다. 일본 전설에 따르면, 7세기에 덴지天智 천황이 이날 물시계로 시간을 알리기 시작했다고 합니다. '시의 기념일'에는 총독부 기관지인 『매일신보』 등을 통해 "시간은 금이다." "시간을 지키자." "시계를 바르게 맞추자." 따위의 표어를 걸고 기념일을 선전했습니다. '시의 기념일' 행사는 1920년대 중반부터 차츰 한국인 사회에도 번지기 시작합니다.

근대적 시간관념이 보급된 것이 오로지 일제가 일방적으로 강요했기 때문인가요?

그렇지 않습니다. 이미 1920년대 초부터 한국인들 사이에서도 문화계몽운동 차원에서 근대적 시간관념을 보급하려는 움직임이 나타납니다. 보기를 들면, 잡지 『동명東明』은 '주부의 일일생활계획표'를 실어 주부가 근대적 시간관념을 가지고 가정을 짜임새 있게 바꾸어야 한다고 강조했습니다. 1928년 말 잡지 『별건곤別乾坤』은 윤치호·문일평 등 명사에게 하루의 생활을 어떻게 쓰는지 묻고 답변을 실었습니다.

주부의 일일생활계획표

06:00~08:00	기상, 아침식사 준비, 출근 · 등교 시중
08:00~10:30	남은 식구 아침식사, 설거지와 뒷정리
10:30~13:30	독서 또는 자녀와 자신의 의복 손질, 빨래, 점심식사
13:30~16:00	바느질, 손님 접대
16:00~17:00	자제와 공부
18:00~19:00	저녁식사
19:00~20:00	가족과 담소
20:00~21:30	자녀의 학습 점검

—『동명』, 1922년 10월 8일.

면방 대기업 기숙여공의 하루 일과

갑반(오전반)

오전 4시 30분	기상
오전 4시 40분~오전 6시	청소와 아침
오전 6시	작업 시작
정오 12시	점심식사
오후 6시	작업 마침
오후 6시부터	저녁식사
	목욕, 휴식 및 청소
오후 9시	취침
오후 9시~오후 10시	교화계 교육

—『동양방적 주식회사』, 1986년.

그러나 민중이 낯선 근대적 시간관념에 적응하기 쉽지 않았습니다.

서양과 마찬가지로 조선에서도 열차 운행이 근대적 시간관념을 퍼뜨리는 데 중요한 계기가 되었습니다. 1899년에 나온 『독립신문』을 보면, '화륜거 왕래시간' 이라는 제목으로 열차 통과 시간표가 실려 있습니다. 이런 시간표가 곳곳에 붙여지면서 열차 이용객들이 잘게 쪼개진 근대적 시간관념을 지키게 된 것이죠. 규칙적인 열차 운행은 열차를 이용하지 않는 사람에게도 시간을 알리는 중요한 기준으로 작용했습니다.

식민지 시기 학교와 공장을 통해 근대적인 시간 리듬을 전파했다면서요?

훈시를 하고 하루 일정을 전달하는 보통학교 조회는, 달갑지는 않지만 어린이들이 맨 먼저 만나야 하는 '시간 훈련' 이었습니다. 근대 교육의 특징 가운데 하나가 시간표에 따라 교육하는 것입니다. 보통학교는 연간 행사표에 따라 운영했습니다. 수업시간은 1시간 단위였고, 교과 과정은 시간표에 따라 나누었습니다. 일제 말이 되면 학령 아동의 취학률이 50퍼센트에 이르렀기 때문에 그 영향이 컸습니다.

근대적 공장에서는 노동자가 시간관념을 갖는 것을 가장 중요하게 여겼습니다. 대규모 공장들은 교대제를 시행했고, 노동자들은 교대제 순번에 따라 정확하게 시간을 지켜 출퇴근해야 했습니다. 자본가들은 출근 카드를 쓰게 하여 출퇴근을 통제했습니다. 노동자들은 사이렌이나 조장·반장의 명령에 따라 작업을 시작하거나 마쳤습니다. 자본가들은 노동시간을 지키지 않는 노동자에게는 벌금·벌칙 따위로 갖가지 규제를 했습니다.

조선 노동자들은 틀에 짜인 시간관념에 잘 적응했나요?

전통적인 시간관념에 익숙했던 노동자들은 분과 초로 나누는 근대적 시간관념에 적응하기 어려웠습니다. 이를 두고 일제는 조선 노동자가 "게으르고 시간관념이 없다."고 공격했지요. 어느 면방 대기업에서는 처음에 통근제도를 마련했다가 여성 노동자들이 시간에 맞춰 출근하는 것이 익숙하지 않아 많이 결근하자, 기숙사를 세워 여성 노동자들을 시간에 따라 움직이도록 했습니다. 여성 노동자들은 새벽 4시 30분에 일어나서 6시부터 저녁 6시까지 꼬박 12시간 동안 공장에서 일했고, 잠자는 시간을 쪼개서 교화교육까지 받았습니다.

국가 기념일을 둘러싸고 일제와 갈등을 빚었다는데 무엇이 문제였나요?

일제의 시간 정책에 우리나라 사람들이 적지 않게 저항했습니다. 특

1930년대 건설 노동자들. 일을 하기에 앞서 한 곳에 모여 정신교육을 받고 있다. 일장기와 함께 충 효라는 글을 새겨 넣은 현수막을 걸었다. 대규모 공장의 노동자들은 근대적 시간 체계에 맞추어 움직여야 했다. 출근도, 퇴근도, 교육도 모두 정해진 시간에 따라 했고, 그렇지 않으면 갖가지 규제를 받았다.

히 국가 기념일을 둘러싸고 갈등이 컸습니다. 눈에 보이지 않는 시간의 흐름 속에 경계선을 그어, 어떤 날을 다른 나라 사람과 다르게 인식하게 하는 것이 국가 기념일입니다. 국가 기념일은 시간 차원에서 한 국가를 상징하는 역할을 합니다. 한국의 국경일 제도는 대한제국기에 확립되었습니다. 이때 황제나 황실과 관련된 날짜가 큰 비중을 차지했습니다. 이런 경축일 제도는 대한제국이 멸망하면서 크게 바뀝니다.

일제는 1912년 칙령으로 축제일을 지정하여, 조선 민족이나 옛 황실의 기념일을 없애고 일본 천황제와 관련된 경축일 따위를 이 땅에서도 그대로 시행합니다. 보기를 들면, 일본을 건국했다는 진무神武 천황이 즉위한 날인 '기원절紀元節'이나, 명치 국왕의 생일인 '명치절明治節' 따위를 기념하게 했지요.

국가 기념일은 역사 해석 또는 집단 기억과 관련된 것입니다. 따라서 조선 사람들이 일제가 정한 국가 기념일을 그대로 받아들이기는 어려웠습니다. '광주학생운동'이 일어난 1929년 11월 3일은 일제의 4대 국경일 가운데 하나인 명치절이자 음력으로는 10월 3일로 조선에서는 개천절이었습니다. 광주학생운동은 학생들이 교육 현장에서 느끼는 민족 차별에 대한 불만을 반일투쟁으로 발전시킨 것이지만, 일제의 국경일에 반감을 품은 것도 작용했습니다.

조선 사람들은 일제가 정한 국가 기념일에 맞서 '기억투쟁'을 벌입니다. 나라 안팎에서 3·1절, 국치일國恥日, 정음 반포일(가갸날 또는 한글날), 개천절 등의 기념일을 치렀습니다. 1920년대부터 드센 바람을 불러일으킨 사회주의 진영은 메이데이May Day(노동절), 러시아혁명 기념일, 여성의 날, 반전의 날 등 사회주의 기념일을 중요하게 여기고 대중투쟁을 벌이기도 했습니다.

일제가 전통 명절을 간섭하고 통제하지는 않았나요?

음력에 뿌리를 둔 세시풍속, 특히 설날을 둘러싸고 논란이 많았습니다. 전통적인 세시풍속과 시간관념이 몸에 배어 있는 민중은 "무식한 사람만 양력설을 지낸다."는 일제와 일부 계몽 지식인의 생각을 거부합니다. 1910년대부터 일제가 음력을 없애고 양력만 쓰는 정책을 펴자, 1920년대 후반이 되면 한국인 사회 안에서도 음력 폐지론이 나타나기는 합니다. 그래도 많은 사람은 양력을 서양 것이라 생각했으며, 일진日辰(날의 간지干支)이 없어서 길흉을 판단하기 어렵고, 절후(절기)가 없다는 이유 등으로 주로 음력을 썼습니다.

해방 직후 '나라 만들기'를 시작하면서, 국가 기념일을 어떻게 치렀나요?

국가 기념일을 결정하는 데 가장 중요한 것은, 어떤 사상으로 어떻게 역사를 바라볼 것인가 하는 문제입니다. 해방 뒤 좌우가 날카롭게 맞서면서 무엇을, 누가, 어떻게 기억할 것인지를 두고 갈등이 생깁니다. 1946년 한 해 동안 좌익이 기념한 기념일은 사회주의운동 관련 사건이었습니다. 좌익은 조선공산당 창립기념일(4월 17일), 메이데이(5월 1일), 소련이 독일에 승리한 5·8 전승일(5월 8일), "1930년 간도에서 동포가 공산당의 지도로 무기를 들고 싸웠던" 5·30 간도항쟁 기념일(5월 30일), 6·10 만세운동(6월 10일), 학생의 날(11월 3일), 러시아혁명 기념일(11월 17일) 등을 기념했습니다. 좌익의 기념일에 식민지시대 6·10 만세운동과 광주학생운동이 포함된 것은, 그 운동을 좌익이 앞장서 이끌었음을 알려 줍니다.

우익은 자신의 정치를 뒷받침하려고 임시정부와 관련된 기념일을 많이 치렀습니다. 임시정부 수립기념일(4월 13일)과 지난날 임시정부에서 치른 순국선열의 날(11월 17일)을 중요하게 여겼죠. 그 밖에 안중근, 윤봉길, 이봉창, 이준 등 특정 인물과 관련된 날에 기념식을 했습니다. 좌익이 사건을 중심으로 기념한 것에 견주어 우익은 인물을 중심으로 기념했습니다.

해방 뒤에 좌익과 우익이 3·1 민족해방운동을 함께 기념했나요?

해방 뒤 첫 3·1절 기념일인 1946년 3월 1일, 좌익과 우익이 함께 기념식을 치른 곳도 있지만 곳에 따라 서로 맞서기도 했습니다. 좌익과 우익이 따로 3·1절 기념식을 치른 것은, 3·1운동을 어떻게 해석하고 그 운동의 정당성을 누가 갖는가 하는 문제와 관련이 있습니다.

미군정이 좌익을 탄압하고 좌익과 우익이 더욱 날카롭게 맞서던 1947년이 되면, 3·1절 기념식은 좌익과 우익으로 뚜렷하게 나뉩니다. 1947년 우익 쪽은 서울운동장에서, 좌익 쪽은 남산에서 따로 3·1절 기념행사를 했고, 행사가 끝난 뒤 남대문에서 양쪽 군중이 충돌합니다. 이에 경찰이 총을 쏘아 많은 사상자가 생기죠. 이 '남대문 사건'에 대해 수도경찰청장 장택상은 첫 회견에서 "우익 측에서 먼저 도전했으며, 남산 측에서는 비교적 평화로웠다."고 하여 우익 쪽에 책임이 있음을 분명히 했습니다. 그러나 곧 태도를 바꾸어 좌익이 미리 계획을 세워 우익이 도발하도록 유도했다고 발표했습니다. 3·1절 기념식과 마찬가지로 8·15 기념식도 좌익과 우익이 따로 치릅니다.

메이데이는 언제부터 기념했나요?

노동자들은 일제의 탄압을 뚫고 이미 1920년부터 메이데이 행사를 치렀습니다. 그 뒤 해마다 5월 1일이 되면 기념식, 기념 강연회, 기념 야유회, 표어 붙이기, 전단 뿌리기, 파업, 시위 등 여러 방법을 써서 노동절 투쟁을 합니다. 감옥에서도 노동절 투쟁을 했습니다. 식민지 시대 메이데이 기념은 사회주의 진영이 이끌었고, '해방'이 된 뒤에는 좌익이 크게 기념합니다.

해방 뒤 첫 메이데이인 1946년 5월 1일, '조선노동자전국평의회'

(전평) 등 좌익 진영은 노동절 기념식을 곳곳에서 치릅니다. 서울에서는 서울운동장 야구장에 노동자 20만 명이 참가하여 기념식을 했습니다. 이에 맞서 우익도 서울운동장 육상 경기장에서 "노자勞資 간 친선을 기한다."며 '대한독립촉성노동총연맹'(대한노총)이 기념식을 열었죠. 우익 행사에 참여한 노동자 200여 명과 우익 청년 800여 명은 "세계 노동절은 8시간 슬로건에서 시작했으나 대한의 노동자는 건국을 위해 8시간은 그만두고 10시간, 20시간이라도 노동하겠다."는 결의를 합니다.

미군정이 드세게 좌익을 탄압하던 1947년 5월 1일, 남산에 30만 군중이 모여 노동절 행사를 치릅니다. 이날 지방 곳곳에서 기습 시위가 벌어지기도 하고 경찰과 충돌해서 사상자가 몇 십 명 생겼습니다. 이때에도 대한노총은 메이데이 기념식을 서울운동장에서 했습니다. 비록 이승만과 미군정을 지지하는 행사를 했을망정, 우익마저도 '노동자의 명절'인 메이데이를 그냥 지나칠 수 없었던 것이지요.

한 뼘 생각

"시간이 곧 돈이다." "일찍 일어난 새가 벌레를 더 잡는다." 따위의 격언은 하나같이 시간을 아껴 쓰고 서두르라고 말합니다. 이른 아침부터 부지런 떨며 시간을 쪼개 쓰는 '아침형 인간'이 되는 것이 성공의 지름길이라고 말합니다. 그러나 조각난 시간의 노예가 되어 살아가는 것은 그만큼 무언가에 더 얽매여 산다는 뜻은 아닐까요?

이곳저곳을 훌쩍 날아갈 수 있는 비행기도 있고, 눈이 핑 돌게 빠른 고속철도도 있습니다. 그야말로 '스피드 시대'가 되어, 빨라진 속도만큼 시간이 남아돌 듯한데 오히려 더욱 바삐 살아가는 우리네 삶이 이상하지 않습니까?

영국 소설가 버지니아 울프Adeline Virginia Woolf가 말했습니다. "시계는 시간을 조각내고, 얇게 잘라 나누고, 나눈 시간을 더 잘게 나누면서 하루를 조금씩 갉아먹으며 사람들에게 순종을 권한다."

우리 모두 잘게 나누어진 시간에 쫓기는 삶이 아니라 삶을 위한 시간을 즐겼으면 좋겠습니다. 시간의 노예가 아니라 시간의 주인이 되어야 하지 않을까요?

02

학교 종이 땡땡땡!

생각 열기

ⓒ국립중앙박물관 소장, 중박 200710-436

김홍도가 그린 서당 그림입니다.

한 아이가 훈장님께 야단맞고 훌쩍거리는 모습이 안쓰럽습니다. 책에는 어떤 내용이 담겨 있기에 울면서라도 배워야 했을까요? 우는 아이를 바라보는 훈장님의 얼굴 표정은 어찌 그리 묘합니까. 함께 공부하는 학생들은 뭐가 좋은지 하나같이 웃고 있네요. 오른쪽 맨 아래에 있는 등진 아이를 보세요. 어찌나 크게 웃는지 옷마저 부르르 떨립니다.

이 그림은 우리가 익숙한 서양의 원근법을 깡그리 무시하고 있습니다. 멀리 있는 선생을 크게 그리고 가장 가까이 있는 사람을 오히려 가장 작게 그렸습니다. 그러나 김홍도가 그린 서당 그림은 조금도 낯설지 않습니다. 스승인 어른은 크고 학생인 아이는 작다는 생각 때문일까요? 아니면 옛 서당 모습이 아직 가슴 깊이 남아서일까요?

'근대' 바람이 불면서 서당 대신 하나 둘씩 학교가 들어섰습니다. 학교에서는 훈장님이 아닌 선생님이 가르쳤습니다. 배움터 건물과 스승만 바뀐 것이 아닙니다. 근대 교육은 여러 장치를 두어 새로운 사람을 길러 냈습니다. 새로운 둥지에서 어떤 사람이 태어났을까요?

고종과 개화 지식인은 옛 학문을 비판하며 근대 교육에 큰 관심을 쏟았다면서요?

개항을 앞뒤로 지식인들은 하루빨리 교육을 개혁해야 한다고 주장했습니다. 서양의 과학기술과 문물을 빨리 받아들여 부국강병을 하려면 새로운 인재가 필요하다고 생각한 것이죠. 정부도 조사시찰단을 일본에 파견하고 별기군別技軍, 동문학*, 육영공원育英公院을 설립하는 등 노력을 기울였습니다.

고종은 1895년에 '교육입국에 관한 조서'를 발표하여 근대 교육이 중요하다고 강조합니다. '문명 부강' 한 국가를 만들려면 가장 먼저 사람들의 지식을 깨우쳐야 한다고 생각한 것이지요. 고종은 "교육이란 참으로 국가를 보존하는 근본"이라고 힘주어 말하고 옛 학문은 "옛사람의 찌꺼기를 줍는 것"이라고 심하게 비판합니다.

지식인들도 국가나 민족의 존망이 자강自强, 곧 힘이 세고 약함에 달려 있고 이 자강은 교육과 산업 발전을 하여 실력을 키우면 이룰 수 있다고 생각했습니다. "아는 것이 힘이다, 배워야 산다."가 그들이 내건 표어입니다. 그들은 1896년 독립협회 운동 뒤에 국민교육회 등 갖가지 학회를 만들어 자산가에게 학교를 세우라고 권유하거나 자신이 직접 세우기도 했습니다.

동문학同文學 (1883~1886)
정부가 세운 근대 학교 가운데 가장 먼저 생긴 곳이다. 외국인과 접촉이 늘어나자 통역관을 키울 목적으로 세운 통역관 양성소다. 영국인과 중국 교사가 주로 영어를 가르쳤는데, 같은 관립학교인 육영공원이 생기자 문을 닫았다.

근대 교육은 어떤 특징이 있고, 언제쯤 우리나라에서 자리를 잡았나요?

동서양 할 것 없이 전근대 학문 체계가 통합적이라면, 근대 학문과 교육 체계는 학제學制와 분과分科를 중심으로 한 것이 특징입니다. 또 근대 학제는 '초등–중·고등–대학'과 같이 계단식으로 만들고 일반에게도 열어 놓았다는 점에서, 조선시대 교육기관인 서당 · 4학 · 향교 · 서원 · 성균관 등과는 달랐습니다.

근대 교육이 하나의 제도로 자리 잡은 것은 1894년 갑오개혁에 이르러서입니다. 정부는 1894년 9월 교동에 사범학교와 부속 소학교를 열고, 1900년에는 관립 중학교를 세웠습니다. 그 밖에도 '법부 관제'와 '외국어학교 관제', '무관학교 관제' 등을 잇달아 내놓습니다. 갑오개혁 때 '소학교–중학교–대학교'로 이어지는 기본 학제와 중등 정도의 전문 교육기관이 함께 하는 교육제도의 틀을 마련했습니다. 이러한 틀이 대한제국 때에도 이어집니다.

나라가 위기에 빠졌을 때 새로운 학문을 배운 사람들은 어떻게 행동했나요?

새로운 학문을 배운 사람 가운데 차츰 자신의 권리와 국가 위기에 눈뜨는 사람이 생겨납니다. **만민공동회***에 참석한 사람들이 그랬습니다. 학생, 상인, 지식인을 비롯한 서울 시민들은 만민공동회에 참가해서 웅변과 연설을 통해 '개화계몽'과 '충군애국' 등 여러 요구를 했습니다. 동네 아이들 40여 명이 만든 '자동의사회子童義士會'가 충군애국을 주제로 연설을 하여 어른들의 열렬한 환호를 받았고, 무관학도들이 만민공동회에 참가했다가 구류를 당하기도 했습니다. 그러나 독립협회와 만민공동회는 군주제를 폐지하려 한다는 혐의를 받고, 1898년 11월 정부의 진압으로 해산되고 맙니다. 그 뒤 잠잠했던 '아래로부터의' 계몽운동은 1905년 을사조약이 맺어지면서 다시 터져 나옵니다. 서울 시내 소학교 학생 300여 명과 고등 소학교 학생들이 국민교육회를 비롯한 다른 단체와 함께 동맹휴학에 들어갑니다. 계몽운동은 1907년 **정미7조약*** 뒤에 1909년까지 가장 활발했습니다. 많은 학교가 동맹휴학에 들어가는 가운데 교사와 학생이 자기 손가락을 끊어 '충군애국'의 의지를 보이기도 했습니다.

만민공동회 萬民共同會

1898년 독립협회 주최로 시작한 서울 시민의 대중 집회. 차츰 민중이 주도하여 대회를 열었으며, 제국주의 침략 반대와 민권 신장을 목표로 활동했다. 보부상을 동원한 정부의 탄압으로 독립협회와 함께 해산당했다.

정미7조약(한일신협약, 1907)

헤이그 밀사 사건(1907. 6.)이 일어나자, 고종을 강제 퇴위(1907. 7.)시킨 일제가 강요하여 맺은 협약. 이로써 통감이 관리 임명권과 법령 제정권까지 가질 수 있게 되었다. 따로 각서를 만들어 군대 해산까지 강요했다.

식민지 때 '보통학교' 취학률이 낮았다면서요?

일제는 통감부 때인 1906년 8월 이미 '보통학교령'을 만들었습니다. 대한제국 황실에 대한 충군애국 교육을 못하게 하고 실용교육을 기본 방침으로 삼았습니다. 또 관공립 소학교를 4년제 보통학교로 바꾸고 낮은 학년부터 일본어를 익히게 했습니다. 이런 방침은 1910년 뒤에도 그대로 이어집니다. 식민지 안의 일본인 초등교육기관을 '소학교'라고 부른 것과 달리, '보통학교'라는 이름에는 중등과 고등교육을 억누르고 초등교육만으로 끝내려는 식민 교육정책의 의도가 담겨 있습니다.

조선 사람들은 단발에 대한 거부감을 가지고 있었고, 학교에 다니면 나중에 일본 병정으로 뽑혀 간다는 소문마저 돌아 학교 보내기를 아주 꺼립니다. 그래서 보통학교는 가난한 아이들만 다닌다는 뜻으로 '빈민학교'로 부르기도 했고, 경성이나 그 밖의 도회지를 뺀 곳에서는 입학생 모집에 큰 어려움을 겪습니다. 그 때문에 1910년 무렵에도 보통학교 취학률은 1퍼센트에도 미치지 못했습니다. 심지어 순사나 헌병 보조원들이 서당에 들이닥쳐 아이들을 보통학교에 입학시키려고 끌고 가기도 했습니다.

그러나 1919년 3·1운동을 앞뒤로 한 때부터 아이들을 보통학교에 보내려는 사람이 크게 늘었습니다. 전통 교육이 근대 교육으로 바뀌는 때였던 만큼 보통학교가 뿌리내리는 과정에서 새로운 것에 대한 불만도 많았습니다. 그러나 보통학교에 들어가고 상급학교로 가는

보통학교에서 공부하는 어린이들. 보통학교 어린이들은 교실에서 송장처럼 가만히 앉아 근대적 규율을 몸에 익혔다.

것이 돌이킬 수 없는 흐름이 되었습니다. 1920년대 말부터 달아오른 보통학교 입학 열기는 1930년대 중반으로 가면서 더욱 거세져, 면 단위로 보통학교를 새로 만들거나 학교를 늘리려는 운동이 생겨납니다.

보통학교의 교육 환경이나 교육 방식은 어떠했습니까?

보통학교의 교실 모습은 오늘날과 크게 다르지 않았습니다. 교실 앞에 흑판과 교단과 교탁이 있고, 흑판 위쪽에는 일본 천황 궁성 사진이, 흑판 좌우 벽에는 교훈·급훈과 지도가 걸려 있었습니다. 교실 뒤쪽 벽에는 전달사항이나 학생 그림 작품 등을 전시하는 게시판이 있고, 양쪽 벽에는 갖가지 표어를 담은 액자나 서예걸이 등이 걸려 있었습니다. 1930년대에는 70명 남짓한 학생이 이 교실에서 교단의 선생님을 바라보며 수업을 받았고, 선생은 일본어로 가르쳤습니다. "교실에 들어간 생도는 송장처럼, 나무로 만든 통처럼 가만히 앉아서", '근대적 규율'을 몸에 익혀야 했습니다.

일제는 특히 '조회'를 강조했습니다. 경례·호령·훈화·검열 등 조회가 이루어지는 학교 운동장은 엄격한 명령과 복종의 상하질서로 짜인 질서 반듯한 세계를 보여 줍니다. 조회는 교실에서 교사와 학생 사이의 명령과 복종 관계를, 교장과 '부하 교원' 사이의 명령과 복종 관계로 이어 주었습니다. 이런 관계가 천황에 대한 충성 관계로

1929년 경성사범학교 부속 보통학교의 조회 순서

첫째, 매일 아침 시업시각 15분 전에 조회 예령이 울리고 5분 후 본령이 울린다. 예령으로 아동은 전부 참석하여 본령이 울리든 아니든 아무 말 없이 정렬을 마친다. 6학년 급장의 호령으로 일제히 정돈한다.

둘째, 주번 선생이 등단하고 6학년 급장의 "센세오하요고자이마스.(선생님 안녕하십니까)"라는 말을 신호로 전 아동이 "센세오하요고자이마스."라고 선생에게 경례한다.

셋째, 전 직원과 아동이 함께 본교에 있는 어영봉안소에 대해 최경례를 하고 성수만세聖壽萬歲를 축봉한다. 이를 통해 국민정신의 수양, 충군의 지조를 새롭게 한다.

넷째, 감은봉사의 노래를 합창한다.

다섯째, 주번 선생이 등단하여 그 주에 특히 노력해야 할 방면에 관해 훈사를 하거나 학교와 사회 · 국가에서 일어난 일 가운데서 중요하여 아동에게 알게 할 필요가 있는 것에 관해 아동에게 알린다. 또 아동의 풍기, 기타 필요한 사항에 관해 전교 아동에게 계고해야 할 것을 훈유하기도 한다.

여섯째, 간단한 체조를 한다.

일곱째, 권학가를 합창한다.
마지막으로 6학년 급장의 호령으로 일동 경례한다.

여덟째, 직원 이하의 순서로 퇴장하면 각 학급 아동은 급장이 선도하여 교실로 들어간다.

이어진다는 것을 학생들에게 조회시간에 눈으로 확인시켜 준 것이지요. 일제는 조회를 통해 식민지 어린이에게 일제의 천황제 사상을 알게 모르게 심었습니다.

1937년 중일전쟁이 일어난 뒤 일제가 실시한 황민화 교육이란 무엇입니까?

일제는 1938년 3월 제3차 '조선교육령'을 만들었습니다. 보통교육에서 조선 사람과 일본 사람의 차별을 없애려는 것이라는 선전과 달리, 그 뼈대는 '신동아 건설'을 위한 황민화 교육이었습니다. 이때 일제가 내건 3대 교육강령 '국체명징', '내선일체', '인고단련' 속에는, 지원병으로 학생을 동원할 뜻이 담겨 있었습니다. 학교에서는 '황국신민서사'를 외우고 제창해야 했지요. 일제는 전선이 차츰 확대되자 황민화 교육을 더욱 강화하려고 1941년 들어 '국민학교' 제도를 식민지 조선과 일본에서 한꺼번에 실시합니다. 그들이 바라는 '국민'이란 스스로 전쟁터에 나가 일본 천황을 위해 목숨을 바칠 수 있는 '황국 일본의 신민'을 뜻했습니다. 일제는 초등학생 교과서에서도 전쟁을 자세하고 생생하게 설명하여 전의를 불러일으켰습니다. 또 전쟁터에서 죽은 수많은 젊은이를 '사쿠라'와 '옥'으로 떠받들며 어린 학생들에게 죽음의 대열에 나서라고 부추겼습니다.

우리나라 근대 학교의 시초 원산학사

원산학사는 1883년 관과 민이 힘을 합쳐 세운 맨 처음 근대 학교이자 민립 학교입니다. 외국인의 도움을 받지 않고 우리나라 사람들이 세웠다는 점, 정부의 개화정책에 앞서 민간인들이 스스로 자금을 모아 세웠다는 점에서 큰 의의를 지닙니다.

처음에 문예반과 무예반을 만들어, 문예반은 50명 남짓한 학생을 뽑고 무예반은 200명의 학생을 뽑아서 별군관別軍官을 길러 내었습니다.

입학 자격은 덕원·원산 지방의 젊고 재주 있는 자제로 하되, 학교 설립에 기금을 내지 않은 지방민의 자제도 차별 없이 입학시켰으며, 다른 읍민이라도 입학금을 가져오면 마다하지 않았습니다. 무사로서 무예반에 들어와 배우려는 사람은 입학금 없이 받아들였습니다.

1894년 갑오개혁 무렵 소학교와 중학교의 기능이 나뉘어, 원산학사는 문예반만 갖춘 원산소학교가 되었습니다. 원산소학교는 건물을 늘리고 크게 발전하다가 일제 강점기에 원산보통학교, 원산제일국민학교가 되어 1945년까지 이어졌습니다.

보통학교를 졸업한 학생은 상급학교로 진학했나요?

일제가 황민화 교육을 했지만 보통학교의 인기는 계속 높아져, 1938년 뒤에 학령 아동 가운데 반 남짓이 학교에 들어갑니다. 보통학교 취학률이 높아진 것은 교육 내용이 좋아서라기보다는 교육을 받아 사회로 나아가 지위를 높이려는 열망 때문이었습니다. 아이들을 가르치는 것만이 사회 이동, 신분 상승을 꾀할 수 있는 길이라고 생각한 것이지요.

그러나 사람들이 꿈꿨던 대로 식민지시대에 교육을 받아 신분을 높일 수 있는 기회는 많지 않았습니다. 1930년대 식민지 '하층 집단'이 보통학교 교육을 받아 지위가 높은 집단으로 옮겨 가기는 어려웠습니다. 1930년대에 보통학교를 졸업한 학생 가운데 일부가 상급학교에 진학하기도 했지만, 거의 모든 사람은 고향인 농촌으로 돌아가서 농사일을 돌보거나 잠재적인 실업 인구가 되었습니다. 중등 이상의 교육기관으로 진학하더라도 학비 문제 등으로 학교를 그만두는 일이 많았습니다. 1928년을 보기로 들면, 보통학교 남학생 졸업자 가운데 10.6퍼센트만이 중·고등학교에 진학하여 계속 공부하거나 직장을 얻어 근대적 부문으로 이동하는 데 성공했다고 볼 수 있습니다. 여학생은 보통학교를 졸업한 뒤에 취업이나 고등교육 입학에 성공한 비율이 입학자 가운데 3.9퍼센트에 지나지 않았습니다.

'해방'이 되면서 교육에서 어떤 변화가 생겼습니까?

해방이 되자 그동안 억눌렸던 우리말과 글을 익히려는 노력이 들불처럼 일어납니다. 곳곳에 한글 강습소가 생기고 담당 교사를 양성하려는 움직임이 활발해집니다. 한글을 배울 수 있는 교본도 날개 돋친 듯 팔렸습니다. 특히 최현배가 쓴 『우리말본』은 38선 이북에서 인기가 높아, 이 책 한 짐을 주면 북한산 명태 한 달구지를 살 수 있을 정도였다고 합니다.

해방 뒤에 생활이 어려웠지만 학생 수는 크게 늘어납니다. 일본 사람이 썰물처럼 빠져나간 빈자리를 주로 근대 교육을 받은 인재들이 차지하는 것을 보면서, 사람들은 학력이 출세하는 데 가장 중요한 도구라고 생각했습니다. 미군정기 3년 동안 국민학생은 두 배 가까이, 중학생은 세 배 넘게 늘어납니다.

해방 뒤 일어난 '새교육운동'이란 무엇입니까?

새교육운동은 학무국 차장 오천석이 주도하고 도시 지역 교사와 교육계 인사들이 호응해서 일어난 교육개혁운동입니다. 일제의 군국주의 교육에서 벗어나 민주주의 원리에 따라 교육해야 한다는 것이었지요. 새교육운동은 학생을 억압하고 조선인을 차별했던 일제식 교육과 지식 중심의 획일주의 교육에 반발하고 '생활 중심', '아동 중심' 교육을 내걸었습니다.

새교육 운동가들은 초등교육을 중심으로 교사와 학생이 평등한 관계 속에서 진행하는 상호 학습식 수업을 하려 했습니다. 그러나 교육 현장은 해방이 되어서도 여전히 기존의 주입식 강의와 권위주의가 그대로 이어졌습니다. 새교육운동은 시범수업에서나 활용했을 뿐, 실제 교육 현장에는 뿌리내리지 못합니다.

정부가 만든 '신교육법'은 무엇을 목표로 삼았습니까?

1949년에 만든 '신교육법'에서는 반공주의와 국가주의를 크게 강조했습니다. 이 무렵 국회에서 이승만에 반대하는 세력이 우위를 차지하자 이승만은 정당 정치보다는 국가기구를 이용하고 민중을 억지로 동원하여 강력한 1인 집권체제를 마련하려고 합니다. 초대 문교부 장관 안호상은 이에 맞게 문교 행정의 중심을 '일민주의一民主義 사상' 보급에 두었습니다. '국민 사상을 하나로 모으는 것'을 뜻하는 일민주의는 "하나가 되지 못하면 하나로 만들어야 하며, 하나를 만드는 데 걸림돌이 있으면 이를 제거해야 한다."는 이승만의 생각에서 나왔습니다. 신교육법은 이러한 생각에 뿌리를 두고 만든 것입니다.

이승만이 만든 '학도호국단'은 어떤 조직인가요?

이승만의 '일민주의'를 실현하려고 만든 학도호국단은, 1949년 1월부터 각 학교 단위와 시·군·도별 단위로 조직되었습니다. 교장을 단장으로 하고 학생이 학도부장이나 대대장을 맡는 군대식 편제였습니다. 학도호국단 총재는 대통령, 부총재는 국무총리, 중앙단장은 문교부 장관이었으며 간부는 대부분 미군정기에 반공 우익 학생조직에서 활동했던 사람이 맡았습니다. 주로 학생들에게서 받는 학도호국단비로 운영했습니다.

이승만 정권은 18세 이상 대한민국 남녀를 모두 국민회에 가입시키고, 청년은 대한청년단, 학생은 학도호국단에 가입시켰습니다. 현직 대통령이던 이승만 자신이 학도호국단과 대한청년단, 국민회의 총재나 명예총재를 맡았습니다. 어느 기구도 법률적 근거는 없었습니다.

학도호국단은 창설하자마자 드러내 놓고 반공시위를 벌이고 '좌익교사' 색출 작업에 나서기도 합니다. "공산주의를 쓸어 버리자."는 의식을 드높이고 '이북 총진군'을 이룬다는 명분으로 모든 학생에게 시가 행진과 도보 훈련을 시켰습니다. 또 모든 중·고등학생과 대학생에게 군사 훈련과 반공교육을 하고, 나아가 학생들의 비판적 활동을 틀어막고 관제데모에 동원하는 등 학생을 정치도구로 삼았습니다.

한 뼘 생각

지하자원도 적은 이 나라가 놀랍도록 경제가 성장하고 세계 무대로 나설 수 있었던 것은 교육 때문이라고 말하는 사람이 많습니다. 어느 나라보다 교육열이 뜨겁고 '자본주의형 인간 만들기 프로젝트'에 성공한 탓에 이 땅에 자본주의가 활짝 꽃폈습니다. 맞는 말처럼 보입니다.

사람들은 오늘도 경쟁에 뒤지지 않으려고 열심히 공부합니다. 고등학생들은 수학능력시험이라는 '계급전쟁'을 준비하려고 책상에 들러붙어 앉아 있습니다. 거친 세상에 아이를 내보내야 하는 부모들은 기러기 아빠가 되거나 '강남 엄마 되기'에 열을 올립니다. 경쟁력을 높여야만 살아남을 수 있는 대학은 '기업 맞춤형 인간'을 만드는 데 앞장섭니다. 대학생들은 자신의 몸값을 높이려고 온갖 자격증 시험에 매달립니다. 직장인들은 처세술이나 '부자 아빠 되기' 따위의 책을 끼고 살며, 없는 시간을 쪼개어 어학 공부에 힘을 쏟습니다. 정부의 '교육인적자원부'는 학생을 쓰임새 있는 '자원'으로 만들려 합니다. 정말 '인적자원'을 길러 내는 교육만이 살길인 것처럼 보입니다. 그러나 지난날 자신이 받았던 교육을 다음과 같이 비판하는 노동자가 많습니다.

우리는 태어나서부터 지금까지 계속 자본주의 교육을 받으며 살아 왔다. 중요한 것은 우리가 그 교육을 받으면서 이것이 자본주의형 인간을 만들려는 교육임을 알지 못한 채, 자기 것으로 만든다는 것이다. 자본주의 교육은 자본가 관점에 따른 교육이며, 자본주의 사회의 주요 계급인 노동자는 어려서부터 자본가를 동경하는 교육으로 세뇌당한다. 우리에게는 노동자의 눈으로 세상을 바라보는 법을 배울 단 한 번의 기회조차 없었다.

경쟁에서 이기는 것만이 살길이라고 가르치는 교육에서 학생들이 배움의 깊은 맛을 알 수 있을까요? "배우고 때로 익히면 또한 기쁘지 아니한가."라는 논어의 한 구절이 절로 생각납니다.

03

아는 것이 힘, 책 속에 길이 있다

생각 열기

중국 진秦나라가 아직 천하를 통일하기 전에 대나무 따위로 판대기를 만들어 겨우 몇 자씩 글자를 쓰고 그것을 꿰어 묶어 책을 만들었습니다. 한자 말 책冊은 대나무 판대기를 묶은 모습을 본뜬 글자입니다. 그 책은 무척 크고 묵직해서 들고 다니기 아주 불편했겠죠? 종이를 발명한 뒤부터 책은 예전에 견줄 수 없을 만큼 가벼워졌을 뿐만 아니라, 얇디얇은 종이 위에 수많은 내용을 기록할 수 있었습니다. 그래서 화약 · 나침반과 함께 종이가 인류 역사에 큰 영향을 미친 중국 3대 발명품에 들게 되었습니다.

'기록의 역사', '책의 역사'는 문명의 역사만큼이나 오래되었고 많은 변화를 겪었습니다. 우리는 지금 마음만 먹으면 얼마든지 책을 골라 읽을 수 있습니다만, 지난날에도 그랬을까요? 예전에는 몇몇 사람만 글자를 읽을 수 있었고, 책 읽기는 그들만이 가진 특권이었습니다.

이 땅에서도 언제부터인가 많은 사람이 글을 읽고 글로 자기 뜻을 말하는 때가 왔습니다. 그에 발맞추어 대중이 읽을 책이 쏟아져 나왔습니다. 문화에 변화가 생겼습니다. 책이라는 새로운 미디어에 '근대인'은 어떤 반응을 보였고 그 책에는 어떤 내용이 담겨 있었을까요?

100년 전에도 지금처럼 마음만 먹으면 누구나 책을 읽을 수 있었나요?

그때는 책 읽기가 흔한 일이 아니었고 책을 읽는 목적도 달랐습니다. 근대 이전에 독서는 선비의 의무이자 특권이었습니다. 책을 읽는다는 것은 지식인으로서 지배계급에 있음을 보여 주는 것이었습니다. 선비는 "자연과 인간의 이치를 깨달으려고" 책을 읽었습니다. 눈앞에 보이는 즐거움이나 이익을 목적으로 삼아서는 안 된다고 생각했지요. 따라서 한글로 된 소설을 읽는다거나 하는 것은 독서로 인정받지 못했습니다.

근대가 되어서야 많은 사람이 책을 읽을 수 있게 되었고, 독서가 즐거움을 주는 취미 생활 가운데 하나가 됩니다. 요즘에는 취미가 무엇이냐는 물음에 독서라고 대답하면 유치하다고 생각하겠지만, 1920~1930년대까지만 해도 독서는 아주 세련되고 멋진 취미였습니다.

예전에 진정한 독서가로 인정받으려면, 어떤 책을 어떻게 읽어야 했나요?

어릴 때부터 정해진 성리학 경전과 역사서 · 문학작품을 되풀이해서 읽고, 뒤에 일정한 소양을 갖추면 품격이 있다고 인정받는 학문 서적을 읽었습니다. 또한 독서를 '도에 이르는 과정'으로 생각했기 때문에 숙독하고 정독해야 했습니다. 중요한 책은 읽고 또 읽어 외우

다시피 했지요. 선비들 가운데 자기가 읽은 책의 목록을 남긴 이들이 있는데, 한 권을 수천 번 읽었다는 기록도 있습니다. 읽은 책을 읽고 또 읽는 것은, 독서를 하면서 책과 자신을 하나로 만들겠다는 뜻입니다.

근대로 들어서면서 책 읽기가 취미가 된 까닭은 무엇입니까?

1920년대부터 사람들은 독서를 '문명인'의 취미로 여기기 시작했습니다. 책이 돈보다 더 힘이 있다고 생각했지요. 책을 읽어 지식을 얻는 것이 문명으로 나아가는 지름길이라고 보았기 때문입니다. 독서 취미론에는 '문명=힘=지식'이라는 계몽적 사고방식이 자리하고 있습니다. 글을 읽을 줄 아는 사람은 책에서 상상력과 미적 감각을 자극받으며 쾌락의 요소를 찾았습니다. 그러면서 대중은 일과 구별되는 놀이로서 '독서 취미'를 즐기려 한 것이지요.

독서를 하려면 글을 알아야 하는데, 문맹률은 어느 정도였습니까?

식민지시대에는 '일본어 문맹'과 '한글 문맹' 두 가지 문맹이 있었습니다. 식민지 조선의 민중은 한글만 읽어서는 필요한 문자 생활을 다 할 수 없었습니다. 식민지의 공식 언어가 일본어였기 때문이지요.

1919년에 일본어를 읽을 수 있는 사람은 모든 인구 가운데 2.5퍼센트에 지나지 않았습니다. 한글 문맹률도 1920년대까지는 80퍼센트나 되었습니다. 1930년에는 남녀 한글 문맹률이 77.73퍼센트, 남자는 63.92퍼센트였습니다. 여자가 문맹률이 더 높았지요.

이중 언어구조 속에서 한글을 읽을 줄 아는 것과 일본어를 아는 것은 차이가 있었습니다. 일본어를 읽고 쓸 수 있다는 것은 식민지 정규교육을 받았음을 뜻합니다. '교육받은 사람들의 언어'였던 일본어는 고급 지식과 문화를 누리는 수단이 되었지요. 일본어 책을 읽을 수 있다는 것은 자신을 돋보이게 하고 지식 인텔리임을 내세우는 기준이 되기도 했습니다. 그러나 1930년대까지 대부분의 사람들에게 일본어는 여전히 낯선 외국어일 따름이었습니다. 식민지의 이중 언어구조에서 우리말은 늘 곁가지였으며 일본 말에 종속되었습니다. 그 때문에 조선 출판문화는 매우 메말랐습니다. 그러나 거꾸로 이런 상황은 글 쓰는 사람과 독자 대중에게 민족 언어의 독자적인 지식 공간과 독서의 소비 공간이 필요하다는 것을 느끼게 하는 자극이 되기도 했습니다.

근대에 들어와 책을 읽는 방법도 크게 달라졌다면서요?

서당에서 보듯이, 예전에는 소리를 내거나 몸을 흔들며 책을 읽었습니다. 리듬 속에서 문장의 뜻을 정확하게 파악하고 문장을 쉽게 외우려는 것이었지요. 1910년대까지만 해도, 외국 대학에서 몇 백 명이 모여 공부하는 데도 책장 넘기는 소리밖에 들리지 않는다는 것이 매우 신기한 일로 소개되었습니다. 그러나 곧이어 '소란스럽게' 책을 읽는 것을 아주 우스꽝스러운 일로 여기기 시작합니다. 눈으로만 읽는 '묵독默讀'이 곧 큰 흐름이 됩니다.

조용하게 책을 읽는 것이 빠르게 퍼져 나간 까닭은, 근대 교육이 자리 잡았기 때문입니다. 서구의 분과학문 제도가 들어오면서 전통적인 경전 읽기는 사라집니다. 책 한 권을 외우다시피 되풀이하여 읽는 것이 아니라, 여러 권의 교과서와 더 많은 참고서를 함께 읽어야 했으므로 소리 내어 읽기보다는 조용하게 읽는 것이 더 효과가 있었습니다. 그보다 더 중요한 것은 학교에서 독서 규율을 강제했기 때문입니다. 교실은 교사의 권위로 통제하는 곳이었습니다. 교사는 학생의 모든 행동을 파악하고 통제하려 했고, 학생이 교실에서 조용하게 있는 것을 중요한 규율로 만들었습니다. 이런 과정에서 학생들은 조용히 책을 읽는 습관을 자연스럽게 저절로 몸에 익힙니다.

소리 내어 글을 읽는 방식은 완전히 사라졌나요?

아닙니다. 식민지시대에 이른바 고대소설이 많이 팔렸습니다. 할머니나 아주머니들이 이런 책을 소리 내어 읽었습니다. 또 한 사람이 여러 사람들에게 소리 내어 읽어 주는 '공동체 독서'도 있었습니다.

◇…경성도서관열람실…◇(긔사참조)

京城圖書館에서본
最近의讀書傾向
법률·사회등이데일만코 공학보는이가 데일적다

[illegible]

各圖書館 無料公開
그날짜는이러하다

[illegible]

1925년 10월 경성부립도서관 풍경과 함께 그때 독서 경향을 전하는 『조선일보』 기사. 법률 · 사회 관련 책을 보는 이가 많고, 공학 도서를 보는 이가 제일 적다고 전하고 있다. 이런 공간에서 사람들은 눈으로만 책을 읽는 '묵독'을 했다. '묵독'은 곧 큰 흐름이 된다.

1920년대 신문종람소나 청년회 등에서 공동체 독서가 활발했습니다. 『동아일보』나 『조선일보』같이 그때 영향력 있던 신문을 온 마을 사람이 돌아가며 읽고, 글자 모르는 사람들을 위해 '신문종람소'에서 읽어 주었습니다. 그러나 공동체 독서가 글자를 모르는 사람을 위한 것만은 아니었습니다. 신문이나 잡지에 실린 글을 소리 내어 읽으면서 정치 · 사회 문제를 토론하고 의사소통하려는 뜻도 있었습니다. 제대로 된 교육이 없었던 식민지에서 민중을 계몽하려면 청년과 지식인이 직접 나설 수밖에 없었고, 이때 낭독은 빼어난 수단이 되었습니다.

책을 만들고 파는 방법도 바뀌었겠죠?

한꺼번에 많은 책을 만들고 파는 인쇄 출판회사가 나타나기 시작합니다. 식민지시대 대표적인 출판 자본들은 서점에서 출발했습니다. 이들은 대자본으로 성장한 뒤에도 계속 서점을 운영합니다. 박문서관, 회동서관, 영창서관, 이문당 등의 출판사가 모두 독자에게 책을 직접 팔았습니다. 책을 마음껏 살 여유가 없었던 많은 학생이 이런 큰 서점에서 서서 책을 읽었습니다. 그러나 서점은 경성 · 평양 · 대구 같은 대도시에만 있었고, 시골에서 책을 보려면 우편으로 살 수밖에 없었습니다.

근대 소설 첫 베스트셀러 작가, 이광수

『무정』을 쓴 작가 이광수.

『무정無情』으로 유명한 소설가 이광수는 근대 소설에서 첫 베스트셀러 작가입니다. 1917년 『매일신보』에 연재하여 1918년 단행본으로 출간한 『무정』에서 1938년 『사랑』까지, 이광수가 쓴 소설은 늘 많이 팔렸습니다. 『무정』은 순결을 잃은 청순가련한 기생이 자살하려고 기차를 타고 가다 여자 동경 유학생을 만나 감화를 받고는, 일본 유학을 가게 된다는 이야기입니다. 이광수 소설이 사람들에게 큰 관심을 끈 것은 사랑 이야기를 다루었기 때문입니다. 그러나 그는 끝내 친일문학가가 되고 말았습니다.

일제가 마음대로 책을 만들도록 놓아두지 않았을 텐데, 어떻게 책을 통제했나요?

식민지시대에 출판한 모든 책은 엄격한 검열을 거쳐야 했습니다. 검열에는 사전 검열과 사후 검열이 있어서, 조선에서 내는 모든 단행본은 원고 상태에서 사전 검열을 받아야 했지요. 일제는 총독부에 아예 출판 경찰을 두어 이 일을 맡겼습니다. 웬만한 내용은 여기서 다 걸리다 보니, 사전 검열을 피하려고 일본에서 출판하기도 했습니다. 그러나 우편으로 주문하여 들여오다 우편물 검열에 걸려 많은 사람이 구속되기도 합니다.

일제는 중일전쟁을 일으키면서 검열을 강화하고 더욱 출판을 통제합니다. 게다가 1940년대에 접어들면서 일상생활에서 일본어를 쓰라고 강요하고, 『동아일보』나 『조선일보』조차 문을 닫는 상황에서 한글 출판물을 낼 수는 없었습니다. 전쟁 바람이 휘몰아치면서 종이 값이 치솟아 책을 만들기조차 어려워집니다. 전쟁 때에는 일제가 내는 출판물만 떠돌아다니게 됩니다.

그래도 잘 팔리는 책은 있었겠죠?

1920년대 독자들이 가장 관심을 기울인 것은 연애였습니다. 연애소설 못지않게 『사랑의 불꽃』 같은 '모범' 연애 편지 모음 책을 많이 읽었지요. 이문당에서 나온 『사랑의 불꽃』은 철저하게 대중의 입맛에 맞춘 '기획 상품'으로 근대 출판 시장의 속성을 잘 보여 주는 책입니다. 1930년대 들어와 '연애' 바람이 잦아들면서 독자들은 갖가지 소설을 읽기 시작합니다.

'딱지본 소설'이 아주 인기가 많았습니다. 딱지본 소설은 울긋불긋한 겉표지 때문에 그렇게 불렀습니다. 국수 한 그릇 값인 6전밖에 하지 않는다고 '6전 소설'이라고도 했지요. '딱지본'에는 『심청전』, 『춘향전』 등의 고전소설이나 『장한몽』, 『추월색』 같은 신소설이 많았습니다. 딱지본은 납활자로 만들어 한 번 판을 짜서 어느 정도 찍으면 활자가 닳아 새로 조판해야 했습니다. 『춘향전』 같은 책은 1년에 40만 부를 팔았다고 합니다. 딱지본 소설은 출판사와 직접 계약을 맺은 행상들이 시장과 거리에서 팔았습니다. 딱지본은 값이 쌀 뿐만 아니라 전통적인 소재나 신파조의 감상을 담고 있어서 시골 사람들에게 옛이야기 읽는 즐거움을 주었습니다.

드러내 놓고 성을 자극하는 책도 많았다죠?

좀 점잖은 경우 『남녀 생식기 도해연구』, 『성교 피임법의 신연구』처럼 인체와 성에 대한 '연구'를 내걸기도 했지만, 『미인 나체 사진』 같은 책이 판을 쳤습니다. 때때로 성에 대한 호기심을 이용하여 사람들을 속이는 일도 있었습니다. 보기를 들면, "벌거벗은 남녀 밤에 일

연애에 취한 자 이 책을 읽으라!

이 책은 현대 신진 문사들이, 청춘의 열정과, 피와, 눈물과, 한숨과, 웃음을 좇아, 아름답고 묘하게 쓴『러브렛터戀愛書簡』집이니, 그 아름답고, 묘함은, 풀 속에 숨은, 한 포기 백합화 같기도 하고, 달 아래 흐르는 맑은 시내 같기도 하여 (중략) 연애에 취한 자도 있으며, 연애에 죽는 자도 있어서, 피에 살고, 눈물에 사는, 청춘으로 하여금 같이 울게 하고, 같이 웃게 하리니, 연애를 알고자 하는 자나, 연애에 실패한 자나, 연애에 기뻐하는 자나, (중략) 그 누구를 물론하고, 기어이 일독할 가치가 있음을, 절대 책임을 지고, 말하여 둔다.

—1923년 2월 11일자 『동아일보』에 실린 『사랑의 불꽃』 광고 글.

1924년 2월 28일자 『동아일보』에 실린 『사랑의 불꽃』 광고. 『사랑의 불꽃』은 연애 상황에 맞는 '모범 연애 편지문'을 보여 주어 큰 인기를 끌었다.

하는 사진"이라는 광고문구에 홀려 남몰래 책을 사서 열어 보면, 여름철 남녀 직공들이 웃통을 벗고 야간 노동을 하는 사진 몇 장만 들어 있는 일도 있었습니다. 이런 종류의 책은 일본 출판사들이 주로 우편으로 팔았습니다.

1920년대에는 수험서나 입시 관련 책도 많이 팔렸다면서요?

1920년대부터 교육열이 뜨거워지면서 교재나 입시용 참고서 수요가 크게 늘어납니다. 보통학교나 중등학교 교재와 참고서가 많이 팔렸습니다. 이때 이미 모든 과목을 한 권으로 묶어 놓은 '전과' 참고서가 나오기 시작했습니다. 입시용 수험서도 꽤 많이 팔렸지요. 강렬한 교육열에 견주어 실제 교육 기회가 아주 제한되었던 식민지 교육 체제의 모순과 출세하려는 욕망이 결합하여 『우편강의록』, 『통신강의록』 등 일종의 검정고시 책이 유행하기도 합니다.

일제시대 사회 변혁을 꿈꾸는 이들은 어떤 책을 읽었습니까?

1920년대 초반부터 식민지 지식인들은 사회주의 책을 많이 읽었습니다. 처음에는 무정부주의 책과 뒤섞어 보다가 나중에는 마르크스주의 관련 책을 많이 읽기 시작합니다. 1925년 뒤부터 광고에 "사회주

1920년대 갖가지 책 광고. 조선교육연구회의 초등학교용 전과 광고(오른쪽), 일본 개조사판 『마르크스-엥겔스 전집』 광고(왼쪽), 포르노그래피 도서 광고(위). 1920년대 출판 시장에는 지금과 마찬가지로 온갖 종류의 책이 나와 독자의 선택을 기다렸다.

의는 일반 상식"이라는 문구가 나올 만큼 사회주의 책이 큰 인기를 끌었습니다. 『사회주의학설 대요』, 『자본주의의 기교』, 『무산계급의 역사적 사명』, 그리고 마르크스나 레닌의 논문을 번역한 얇은 팸플릿 등이 있었습니다. 그 밖에 노동자와 농민은 사회주의 진영에서 낸 지하신문을 서로 돌려 가며 남몰래 읽었습니다.

해방 뒤 출판 시장에도 새바람이 불었겠죠?

먼저 한글 책이 해방됩니다. 쌓여 있던 한글 책이 한꺼번에 팔리고, 여기저기서 출판사가 생겨나기 시작합니다. 사람들은 먼저 우리말 글쓰기 책부터 읽었습니다. 한글학회의 최현배가 쓴 『한글맞춤법통일안』이 많이 팔렸고, 그 밖에 문법책과 우리 역사 책을 널리 읽었습니다.

해방 뒤에 새로운 사회를 꿈꾸는 사람들은 정치 팸플릿에 큰 관심을 기울입니다. 50쪽 안팎의 얇은 출판물이 길거리에서 불티나게 팔렸지요. 이런 팸플릿은 대부분 좌익 계열에서 만든 것이었습니다. 학생들은 『자본론』 같은 전문 이념서적도 꽤 많이 읽었습니다.

그러나 미군정과 우익의 탄압으로 좌익 세력이 움츠러들고 반공정책을 강화하면서 정치 팸플릿은 거의 모습을 감춥니다. 반공 이념 속에서 학문과 사상의 자유는 사라집니다. 해방이 되기는 했지만, 식민지 때 짓눌려 있던 우리말 독서의 공간을 다시 채울 힘을 키우지 못하고 맙니다. 메말라 버린 지식 시장은 한국전쟁으로 더욱 큰 타격을 입습니다.

한 뼘 생각

독서 시장은 일제 식민지와 한국전쟁, 그리고 반공 이데올로기 속에서 부서지고 비틀려 왔습니다. 그나마 오늘처럼 된 것은 수많은 노력과 희생이 있었기 때문입니다. 드디어 20세기 말에 인터넷, 위성방송 등이 한꺼번에 들이닥쳐 '뉴미디어시대' 가 열렸습니다. 이루 헤아릴 수 없이 많은 책이 인터넷 서점과 일반 서점에 쏟아져 나옵니다. 이른바 '정보화시대' 가 되어 수많은 정보가 넘쳐 납니다. 그러나 우리가 그 정보를 아무 생각 없이 받아들이기만 한다면, 정보가 만들어 낸 어떤 체계 속으로 계속 빨려 들어가고 말 것입니다. 그렇게 되지 않으려면 우리가 지금 받아 보고 있는 정보와 지금 읽고 있는 책이 무엇을 목표로 삼아 어떻게 만든 것인지, 먼저 짚어 보아야 합니다.

책이라 해서 다 좋은 것만은 아닙니다. 민중의 삶을 등지고 권력과 자본의 편에 선 책이 아주 많습니다. 책을 팔아 돈벌이를 하겠다며 얄팍한 상술로 독자들을 꼬드기는 책은 또 얼마나 많습니까? 이런 책을 멀리하고 영혼을 살찌우는 책을 가까이했으면 좋겠습니다. 책을 제대로 고르는 눈을 어떻게 길러야 할까요? 그 지혜도 책 속에 있습니다.

04

'연애의 시대', 연애의 정석

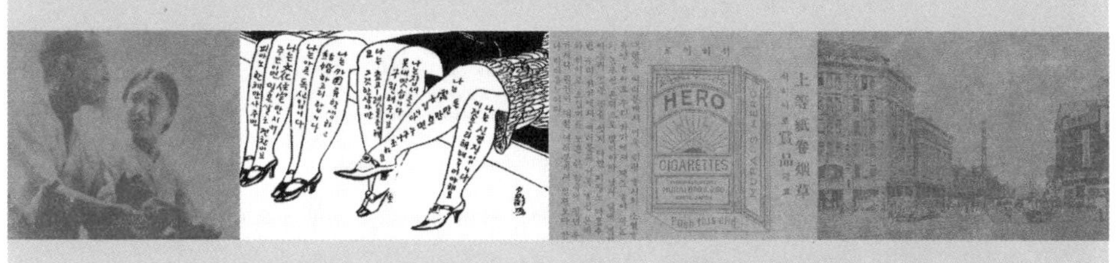

생각 열기

사또 변학도 생일잔치에 비렁뱅이 차림으로 이몽룡이 나타났습니다. 그는 변사또에게 멋들어진 시를 남겼습니다.

> 금동이의 잘 빚은 술은 많은 사람의 피요
> 옥쟁반의 안주는 만백성의 기름을 짠 것이라.
> 촛불 눈물 떨어질 때 백성 눈물 떨어지고
> 노랫소리 높은 곳에 백성들 원성 높구나.

2004년 개봉한 〈춘향뎐〉 가운데 한 장면.

『춘향전』은 이몽룡의 시를 빌려 현실을 고발했습니다. 춘향의 굽힘 없는 사랑을 그려 신분제의 모순을 꼬집었습니다. "욕심이 얼마나 도적놈 같은지 쌀이든 돈이든 옷감이든 마구 쓸어 담아 백성을 죽을 지경으로 몰아넣은" 변학도, 서울 삼청동에 사는 뜨르르한 집안의 아들 이몽룡, 그리고 남원에 사는 천한 기생 춘향, 이들이 엮어 내는 사랑 이야기 『춘향전』은 오랫동안 대중에게 사랑받고 있습니다.

사랑 이야기는 오늘날에도 모습을 달리하여 TV 연속극이나 영화에서 끊임없이 이어지고 있습니다. 연애와 사랑은 누구나 관심을 갖고 있습니다. 그러나 연애와 사랑도 시대에 따라 모습을 달리합니다.

'남녀칠세부동석'이라는 말을 금쪽같이 여기던 때가 있었습니다. 그러다 어느 때인가 갑자기 '자유연애' 바람이 불기 시작했습니다. 근대와 함께 들어온 자유연애, 그것은 하나의 반란이었습니다. 어쩌면 지금의 연애보다 더 뜨거웠을, 그래서 때로는 목숨을 버릴 만큼 열렬했던 '근대의 연애'는 어떤 모습이었을까요? 아주 은밀한 듯 보이는 연애는 시대와 어떤 관계가 있을까요?

'연애'라는 말을 쓴 지 얼마 되지 않았다면서요?

연애는 수입한 말입니다. 예부터 남녀 사이의 감정을 가리키는 말로 '연戀'이나 '정情', '애愛' 같은 한자어는 있었지만, 서구의 'Love'에 해당하는 말은 없었습니다. 연애라는 말은 1912년 무렵 소설에서 처음 나옵니다. 『매일신보』에 연재한 조중환의 번안소설 『쌍옥루雙玉淚』에서 젊은 남녀의 연애를 매우 신성한 일이라고 말했고, 이상협이 쓴 『눈물』은 연애를 순결 · 신성 따위의 꾸밈말과 함께 썼습니다.

1920년대 들어 연애라는 말은 젊은이들의 감정을 대변하는 대중적인 말이 됩니다. 일본으로 유학 간 젊은 남녀 학생들이 근대 사상의 흐름 가운데 하나로 자유연애 사상을 받아들이고, 이를 식민지 조선에 소개합니다. 연애는 곧바로 유행했고 하나의 이상으로 자리 잡습니다. 1920년대를 '연애의 시대'라고 부르는 사람이 있을 정도지요. 자유연애 열풍은 구리야가와 하쿠손廚川白村의 '신연애론', 엘렌 케이Ellen Key의 '연애 결혼론'의 영향을 받았습니다. 그들이 쓴 『근대의 연애관』과 『연애와 결혼』은 젊은 학생과 지식인이 반드시 읽어야 할 책이 될 만큼 큰 인기를 누립니다.

1920년대에 연애가 그렇게 유행한 까닭은 무엇입니까?

남녀평등이나 여성해방과 함께 모습을 드러낸 자유연애는 전근대의 습관, 도덕, 법률 따위를 뛰어넘었습니다. 사람들은 자유연애에서 봉건적 억압을 벗어난 자유를 찾고 싶어 했고, 조혼과 강제 결혼이 아닌 '사랑'을 선택하려 했습니다. 또 남성에게 매이지 않고 자기 삶을 살려는 여성들이 연애에서 자기를 발견하려 했습니다. 연애는 사람들의 정신세계를 아름답고 순수하게 만드는 중요한 고리였습니다. 그러나 자유연애는 '남녀칠세부동석'이라는 기존의 가치관과 부딪칩니다. 조선의 젊은 지식인들은 "부모의 명령에 복종할까, 참다운 사랑의 길을 밟을까" 하는 문제로 고민하곤 했습니다. 그래서 1920년을 앞뒤로 나온 소설들은 연애를 옛 세대와 갈등을 거쳐야만 비로소 얻을 수 있는 것으로 그렸습니다.

자유연애를 떠받들던 젊은이들은 어떻게 연애를 했나요?

연애할 때 가장 중요한 수단은 편지 쓰기였습니다. 사람들은 실제 만나는 것은 수줍어했지만, 편지로는 뜨겁게 속마음을 주고받았습니다. 편지 쓰기는 1920년대 조선에서 걷잡을 수 없을 만큼 유행합니다. 편지 교범이 베스트셀러가 되어 꾸준하게 발간될 정도였지요. 연애편지 교범을 만들면 잘 팔리겠다는 생각에서 기획 출판한 『사랑의 불꽃』이 그렇습니다.

편지를 주고받는 것 말고도 젊은이들은 서로 만나려고 거리로 나왔고 음악회 · 강연회 · 극장 등에서 서로 얼굴을 보았습니다. 전차나 기차 안에서 남녀가 엇갈리기도 하고 교회에서 만나기도 했지요. 1920년대 여학생들은 예전과 달리 자유롭게 거리를 거닐며 탁 트인 곳으로 모습을 드러냈습니다.

젊은이들의 연애관이 궁금합니다.

연애 하면 흔히 정신적 사랑과 육체적 사랑 가운데 어느 쪽이 더 중요한지 묻지요. 모윤숙은 "연애는 한 사람을 영원히 사랑하여 자아를 완성하는 길이다."고 주장하면서, 육체적 결합을 하면 자아 완성이 어렵다고 했습니다. 그러나 나혜석은 정신적 사랑과 육체적 사랑으로 나누는 것은 현실에 맞지 않는 연애관이라고 비판합니다. 정신

1925년 『개벽』 58호에 실린 삽화 '형형색색의 경성 학생상'. '근일 중등학생'이 담배를 물고 여학교 앞을 지나간다. 학생이 들고 있는 책 표지에 'Love'라는 글씨가 보인다. 자유연애를 떠받들던 젊은이들은 이렇게 서로 만나려고 거리로 나왔다.

적 사랑과 육체적 사랑은 하나이며 그런 연애가 참으로 아름답다는 주장입니다. 그러나 정작 문제는 정신도 육체도 아니었습니다. 자유연애를 하던 남성 가운데 많은 사람이 이미 어릴 때 결혼한 것이 문제였지요.

그때 아내가 있는 남성과 자유연애 끝에 결혼한 여자를 '첩' 또는 '제2부인'이라고 불렀습니다. 자유연애를 즐긴 여성들은 대부분 신여성이었지요. 그들은 자유연애로 자유결혼을 하고 새로운 가정을 꿈꾸었지만, 그녀들이 새로운 것이라고 여긴 '연애'는 그녀들을 지켜 주지 못했습니다. 신여성이 꿈꾸었던 '스위트 홈'은 깨질 수밖에 없었습니다.

1920년대에 사회주의 사상을 받아들인 사람들도 나름의 연애관을 가졌겠죠?

● ● ●

사회주의 사상을 가진 사람들끼리 나누는 사랑을 '붉은 연애'라고 불렀습니다. 여성 사회주의자들은 민족이 독립하고 해방되어야 비로소 여성이 해방될 수 있다는 논리를 폈습니다. 그들은 '동지애 연애'를 가장 좋은 연애로 여겼지요. '붉은 연애'를 한 대표적인 사회주의자는 허정숙 · 주세죽 · 정종명 등입니다. 특히 허정숙은 여러 번 결혼한 것으로 유명합니다. "정조관념이 희박한 허정숙 여사"라고 비난하는 기사가 실릴 정도였지요. 이들은 민족해방운동을 하며 동료로 만나 연애를 했으며, 봉건적인 정조관념에 얽매이지 않았습니다.

자유연애를 한 여성들은 행복했을까요?

이미 가정이 있는 남자가 다른 여성을 만나 자유연애를 하면, 비난하는 목소리가 컸고 연애하는 사람도 고통을 겪었습니다. 이른바 '신여성' 들은 뭇사람들이 관심을 쏟는 표적이 되었고, 특히 연애는 더욱 심했지요. 신여성들의 사생활이 잡지에 실리기도 하고, 선정적인 기사를 만들려고 없는 이야기를 지어내기도 했습니다. 이런 영향 때문에 사회활동을 했던 여성들이 상처를 입고 자취를 감추거나 마침내 극단적인 선택을 하는 일도 생깁니다. 이미 1920년대 전반기부터 연애 때문에 자살하는 일이 자주 일어나 사람들의 눈길을 끌었습니다. 특히 1923년 기생 강명화 자살 사건, 1926년 김우진과 성악가 윤심덕이 함께 자살한 사건, 가수 이애리수의 동반자살 사건, 경성제국대학교 출신 의사 병운과 봉자의 자살 사건 등이 사람들의 입에 자주 오르내렸습니다.

연애 때문에 자살한 사건은 사람들의 호기심을 자극했겠네요.

사람들은 자유연애를 하다가 자살한 사람을 비난하면서도, 그런 일을 소재로 삼아 만든 노래를 즐겨 들었습니다. 1926년 극작가 김우진과 성악가 윤심덕이 현해탄에서 함께 자살하자, 여기저기서 두 사람을 비난하는 소리가 쏟아졌습니다. 이 사건이 신문에 크게 보도되면서

〈봉자의 노래〉

사랑의 애달픔을 죽음에 두리
모든 것 잊고 잊고 내 홀로 가리

살아서 당신 아내 못 될 것이면
죽어서 당신 아내 되어지리다

당신의 그 이름을 목메어 찾고
또 한 번 당신 이름 부르고 가네

당신의 굳은 마음 내 알지만은
괴로운 사랑 속에 어이 살리요

내 사랑 한강물에 두고 가오니
천만년 한강물에 흘러 살리다

〈병윤의 노래〉

영겁에 흐르는 한강의 푸른 물
봉자야 네 뒤 따라 내 여기 왔노라
오 님이여 그대여 나의 천사여
나 홀로 남겨 두고 어데로 갔나

윤심덕이 부른 노래 〈사의 찬미〉가 큰 인기를 모읍니다. 〈사의 찬미〉가 인기를 끌면서 그때까지 흔치 않았던 유성기 음반을 일반인에게 널리 알리는 계기가 되기도 했지요. 그 영향으로 1927년 일동레코드사는 1923년 자살한 강명화를 소재로 한 노래 〈강명화가〉를 실은 레코드를 선보입니다. 기생 강명화는 부잣집 아들과 사랑에 빠졌으나 남자 쪽 집안 반대에 부딪히자 애인을 위해 스스로 목숨을 끊었습니다.

종로 카페 여급 봉자와 경성제대를 졸업한 유부남 의사 병운이 자살한 사건을 소재로 한 〈봉자의 노래〉, 〈병운의 노래〉 따위도 생겨났습니다. 이제 연애는 하나의 상품이 되었고, "연애는 인류의 문화를 타락시키는 해악"이라는 주장도 나옵니다. 그러나 1930년대 후반 식민지 조선이 전시체제에 들어서면서 연애에 대한 관심도 눈에 띄게 줄어듭니다.

해방 뒤 자유연애에 대한 관심이 되살아났을 것 같은데요?

자유연애로 일부일처제를 확립하고 첩을 두는 것을 막으며 공창과 사창 등의 매매춘을 없애고 건전한 성도덕을 세워 단란한 가정을 완성할 수 있다고 말했습니다. 또 자유연애야말로 조혼이라는 봉건 유습을 무너뜨리는 유일한 방법이라는 주장도 있었지요. 그러나 이 무렵 자유연애는 1920년대와 큰 차이가 있습니다. 말은 '자유연애'였지만 부모의 허락을 받고 감시 속에서 하는 연애였습니다. 결혼하기 직전 잠깐 만나는 것을 '자유연애'로 여긴 것입니다. 결혼을 전제로 한 연애만

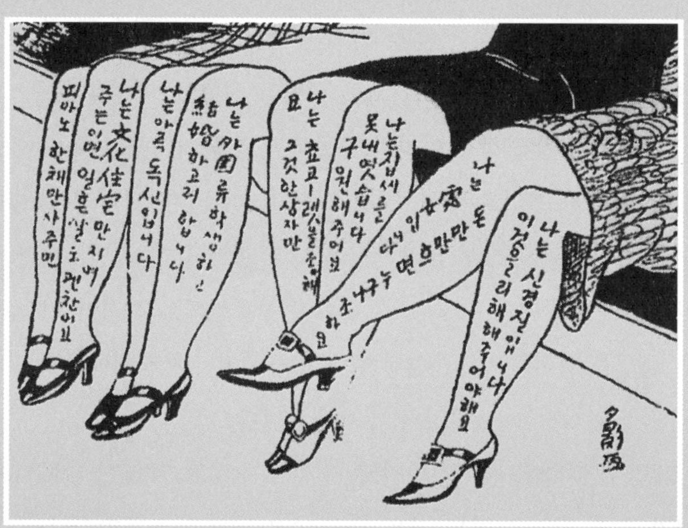

1930년대 1월 12일자 『조선일보』 만평 「여성 전성시대가 오면」. 양장한 여성들이 다리에 원하는 배우자의 조건을 써 놓았다. "외국 유학생이 좋다." "돈만 많으면 좋다." "문화주택만 지어 주면 일흔 살도 좋다."는 내용이다.

을 인정했기 때문에 연애의 목표는 결혼일 수밖에 없었습니다.

식민지시대나 해방 뒤 여성들은 어떤 사람과 결혼하기를 바랐나요?

시대에 따라 '바람직한 남편'의 모습이 달라집니다. 식민지시대 '신여성'들은 좋은 남편의 조건으로 떳떳한 직업인, 예절을 찾을 수 있을 만큼의 수입 보장과 여성의 경제적 독립을 이해하는 사람, 예술적 취미, 용감하고 의로운 성격, 정조를 지키는 남자, 자기 일을 스스로 하고 향락만 추구하지 않을 것, 학식과 교양이 여성보다 빼어날 것 따위를 들었습니다. 그녀들은 결혼이 중요하기는 하지만 여성의 모든 인생을 걸어서는 안 되며, 여성이 사회에서나 경제에서 독립해야만 결혼도 잘할 수 있다고 결론 내렸습니다.

해방 뒤 여학생들은 돈이 많고, 시부모가 없고, 결혼한 날부터 따로 나가 자기 살림을 하는 것을 가장 좋은 결혼으로 꼽았습니다. 남편 직업으로는 사장이나 중역 · 실업가 등을 좋아했고 월급쟁이는 피하려 했지요.

한 뼘 생각

근대와 함께 들어온 연애는, 부모 뜻에 따라 일찍 결혼해야 했던 옛 풍속에 큰 충격을 주었습니다. 그 연애는 그동안 느끼지 못한 가슴 설레는 어떤 것이었고, 때로는 전통적인 성 규범에 도전하는 아찔한 것이기도 했습니다. 그 연애는 전통적인 남녀불평등을 넘어서고 여성의 자유와 해방을 내세우기도 했습니다. 사회운동을 함께하는 동지들이 '붉은 연애'도 했습니다.

요즈음 한쪽에서는 '애인 대행업'이 성행하는가 하면, 온갖 새로운 모습의 '연애' 풍속이 생겨나고 있습니다. 그런 천박한 사랑 뒤에 가려진 가슴 아린 연애 이야기도 있습니다. 이 땅에 비정규직이 넘쳐 나면서 "정규직 되면 우리 결혼하자."는 말이 유행하고 있답니다. 참 안타깝습니다. 아름다운 사회가 되어야만 아름다운 연애가 활짝 꽃필 수 있다는 생각을 해 봅니다.

05

체육과 스포츠, 근대의 질서를 몸에 심다

생각 열기

숨이 턱에 차고 옷이 흠뻑 젖도록 운동을 하고 나면, 오히려 몸이 개운하고 마음까지 가벼워집니다. 굳이 '명품 몸 만들기'가 아니더라도, 건강하게 살려면 꼭 운동을 해야 합니다. 내 몸을 건강하게 지켜 주는 '운동'과 '스포츠'는 좀 다릅니다. 스포츠는 특정한 규칙을 따르는 운동입니다. 육상 경기를 보세요. 지난날 마음대로 너른 들판을 내달렸을 사람들이 줄을 그어 놓은 운동장에서 땅 하는 총소리를 신호로 뛰기 시작합니다. 수영 경기를 보세요. 지난날 바닷가나 냇가에서 개헤엄 치던 사람들이 똑같은 모습으로 수영장에 뛰어들어 똑같은 모습으로 헤엄을 합니다. 이것이 스포츠입니다.

사람들은 스포츠를 하거나 구경하면서 근대의 질서와 규칙을 배우고, 자신도 모르는 사이에 '약육강식'과 '적자생존'의 논리를 몸에 익힙니다. 그렇다면 스포츠는 나쁘기만 한 것일까요? 아닙니다. 스포츠는 근대 문명이 가진 속도와 쾌감을 느끼게 하고, 한 사람 한 사람의 욕망이 터져 나오는 '축제의 공간'을 마련합니다. 스포츠는 '근대'의 빛과 그림자가 그 어느 곳보다 강하게 엇갈리는 곳입니다. 이 땅의 스포츠에는 근대의 빛과 그림자가 어떻게 드리워져 있을까요?

전통사회에는 체육이라는 것이 아예 없었다죠?

● ● ●

한말 양반들이 근대 운동을 보면서 "저렇게 힘든 일을 종을 시키지 왜 직접 하냐?"고 말했다는 이야기가 있습니다. 양반들은 서구인들이 "아무런 까닭 없이 몸을 움직이며 땀을 흘리는 것"을 이해하기 어려웠지요. 한말에 새로운 문물이 흘러들어 올 때 체육도 함께 들어옵니다. 왕실이 장려하는 가운데 선교사들이 '체육'을 이 땅에 들여왔습니다.

낯선 '체육'을 새로 들여온 데에는 특별한 목적이 있었습니다. 그저 건강 증진이나 취미생활 때문이 아니라, 학교에서 체육으로 학생을 계몽하고 새로운 국민으로 만들려 했습니다. 체육으로 몸과 마음을 튼튼하게 만든 사람이 나라에 보탬이 된다고 생각한 것이지요. 1895년 고종은 '교육조서'에서 지식과 덕과 체육을 길러야 한다며 체육이 필요함을 강조했습니다.

처음 들어온 체육은 어떤 것이었나요?

● ● ●

처음에 체육은 곧 체조를 뜻했습니다. 이미 1881년 조준영이 '신사유람단'으로 일본 문부성을 돌아본 뒤에 쓴 글에서 체조에 관심을 보였습니다. 이 무렵 만든 소학교 교육목표에도 체조가 들어 있었고, 1900년 중학교 교칙에서도 체조를 학과목으로 정해서 무관 졸업생을 보내어 가르치게 했습니다. 교사를 길러 내는 한성사범학교 규칙에도 체조가 교과목에 들어갔습니다.

계몽운동기 지식인들도 체조에 많은 관심을 가졌습니다. 체조가 신체를 건전하게 만든다고 생각했기 때문이지요. 전통사회에서도 무인들이나 일부 유학자들은 마음을 닦고 건강을 지키려고 운동을 했겠지만, 이는 특정 계층에 한정되었습니다. 이제 국가가 지식과 함께 신체에도 관심을 가졌다는 것이 예전과는 달라진 점입니다.

왜 그토록 '체조'를 중요하게 여겼을까요?

아관파천* 때 고종은 러시아공사관에서 영어학교 학생들이 체조하는 모습을 병사를 둘러보듯 구경했습니다. 이때 영국 해군 관원이 이들을 조련했고, 학생들도 군복을 입고 있었습니다. 근대적 군대가 꼭 있어야겠다고 생각한 고종은 이 모습을 보고 매우 좋아합니다. 이처럼 체조는 군사적인 목적이 컸기 때문에 현역 무관을 관립학교 체조 교사로 보냅니다. 체조 교사 가운데는 군대 해산 뒤에 독립운동가가 된 **노백린***도 있었습니다. 체조를 소학교 과목으로 채택한 것은 체조로 군사

아관파천 (1896~1897)

일제가 친러 움직임을 보이던 명성황후를 죽이자(을미사변), 신변이 불안해진 고종과 왕세자가 왕궁을 버리고 러시아공사관으로 옮긴 사건이다.

노백린 盧伯麟 (1875~1926)

한말의 독립운동가. 신민회新民會에서 활약했다. 상하이, 미국, 블라디보스토크 등을 오가며 항일운동을 했다.

를 길러 내려는 목표가 있었기 때문입니다. 특히 1905년 뒤부터 체조를 국가의 무력을 형성하는 밑바탕으로 생각합니다.

체조를 통해 사람들을 길들이려는 뜻은 없었나요?

구령과 깃발 신호에 맞추어 움직이는 신체는 마치 기계와 같은 느낌을 줍니다. 시간 단위로 촘촘하게 짜 놓은 학교 시간표와 체조는 근대 인간을 만들어 내는 중요한 장치였지요. 학생들은 시간표에 따라 자신의 신체 리듬을 통제했습니다. 처음에는 낯설지만 자꾸 되풀이하다 보면 저절로 시간표에 따라 생활하며 움직이는 신체로 탈바꿈하는 것입니다. 체조도 아주 잘게 썰어 낸 시간에 따라 엄밀하게 움직여야 하는 운동입니다. 학생들은 시간표에 따라 생활하며 근대적 시간을 배우고, 체조를 하면서 정교한 신체로 길들여졌습니다.

체조만 그런 것은 아닙니다. '전근대의 신체'를 '근대의 신체'로 바꾸는 과정에 모든 스포츠가 끼어듭니다.

여학교에서도 체조를 정식 교과목으로 삼았다는데, 반응이 어땠나요?

서울을 중심으로 체조 열기가 높아지더니 지방까지 번져, 교사들을 대상으로 체조 강습회를 열기도 했습니다. 특히 여학교에서 체조를 정식 교과목으로 채택한 것이 그 무렵 큰 충격이었습니다. 1896년 이화학당에서 처음 체조를 했을 때에는 '사회 윤리' 문제로까지 번졌습니다. 사람들은 여학생들이 손을 번쩍 들고 가랑이를 벌리며 뜀질을 하는 모습을 보고 크게 놀랐습니다. 학부형들은 하인을 시켜 자기 딸을 업어 왔고, 체조하는 딸 때문에 가문을 망쳤다고 가족회의를 열기도 했습니다. 이화학당에 다니는 여학생은 며느리를 삼지 않겠다는 말까지 떠돌 정도였습니다. 한성부에서는 정식으로 이화학당에 공문을 내어 체조를 곧바로 그만두라고 통고하기까지 했습니다.

체조 하면 운동회가 떠오릅니다. 언제 운동회를 처음 열었나요?

운동회에서는 체조를 비롯하여 여러 경기가 열렸지만, 체조가 가장 중요한 행사였습니다. 수많은 학생이 손발을 맞추어 함께 움직이는 체조를 구경꾼들이 아주 좋아했지요. 맨 처음 운동회는 1896년 5월 2일 영어학교에서 영국인 교사 허치슨이 지도하여 '화류회'라는 이름으로 삼선평(오늘날 삼선교)에서 했습니다. 삼선평은 안암천이 흐르는 낮은 지대로 평평한 모래사장 같은 개울 바닥이어서 훈련원의 연무장이 있었던 곳입니다.

소학교에서는 1896년 5월 30일, 훈련원(지금의 을지로 5가)에서 첫 운동회를 열었습니다. 여기에 각 관립 소학교 학생들, 정부 고관과 교원,

그 밖에도 한성 시민이 구름처럼 모였습니다. 지방에서도 운동회가 자주 열려 지역 주민이 학생들과 함께했습니다. 뒤이어 학교마다 해마다 운동회를 열었고, 해를 거듭할수록 규모가 커져서 마침내 연합 운동회로 발전하게 됩니다.

운동회 인기가 정말 대단했군요?

'운동회 전성시대' 라고 할 만큼 1909년까지 운동회가 많이 열렸습니다. 운동회에서는 그저 운동만 하는 것이 아니었습니다. 운동회는 국가적 의례를 치르는 공간이기도 했습니다. 운동회 때 태극기를 걸고 애국심을 북돋우는 연설도 했으며, 애국가를 부르고 황제를 위해 만세 삼창도 했습니다.

이런 운동회에서는 학생들을 애국 사상으로 똘똘 뭉친 무사로 길러 내려 했습니다. 보기를 들면, 1908년 5월 인천 강화에서 열린 연합 운동회는 규모도 컸을 뿐만 아니라 내용도 일본을 겨냥한 전투나 다름없었습니다. 운동회는 학생들과 주민이 신체를 단련하고 즐기는 잔치를 넘어서, 애국심을 불러일으키고 국권을 지키려는 의지를 다지는 목적이 있었습니다.

이처럼 정부나 근대 계몽가들이 운동회를 통해 황제에 충성하고 나라 사랑하는 정신을 기르며 사람들을 개화·계몽시키려 했습니다. 그러나 때때로 대중은 그런 운동회를 축제로 바꾸어 버리기도 했습니다.

연합운동회 운동가

대한제국大韓帝國 광무명光武明 당강안태當强安泰는
국민교육 보급함에 전재專在함일세
우리들은 덕을 닦고 지능 발하여
문명개화 선도자가 되어 봅세다.

(중략)

나아가세 나아가세 고함일성에
겁나심怯懦心을 내지 말고 나가 봅세다.
대황제 폐하께 영광 돌리고 우리 학교 전체 명예 일층 빛내세
학도들아 학도들아 청년 학도들 충군심성 애국정신 잊지 마시오.

—1907년 4월 열린 관·공립학교 연합운동회에서 부른 노래.

연합운동회 모습.

일제는 운동회를 마땅찮게 여겨 끝내 운동회를 열지 못하게 합니다. 운동회에서 애국 사상을 부추기고 모의 전쟁 같은 행사를 치렀기 때문에 일제는 곳곳에서 열리는 운동회를 경계했습니다. 통감부는 경찰을 동원하여 1907년부터 운동회를 감시하더니 마침내 운동회를 못 하게 합니다.

일제 식민지 체육정책의 가장 큰 목표는 무엇이었습니까?

일제의 체육정책은, 한말 국권 회복의 기초로서 무력을 키우려던 체육 목표를 차단하고, 식민지 신민을 만들어 내는 것을 목표로 삼았습니다. 일제가 1911년 '조선교육령'과 '총독부령'으로 마련한 교육정책에 따르면, 교육 연한을 줄이고 보통학교에서 지방 사정에 따라 체조를 하지 않아도 된다고 했습니다. 또 관 · 공립학교 생도의 신체검사 규정에는 여학생에게 체조를 적용하지 않는다는 내용이 있었습니다.

1914년 6월에는 체조를 포함한 교수요목을 만들었습니다. 이 조치는 식민지 학교체육의 방향을 결정하는 계기가 됩니다. 체조 교육도 군대식 체조인 병식兵式체조나 보통체조에서 스웨덴체조로 바꾸어 근대 체육의 형식을 띠게 됩니다. 일제는 민족경기를 규제했을 뿐만 아니라 연합운동회를 없애고 개별 단위 운동회만 열도록 하면서 체육에서 식민통치를 위한 밑바탕을 다져 갔습니다.

근대적 운동경기는 언제, 어떻게 이 땅에 들어옵니까?

일제는 1910년대에 들어서면서 근대 운동경기를 보급합니다. 이때 일본 사람이 이끄는 체육기관이 중심 역할을 합니다. 특히 1919년 2월 18일에 창립한 '조선체육협회'가 큰 역할을 했지요. 본디 이 단체는 1918년 조선에 있는 정구단이 모여 만든 '경성정구회'와 1919년 1월에 만든 '경성야구협회'가 통합한 단체였습니다. 그 뒤 조선 스포츠계를 모두 아우르면서 사회체육을 이끌어 가는 단체로 성장합니다. 비록 일본인이 만든 체육기관이기는 했지만, 여기서 여는 갖가지 시합에 조선 사람이 제2회 대회부터 출전하면서 조선 체육 발전에 이바지한 것도 있습니다.

조선인 체육단체는 없었나요?

일제 무단통치 때, 체육 활동을 하거나 지원한 조선인 단체도 있었습니다. 조선기독교청년회(YMCA)가 조선인 체육기관 역할을 했습니다. 조선기독교청년회는 무단통치 때 자유롭게 체육 활동을 할 수 있었던 유일한 단체였습니다. 이곳에서 여러 스포츠를 보급하고 경기를 열어, 운동경기를 천하게 여기는 인식을 바꾸어 나갑니다. 일본인들이 식민지배 수단으로 체육을 장려했다면, 조선기독교청년회는 순수한 체육 활동으로 스포츠를 보급했습니다. 1924년 7월에는 '와이야구단' 이 하와이 동포의 초청을 받아 해외 원정경기를 나서기도 합니다.

우리나라 사람들 가운데에도 체육을 중요하게 여긴 사람들이 있었습니다. '문명화', 다시 말하면 서구화를 이루려 했던 식민지나 반식민지 지성인들은, 근대 민족국가를 만드는 데 스포츠가 효과가 있다고 생각했습니다. 그들은 스포츠를 중심으로 국가 · 민족 · 계급을 통합하려 했던 서구처럼 "강한 신체가 강한 민족을 만든다."고 믿었습니다.

이들은 운동계를 위한 기관이 있어야 한다고 생각하고 1920년 7월 서울 인사동 중앙예배당에서 70명 남짓한 발기인이 모여 '조선체육회' 창립총회를 엽니다. 조선체육회는 이해 11월 '전조선야구대회'를 시작으로 육상 · 축구 · 농구 · 야구 · 정구 · 권투 · 씨름 · 수영 · 빙상 등 갖가지 경기를 해마다 열어, 일본인이 중심인 '조선체육협회'에 버금가는 조직으로 뛰어오릅니다. 1924년에는 제1회 '전조선육상경기대회'를 열어 체육의 본산임을 보여 주려 했지요. '조선체육협회'와 '조선체육회'는 1938년 조선체육회가 해산될 때까지 서로 경쟁했습니다.

어떤 종목이 들어와서 인기를 끌었습니까?

1900년대 들어 근대식 운동경기가 들어오기 시작합니다. 중요한 운동경기를 보면 1905년 야구와 축구, 1906년 자전거경기와 유도, 1907년

농구, 1908년 빙상과 정구, 1909년 기병경마회와 궁도가 들어옵니다. 주로 외국인 선교사가 소개했지요. 이러한 근대 운동경기는 일반인에게는 아직 널리 보급되지 않았고 서울에 있는 몇몇 학교에서 했을 뿐입니다.

요즘 인기가 많은 야구나 축구는 처음부터 인기가 좋았습니다. 지식인들은 야구가 "규약이 엄격하고 절차가 가지런한" 문명적 경기이며, 축구를 하면서 '문명화된 신체'를 얻을 수 있다고 여겼습니다. 1920년 조선체육회에서 연 제1회 전조선야구대회 때에는 입장료 수입이 200원이 넘을 만큼 많은 관중이 몰렸습니다. 또 다음 해인 1921년 2월 11일 정월 대보름에 맞춰 열린 제1회 전조선축구대회 때에는 입장료를 야구대회보다 두 배 많은 어른 20전, 학생 10전을 받았는데도 관중이 몰려 "우리나라 사람에게 가장 취향에 맞는 경기"로 일컬어졌습니다.

축구에서는 특히 연희전문과 보성전문이 시합을 한 '연보전'과, 경성과 평양을 오가며 열었던 '경평전' 등이 인기를 끌었습니다.

여성들도 운동을 했겠지요?

처음에는 여학생들이 운동장에 모여 팔을 흔들고 다리를 벌리며 뜀뛰기를 하는 체조가 장안의 호기심을 불러일으켰지만, 차츰 여성도 몸을 건강하게 하려면 운동해야 한다는 주장이 나옵니다. 여성이 사회

1890~1920년 들어온 근대 스포츠 종목. 야구와 축구가 인기를 끌고, 상투를 틀고 필드하키를 했으며, 부자들은 골프도 쳤다.

에 진출하는 일이 많아지면서 여성의 신체 활동에 관심을 기울이기 시작한 것이지요. 1920년대 여학교에 스포츠가 활발하게 보급됩니다.

수많은 여성이 운동경기를 보러 몰려들었습니다. 1923년 동아일보사 주최로 열린 제1회 전조선여자정구대회에는 남성이 들어갈 수 없었는데도 2만 인파가 몰렸다고 합니다. 한 잡지에 따르면 권투 경기장에서도 남성보다 여성이 더 열광한다고 할 만큼 여성의 관심이 커졌습니다. 스포츠는 상식이 되고, 근대 문화의 상징이 됩니다. 일부 여성들은 스포츠를 보는 것에 만족하지 않고 직접 즐기기도 합니다. 스포츠를 함으로써 근대의 추세를 따르며 이른바 '구여성'과 자신을 구분하는 여성도 있었습니다.

스포츠를 비판하는 사람도 있었을 텐데요?

많은 사람이 스포츠를 좋아했지만, 더러 운동경기를 비판하는 이들도 있었습니다. 한 잡지에서는 상업화하기 시작한 스포츠의 부조리와 타락을 비판했습니다. "많은 스포츠맨들은 쇠사슬에 걸려 자기의 주인, 배후에 있는 자본가를 위하여 명예의 우승기, 은컵을 타다가 바친다. 그리하여 그것 때문에 자기들의 목숨을 이어 간다." 운동경기가 '영업주의'로 흐르고, 스포츠맨이 노예화하여 상품이 되었다는 것이지요. 그 무렵 스포츠가 실제 그랬는지는 알 수 없지만, 자본주의 사회에서 스포츠가 어떻게 운영되는지 앞질러 보여 줍니다.

1930년대 일본이 전쟁을 시작하면서 학교체육도 바뀌었겠죠?

학교체육은 전쟁을 위한 군사 훈련의 성격을 띠게 됩니다. 1938년 9월 3일 총독부 학무국에서 도지사에게 보낸 공문을 보면, 경기 때나 체육대회를 열 때에는 "궁성요배, 국기 게양, 기미가요와 우미유카바海行かば(바다에 가면) 합창, 황군의 무운 장구 기원, 황국신민 의식을 드높이는 데 노력할 것, 운동경기 등의 용어는 국어(일본어)를 쓸 것" 등을 지시하고 있습니다. 예전의 체육대회는 '국민체육대회' 등으로 이름을 바꾸고, 체육이라는 이름으로 오로지 전쟁 준비를 위한 체력 증강, 전투 훈련만 했습니다.

일제는 1942년에는 '조선체육진흥회' 라는 통제기관을 만들어 일본인 체육단체인 조선체육협회마저 통합하면서 황국신민화에 앞장서고 '국방체육' 을 밀어붙입니다. 1943년 5월에는 '결전하 일반국민체육 실시요강' 을 만들어 일반인의 체육 활동까지 통제했습니다. 또 1943년부터 '전시 체력' 을 키우려고 중학생 이상 학생들에게 체력장 검정제를 실시합니다.

중일전쟁 뒤 일제는 학교체육에 집단체조를 도입합니다. 1937년부터 학교체조는 군사 능력 강화와 황국신민 양성을 목표로 삼았습니다. 이 무렵 일제가 내건 3대 교육강령인 '국체명징', '내선일체', '인고단련' 가운데 인고단련은 체육과 밀접한 관련이 있었습니다. 일제는 참고 견뎌 몸을 단련하는 훈련을 시키려고 '황국신민체조'를 도입합니다. 이 집단체조는 라디오 방송과 결합하여 라디오체조라는 영역으로 나아갑니다.

한국인과 일본인이 벌이는 경기는 큰 관심을 끌었겠죠?

그때도 요즘처럼 스포츠의 힘이 곧 국가 경쟁력이라고 생각했습니다. 국가란 곧 '큰 나' 이고 어떤 경기에서 이기면 국가와 내 명예가 높아진다고 여긴 것이지요. 그런 까닭에 때때로 경쟁이 지나치게 달아오르곤 했습니다. 보기를 들면, 1914년 서울 훈련원에서 오성학교 야구단과 일본인 야구단인 철도구락부 팀이 시합을 벌여 엎치락뒤치락하다가 오성 야구단이 14대 13으로 이깁니다. 이때 일본 관중이 흥분하여 운동장으로 뛰어들어 오고 조선 군중이 이에 맞서 편싸움을 벌입니다. 1933년 경성운동장에서 필리핀 선수와 일본 선수가 권투를 할 때에는, 필리핀 선수가 유효타를 날릴 때마다 조선인들이 크게 환호했습니다. 아마도 조선인 선수와 일본인 선수가 맞겨루었다면 더욱 환호했겠지요.

식민지라는 억압된 상황에서 일본을 누를 수 있는 것이 바로 체육이었습니다. 따라서 민중은 스포츠를 통해 현실의 억압을 보상받으려 했습니다. 올림픽 마라톤에서 손기정 선수가 우승하고 남승룡 선수가 3위를 차지하자 사람들은 크게 감격합니다. 그때 신문들은 "비록 스포츠에서 이긴 것이라 하더라도 조선 민족을 크게 표현한 것이기 때문에 환희와 감격이 아주 크다." 고 보도했습니다.

이렇게 스포츠가 일본에 맞서는 또 하나의 수단이 되자, 일본은 조선 청년들이 스포츠를 배우려 하는 것을 마땅치 않게 여겼습니다. 일제가 체육에서조차 조선인의 꿈과 열망에 차가운 반응을 보임으로

올림픽 첫 금메달리스트 손기정

손기정은 일제 강점기인 1936년 제11회 베를린올림픽 마라톤에서 2시간 29분 19초의 세계신기록을 세우며 우승했습니다. 손기정의 마라톤 금메달 수상으로 한반도는 한 달 동안 뜨거운 바람에 휩싸였습니다. 기쁨에 들뜬 사람들은 거리로 쏟아져 나와 "손 군 만세"를 외쳤습니다. 심훈은 손기정의 우승을 전하는 호외를 보고 그 자리에서 이렇게 썼습니다.

> 오늘 밤 그대들은 꿈속에서 조국의 승전을 전하고자
> 마라톤 험한 길을 달리다가 절명한 아테네의 병사를 만나 보리라.
> (중략)
> 오오, 나는 외치고 싶다! 마이크를 쥐어잡고
> 전 세계의 인류를 향해서 외치고 싶다!
> '인제도 인제도 너희들은, 우리를 약한 족속이라 부를 테냐?'

일본은 손기정의 우승을 "제국 일본의 승리", "일본인의 피와 살로 세계 제패를 이룩한 역사적 환희"라고 전했지만, 조선인들의 생각은 달랐습니다. 머리를 숙인 채 묵묵히 서 있던 손기정의 모습은 여러 가지를 생각하게 만듭니다.

마라톤 우승자로 시상대에 선 손기정.

써, 두 민족의 틈새가 더욱 벌어집니다. 식민지시대 끝 무렵이 되면 일제의 탄압과 전쟁 바람 속에서 스포츠는 거의 사라집니다.

해방 뒤 우리나라 스포츠는 어떤 길을 걷게 됩니까?

일제 탄압으로 여러 스포츠가 침체된 상황에서 해방을 맞이하게 됩니다. 체육에도 해방 바람이 붑니다. 8월 17일 우리나라 체육인을 모두 아우른 '조선체육동지회'가 발족했으며, 그동안 해체된 모든 체육단체가 다시 살아납니다. 조선체육동지회는 9월 30일 첫 행사로 미군과 친선 농구경기를 했습니다. 연희전문과 보성전문 출신의 오비OB대 현역 축구경기에도 수많은 관중이 몰려들어 모처럼 경기를 즐겼습니다. 그 밖에 해방 뒤 첫 전국 규모 스포츠 행사로서 조선체육동지회가 주최한 '자유해방 경축 종합경기대회'가 10월 27일부터 열립니다. 이때 수많은 관중이 몰려 해방의 기쁨을 느꼈지요. 이때만 해도 38선이 완전히 가로막힌 것이 아니어서 북쪽 팀도 많이 참가했습니다. 일제 때 국방경기의 성격을 가졌던 스포츠는 제자리를 찾기 시작합니다. 학교체육도 다시 살아나 고등학교까지 필수교과가 되었고, 대학에서도 일반 교양과목으로 채택합니다.

한 뼘 생각

'야만의 신체'를 '문명의 신체'로 길들여 가는 과정에서 근대 체육이 모습을 드러냈습니다. 몸을 길들이려면 규율과 통제가 따르기 마련입니다. 더구나 이 땅의 근대 체육은 전쟁 연습이나 황국신민화 같은 어두운 그림자가 짙게 드리워져 있었습니다. 일제는 학교 운동장에서 조회를 하고 집단체조를 하면서 군대식 사고방식과 권위주의 세계관을 뿌리내리게 했습니다. 박정희 군사정권 때에는 체육시간에 '수류탄 던지기' 같은 것도 했습니다. 근대 스포츠의 어두운 그림자는 이것만이 아닙니다. 근대 스포츠는 애국주의와 국가주의도 부추겼습니다. '문명의 신체'는 국가와 민족을 위하는 신체이기도 했습니다. 근대 스포츠가 뿌리내리는 과정에서 "체력은 곧 국력이다."는 생각이 자라났습니다.

미국에서 '스포츠 산업'은 '연예 산업'보다 몇 배나 규모가 크다고 합니다. 스포츠 선수가 점점 더 남들이 부러워하는 직업이 될수록, 구경꾼으로 내몰린 대중은 오히려 스포츠에서 멀어지기도 합니다. 오늘날 스포츠는 자본에 휘둘리는 '쇼 비즈니스'가 되고 말았으며, 대중을 어리석게 만든다는 비난도 받고 있습니다. 올림픽 경기를 비롯한 모든 스포츠가 '약육강식'의 논리를 벗어나고, '국가 경쟁력' 시험장이 아닌 새로운 축제로 거듭났으면 좋겠습니다.

06

새 옷 입고, 새 마음으로

생각 열기

철에 따라 때에 맞추어 누구나 옷을 입습니다. "인간이 처음 발견한 것은 자신의 벗은 몸이고, 인간이 처음 발명한 것은 옷이다."는 말도 있습니다. 벗은 몸이 부끄러워서 입었든, 꾸미려고 입었든, 이성에게 잘 보이려고 입었든, 몸을 보호하려고 입었든, 두 발로 걷는 인간은 털을 벗고 옷을 걸쳤습니다.

그래서 옷을 '또 하나의 몸', '제2의 피부' 라고도 부릅니다. 옷은 사회집단의 성격과 문화를 보여 주기 때문에 시대를 이해하는 하나의 잣대가 되기도 합니다. 그래서일까요? 근대에 들어서면서 옷차림이 크게 바뀌었습니다. 밀려오는 근대의 물결 속에서 때로는 억지로, 때로는 유행을 좇아 옷차림과 머리 모양새를 바꾸어 갔습니다.

"몸 가는 데 마음 간다."고 했습니다. 사람들은 옷, '또 하나의 몸' 을 바꾸면서 마음도 바꾸었습니다. 어떤 모습이었을까요? 옷을 들추어 '근대' 의 마음을 엿보시기 바랍니다.

개화기가 되면 옷에도 큰 변화가 생기고, 서양 복식도 들어왔겠죠?

우리나라 의생활에서 서양 복식을 처음 받아들인 것은 별기군입니다. 1881년에 창설한 **별기군***은 신식 무기를 갖추고 근대식 훈련을 하면서, 복식도 서양식으로 바꾸었습니다. 처음 양복을 입은 사람들은 1881년 일본에 조사시찰단으로 갔던 김옥균 · 서광범 · 유길준 · 홍영식 · 윤치호 등입니다.

1884년 갑신의제개혁, 1894년 갑오의제개혁, 1895년 을미의제개혁 등은 "거추장스러운 옷을 간편한 옷으로 바꾸도록" 한 것입니다. 이로써 명령에 따를 수밖에 없는 군복과 관복 등에서 변화가 생깁니다. 1900년에는 관리들의 관복을 양복으로 바꾸고, 일반인이 양복을 입는 것을 정식으로 인정합니다.

별기군 別技軍

개화정책에 따라 구식 군대인 5군영을 2영으로 통폐합한 뒤 새로이 만든 신식 군대. 1881년 처음 만들어 일본인 교관에게 군사훈련을 시키고, 사관생도를 키우게 했다. 일본식 군복과 일본식 구호 탓에 '왜별기'란 비아냥을 들었고, 구식 군인과 차별 대우로 임오군인봉기를 일어나게 했다.

일진회 一進會 (1904~1910)

송병준이 고위 관료와 옛 독립협회 회원들을 중심으로 만든 친일단체. 군대 해산과 국가재정 축소를 목적으로 활동하며 일제의 국권침탈을 도왔다. 고종 퇴위와 의병 토벌을 주장하고, 1909년에는 '일진회합방성명서'를 발표하는 등 '한일병합'에 큰 공을 세웠다.

개화기에도 일반 민중은 여전히 전통 옷을 입었죠?

도시의 관리나 학생들 사이에서 공복公服으로 서양복을 입었지만, 일부 사람을 빼고는 아직 전통 옷을 입었습니다. 이 무렵 일반 민중은 서구화한 복장에 거부반응을 보였지요. 1900년대에 **일진회*** 회원이 단발하고 양복을 유니폼처럼 입고 다니며 친일 활동을 벌이자, 민중은 양복을 더욱 곱지 않은 눈으로 바라보았습니다. 1900년대에서 1910년대에 관복이 양복으로 바뀌면서 상류층 사람들이 양복을 입기 시작했지만, 그들도 가정에서는 일반인과 같이 한복을 입었습니다.

일반인이 한복을 입었다 하더라도 아무 변화가 없었던 것은 아니죠?

한복에도 일부 변화가 생깁니다. 남자들의 바지와 저고리는 크게 바뀌지 않았지만, 서양에서 들어온 조끼와 만주족의 방한용 옷이었던 마고자 등이 새로 나타납니다. 외출할 때나 예를 갖추어야 할 때에는 그 위에 두루마기를 입었습니다.

본디 조끼는 서양 남성복 상의에 반드시 입는 중간 옷이었습니다. 전통한복에는 필요한 물건을 넣어 둘 호주머니가 없어 따로 주머니를 만들어 허리에 찼습니다. 조끼에는 호주머니가 달려 있어 편리했으므로 곧 받아들여 유행하게 된 것이지요. 모양은 서양식이지만 옷감은 한복을 쓴 조끼는, 한복 선을 살리면서 양복의 편리함을 받아들인 옷입니다.

마고자는 흥선대원군이 임오군란때 청나라에 잡혀갔다 돌아오면서 입고 온 뒤부터 퍼집니다. 모양은 저고리와 비슷하지만, 저고리 위에 덧입는 것이므로 저고리보다 품도 넓고 길이나 소매도 길어 넉넉합니다. 앞섶을 마주 여미고 옷고름이 없는 것이 특징입니다. 옷고름 대신 호박이나 금동을 단추처럼 달았으며, 주로 외출할 때 입었기에 털이나 솜을 두툼하게 넣었습니다.

두루마기는 1895년 을미의제개혁 때 창의 · 도포 · 중치막 등 여러 포를 한 가지로 통일하여 만든 것입니다. 예전에는 서민이 입지 못했던 옷을 모든 사람이 입을 수 있게 함으로써 두루마기는 '만민 평등의 옷'이 되었습니다. '두루마기'라는 말은 밑단 폭이 쭉 돌아가며 두루 막혔다는 뜻을 가진 '두루막이'에서 비롯되었습니다.

양복은 언제 뿌리를 내렸나요?

1920년대가 되면 양복이 의생활 문화 속에 한 자리를 차지하며 차츰 일반 사람에게 퍼져 갑니다. 경성과 대도시에서 일본인이 양복을 입고 돌아다니는 모습을 자주 볼 수 있었을 뿐만 아니라, 조선인 관리와 상인도 곧잘 입었습니다. 1930년대에는 유학생들이 들어오면서 양복이 크게 번집니다. 조선인 엘리트들은 두루마기 대신 양복에 스프링코트와 오버코트를 입었으며, 셔츠 · 넥타이 · 모자 · 구두 · 지팡이 · 회중시계 · 넥타이핀 등의 장신구를 갖추었습니다. 1920년대 충무로 일대에는 일본인 양복점이 100여 개, 종로 일대에는 한국인이 경영하는 양복점이 50개 남짓 되었습니다. 양복 수요가 늘자 서울을 비롯한 전국 곳곳의 대도시에 양복 기술자 양성기관인 양복 실습소가 생깁니다. 1920년대에 남성 엘리트층은 주로 양복을 입고, 민중은 옛 옷을 입었습니다.

여자 옷차림에도 변화가 생겼겠죠?

여성의 양장은 양복보다 뒤늦게 보급되었습니다. 개화기에 서양 문물을 만날 수 있었던 고관 부인, 외교관 부인, 유학생들이 양장을 입기 시작합니다. 누가 처음 양장을 했는지는 의견이 엇갈립니다. 1899년 윤치호의 부인인 유고라(또는 윤고려)라는 설도 있고, 신문 기사에 나타나는 '경옥당'이라는 여인이 맨 처음이라고도 합니다. 1895년 무렵, 고종 황비인 엄비가 양장을 하고 기념사진을 찍은 모습이 처음이라는 견해도 있습니다.

옷차림에서 양장이 유행하기에 앞서 한복을 개량해야 한다는 논의가 먼저 있었습니다. 여성복에서 가장 큰 변화는 장옷과 쓰개치마를 벗은 것입니다. 조선시대 내외법에 따라 장옷 · 쓰개치마 · 천의 등으로 얼굴을 가렸던 여성들이 사회로 나아가면서 장옷 벗기 운동이 일어납니다. 그러나 개화여성이라 하더라도 장옷을 벗고 맨얼굴로 다니는 것은 아직 낯 뜨거운 일로 여겼습니다. 이때 장옷을 대신한 것이 검정 우산입니다. 얼굴 가리개로 쓰던 우산은 차츰 햇볕을 가리는 양산으로 바뀌어 실용성과 함께 여성의 장식용 소품으로 자리 잡습니다.

1910년대에는 한복을 즐겨 입자는 주장이 나와 한복 개량운동이 일어납니다. 남성들이 '개량한복'이 아닌 양복을 선택한 것과 달리, 엘리트층인 '신여성'들은 거의 개량한복을 입었습니다. 검정 통치마에 흰 저고리 스타일의 1920~1930년대 개량한복은 오랫동안 신여성의

장옷으로 얼굴을 가린 여성과 개량한복을 입은 경성의 도시 인텔리 여성. 사회로 진출한 여성들은 가장 먼저 장옷을 벗어 던졌다. 검정 치마에 흰 저고리 모습인 개량한복은 '신여성'의 상징이 되었다.

상징이 되었습니다. 처음에 통치마는 발등에서 조금 올라오도록 길었는데, 차츰 짧아져서 종아리가 드러나 보이게 되자 '깡동치마'라는 별명이 붙습니다. 예전에 가슴 위까지 올라갔던 저고리는 허리까지 내려오고, 고름 대신 단추를 달았습니다. 치마도 굵은 통주름을 잡아 서양의 플리츠스커트와 비슷한 모습이 되었습니다. 이전의 한복은 구식 부인만 입고, 신여성들은 짧은 치마와 긴 저고리의 간편한 개량한복을 입고 경성 거리를 거닐었습니다.

겉옷이 달라지면서 자연히 속옷에도 변화가 일어났겠죠?

속적삼, 단속곳, 바지, 속속곳, 다리속곳, 너른바지 등의 옛 속옷이 짧은 치마에는 어울리지 않게 되면서 셔츠, 팬티 등 간편한 내의로 차츰 바뀝니다. 1920년대부터 셔츠가 들어오면서 속적삼은 여자용 셔츠로 대체되고, 팬티를 입게 되어 속속곳과 다리속곳이 없어지면서 팬티 위에 단속곳과 바지를 입게 됩니다. 특히 짧은 치마를 입던 신여성들은 바지 · 단속곳 대신 '사루마다'라는 무명으로 만든 짧은 팬티를 입고, 어깨허리가 달린 속치마를 입었습니다. 바지는 오늘날까지 남아 긴 치마의 한복을 입을 때 겉옷을 풍성하게 해 주고 있지요. 어깨허리가 달린 속치마는 이 무렵 새로 나타난 것입니다.

양장은 언제쯤 널리 보급되나요?

1920년대에 들어서면서 차츰 양장하는 여성이 늘어납니다. 양재법이나 양재 강습소 관련 기사가 신문이나 잡지 지면을 차지하고, 의복 관리법이나 유행하는 의복의 경향, 해외 유행 소식 등의 비중이 커집니다. 한복과 양장이 뒤엉키면서 1930년대에 이르면 '양장 전성시대'를 맞이했다는 신문 기사가 나올 만큼 양장을 입는 여성이 늘어납니다. 1930년대에 갖가지 양장이 나타나고 차츰 지방까지 보급됩니다. 학교에서 양장을 교복으로 정하면서 그것을 본뜬 옷이 유행하고, 블라우스 · 스커트 · 스웨터 · 세일러복 같은 옷차림이 퍼지기 시작합니다.

남자 머리 모양은 어떻게 바뀌었나요?

단발령이 내려졌을 때 의병장 최익현은 "내 머리를 자를 수 있을지언정, 머리카락은 자를 수 없다."고 했지요. 그만큼 남자에게 상투는 중요했습니다. 맨 처음 상투를 자르고 하이칼라 머리를 한 사람은 서광범입니다. 서광범은 조사시찰단 가운데 한 사람으로 일본 요코하마를 시찰할 때, 세브란스 병원 설립자인 언더우드가 권유하여 양복을 입고 하이칼라 머리를 했지요. 뒤따라 김옥균 등이 양복을 입고 단발을 합니다. 1895년 일제는 위생에 좋고 활동하기가 편하다며 단발령을 내립니다. 단발령을 내린 개화파 정권에 맞서 유생들이 의병을 일으키는 등 우여곡절을 겪었지만, 억지로 또는 스스로 상투를 자르는 사람들이 차츰 늘어납니다. 시간이 흐르면서 사람들은 이발소에서 머리카락을 자르고 면도를 하는 것을 '신식'과 '모던'으로 가는 길이라고 여기기 시작합니다.

상투가 사라지면서 모자는 어떻게 바뀌었나요?

서양인들은 조선에 초가집이 많은 것을 일컬어 '버섯의 나라'라 했고, 또 거의 모든 사람이 갓 따위를 쓰고 다니는 것을 보고 '모자의 나라'라고 불렀다고 합니다. 갓 · 망건 · 탕건 등 갖가지 모자로 신분 · 나이 · 계급 · 직업을 표시하던 '모자의 나라' 조선에서 상투가 사라지면서 서양 모자가 유행하기 시작합니다. 처음에는 단발한 머리를 가리려고 검은색 산고모자를 구하던 사람들이 어느덧 서양 모자를 신식 문명의 상징으로 여기기 시작합니다. 나아가 맥고모자 · 파나마모자 · 중절모 · 도리우찌 모자 등 갖가지 모자를 어엿한 패션으로 받아들이고 남성 한복에 모자를 쓴 모습도 익숙해지기 시작하지요.

1927년 『신문춘추』에 실린 안석주의 그림. 모던 보이와 모던 걸의 모습을 풍자했다. 짧은 머리에 갖가지 모자로 잔뜩 멋을 부린 모던 보이의 모습과, 저마다 유행을 좇아 맘껏 멋을 내고 사치도 부렸건만 모두 똑같은 차림새가 되어 버린 '신여성'이 눈길을 끈다.

여성도 옷차림이 바뀌면서 예전과는 다른 머리 모양을 했겠죠?

여성의 머리 모양으로 '히사시가미'가 새로운 유행으로 나타납니다. 히사시가미란 서양 부인의 머리 모양새를 흉내 내어 1900년 무렵 일본에서 유행했던 것으로, 앞머리를 불룩하게 빗어 올리고 뒷머리는 들어 올리는 머리형입니다. 히사시가미는 1910년대 여학생을 중심으로 크게 유행했습니다. 그 뒤 가르마를 비스듬하게 타고 뒷머리를 올린 트레머리로 바뀌어 오랫동안 이어집니다. 1930년대에 단발이 널리 보급되기까지 많은 여학생이 서양식 트레머리를 부러워했지요.

여성은 언제부터 단발하기 시작했나요?

남성은 1895년 단발령을 계기로 짧은 시기에 강제로 단발했지만, 여성은 스스로 오랜 시간을 두고 천천히 단발했습니다. 처음 단발한 여성은 기생입니다. 강명화라고도 하고 강향란이라고도 합니다. 기생 출신으로 나중에 사회주의자가 된 강향란은 기생 시절에 겪은 자유연애와 실연, 그리고 뒤이은 자살 사건 등으로 언론에 자주 오르내린 여성입니다.

1920년대 여성의 단발은 사회주의가 유행한 것과도 관계가 있습니다. 자유주의 여성들이 위생에 좋고 편리하며 합리적이라는 이유로 단발을 했다면, 허정숙 · 주세죽 · 심은숙 · 정칠성 같은 사회주의 여성들은 여성해방과 반봉건운동 차원에서 단발을 했습니다. 여성들에게 단발은 그저 머리털을 자르는 행위가 아니라 사회에 대한 반항이며 도전이었던 것이지요. 단발한 여성들은 뭇사람의 호기심을 불러일으켰습니다. 심지어 단발 여성을 몰래 뒤쫓아 정체를 밝히는 잡지 기사가 실릴 정도였습니다.

단발한 여인을 바라보는 눈길이 그다지 곱지 않았다죠?

사람들은 신여성인 '모던 걸modern girl'을 비틀어 '모단毛斷 걸'로 불렀고 보수적인 남정네들은 '못된 걸'로 바꾸어 조롱했습니다. 남성의 단발은 개화와 근대화의 상징이었지만, 어이없게도 여성의 단발은 전통을 파괴하는 일로 비난받았습니다. 단발 여성은 전통의 억압에 짓눌렸으며, "사치와 향락에 빠진 여인"이라는 따가운 눈길을 받았습니다. 단발한 여성은 남성 중심의 편견에 시달리고 전통과 인습에 젖은 여성들에게 소외당하기도 했지요.

1930년대 초반만 하더라도 몇몇 여인이 단발하는 데 그쳤지만, 1930년대 중반부터 단발 바람이 온 나라를 휩쓸었습니다. 1937년 무렵부터는 젊은 여성들이 긴 머리를 자르고 파마를 하기 시작합니다. 단발과 파마가 유행하자 여성 모자도 유행을 좇습니다. 영화의 영향을 받아 서양 머리 모양새를 본뜨기도 했지만, 많은 여성은 일본 여성들 사이에서 유행하던 머리 모양새를 따랐습니다.

신발도 바뀌었겠죠?

옷도 바뀌고 머리 모양도 새로 바뀌었으니, 새 신을 신고 거리를 걸어야겠지요. 1910년대 중후반에 이 땅에 모습을 보인 고무신은, 짚신이나 비단신 · 가죽신 · 나막신을 신던 우리에게 그야말로 '진귀한 상품' 이며 '문명의 귀품' 이었습니다. 일본 고베神戶 상인들은 먼저 자기 나라 고무신을 들여와 조선 사람들의 반응을 떠보았습니다. 뜻밖에 인기가 있자 '배 모양 고무신' 이라는 조선인용 고무신을 만들어 수출하기 시작했지요.

예전에 신던 짚신이나 미투리에 견주어 고무신은 말할 수 없이 편리했습니다. 값이 싸고 질긴 데다가 비가 와도 나막신으로 갈아 신을 필요가 없었습니다. 겉모양도 옛날 특수층이나 신던 갖신이나 비단신과 비슷하고 가볍기까지 했지요. 이런 까닭에 고무신의 인기가 치솟자 주로 고무신을 생산했던 조선 고무공업도 발달했습니다. 이미 1923년 무렵에 공장 수가 20개에 이르렀습니다. 1930년대 중반에 이르면 도시 사람들은 대부분 고무신을 신을 수 있었지만, 시골에서는 아직 고무신 신기가 어려워 많은 사람은 여전히 짚신과 나막신을 신었습니다.

서양 옷이 들어오면서 구두도 따라 들어옵니다. 조선 사람 가운데 누가 맨 처음 구두를 신었는지 정확하게 알 수 없지만, 아마도 일본에 조사시찰단으로 갔다 온 개화파나 미국에 다녀온 외교관이나 유학생이었을 겁니다. 일제가 조선을 강점한 뒤 조선 신사들은 일본 수

「경성 명물녀 단발낭 미행기」

오른편 어떤 큰집 행랑 같은 곳으로 어떤 신식 여자 두 분이 손목을 마주 잡고 나선다. 눈치 빠른 C는 언제 보았는지 내 옆구리를 뚫어지게 쿡 찌르며 '이크 단발미인!' 하고 걸음을 멈추면서 나보고 보라는 듯 은근히 수군거린다. …… 우리 뒤에 오는 사람들도 언제 보았는지 벌써 '단발양! 단발미인!' 하고 서로 주고받고 떠든다. 앞으로 오는 사람들도 '꽁지 빠진 병아리 같다'느니 '송락 쓴 여승 같다'느니 별별 해괴한 수작이 다 들린다.

— 복면자, 『별건곤』, 1926년 12월.

"남자로 모습을 바꾼 강향란을 조속히 매장하라"

강향란이라는 기생이 갑자기 머리를 깎고 남자 옷을 입고 엄연히 강습원에 통학 중이라 한다. 암탉이 새벽에 우는 것도 그 집안이 무너질 장본이라 했다. 하물며 여자가 남자로 모습을 바꾼 것이야 변괴가 아니고 무엇이리오. 이러한 천괴의 물건은 우리 사회에서 한 사람이라도 조속히 매장해 버려야 될 것을 그 강습원에서는 무슨 이유로 입학을 허가했는지 실로 의문이며 가통할 일이다.

— 부춘생, 「토목언」, 『시사평론』, 1922년 7월호.

입품인 구두를 사서 신었습니다. 고무신 수요가 크게 늘던 1920년대에 들어서면서 양화점도 빠르게 늘어나고, 제법 규모가 큰 양화점들은 신문마다 수많은 광고를 냈습니다. 1930년대가 되면 여러 모양의 구두가 나와서, 모던 보이는 흰색 구두를 뽐내고 다니고 모던 걸은 하이힐을 신고 다닙니다. 그러나 이 무렵 구두는 한 켤레 값이 벼 두 섬과 맞먹을 만큼 비쌌으므로 사치품에 속했습니다. 양복을 입고 반짝이는 구두를 신는 것이 새로운 신분의 표시가 되었습니다.

일제가 흰옷을 못 입게 했다는데, 왜 그랬나요?

박정희 정권 때에는 경찰이 미니스커트를 단속하고, 장발을 강제로 잘라 냈지요. 일제시대에도 의복을 통제해서 일제의 입맛에 맞게 사람을 길들이려 했습니다. 특히 흰옷을 못 입게 했지요. 한민족을 흔히 '백의白衣민족' 이라 하지만, 왜 흰옷을 좋아했는지 분명하지 않습니다. 일제는 그동안 이어 온 조선인의 생활방식을 깨뜨리려는 뜻에서 색옷 입기를 줄기차게 밀고 나갑니다. 여기서 '색옷' 이란 검은 옷을 뜻합니다. 1917년 조선총독부는 '흑색 견습생' 을 모집하고 검은색의 좋은 점과 물들이는 방법 등을 교육시킵니다. 1920년대부터는 조선총독부 말단 조직인 군 · 면 등이 앞장서 생활개선운동을 할 때, 흰옷을 벗고 색옷을 입으라고 다그쳤습니다. 일제는 1930년대 농촌진흥운동과 자력갱생운동에서도 흰옷 폐지를 주요 목표로 삼았습니다.

그러나 색옷 입기 성과는 크지 않았습니다. 일제는 언론을 통해 "당국이 온 힘을 기울여 세배꾼도 모두 색의를 입었다."고 선전하고, "백의는 유령이 입는 옷"이라고 협박도 합니다. 그래도 눈에 띄는 성과가 없자 일제는 방법을 달리합니다. 장날에 관리가 '색의 장려' 등을 새긴 큰 도장을 옷에 찍고 검정물이 든 물총을 쏘기도 했지요. 또 관공서 앞에 "백의 중독자는 출입을 금한다."는 간판을 달고 면사무소와 관공서 등을 들어가지 못하게 했으며, 공사판 인부로 쓰지 않는 일도 있었습니다. 서약서를 쓴 다음에도 계속 흰옷을 입으면 벌금을 물리고, 색옷 입은 실적이 좋은 마을에는 상을 주거나 염료를 무료 또는 싸게 주는 유인책도 씁니다. 전쟁 막바지인 1945년 7월, "적 비행기에서 내려다보면 눈에 잘 띄기 때문에 흰옷을 벗자."는 것을 마지막으로 일제의 흰옷 말살 정책은 끝을 맺습니다.

여성에게 몸뻬를 입으라고 강요했다는데, 그 까닭이 무엇입니까?

일제는 여성에게 몸뻬를 입으라고 강요했습니다. 지금도 시골 장터나 코미디 프로그램에서 보이는 몸뻬가 전시체제기 '여성의 국민복'이었지요. 본디 몸뻬는 에도시대 일본 동북 지방 농촌에서 일할 때 입던 옷입니다. 일제는 전시체제가 되면서 간단복과 몸뻬를 권장합니다. 간단복은 서양식 의복이며, 몸뻬는 일본의 노동복이었습니다. 식민지 조선에 언제 몸뻬가 들어왔는지는 명확하지 않습니다. 처음에는 주로 방공防空 연습할 때 입었던 것으로 보입니다.

여성들은 강제 동원이나 훈련을 받으러 나갈 때 반드시 몸뻬를 입어야 했습니다. 조선 여성들은 처음에는 몸뻬 입는 것에 강하게 반발했습니다. 몸뻬는 가랑이가 좁아 몸매가 드러나 보여 민망했기 때문입니다. 그러나 몸뻬는 차츰 식민지 조선 여성의 의복으로 널리 보급됩니다. 몸뻬는 농촌 여성은 물론이고, 도시 중산층도 두루 입었습니다. 몸뻬는 노동복이었기 때문에 일반 민중이 입기에 편했던 겁니다.

중일전쟁으로 의복에도 큰 변화가 생겼을 것 같은데요?

중일전쟁이 일어나고 사회가 전시체제로 바뀌면서 의복에도 큰 변화가 생깁니다. 일제는 "생활의 전시태세화"를 부르짖고, "간소한 국민 생활 실현"을 강조하며 옷을 통제합니다. 학생들의 제복을 '결전형'으로 통일하고, 일반 국민들에게 '국민복'과 '근로복'을 입도록 합니다. 국민복은 일본에 앞서 식민지 조선에서 먼저 모습을 드러냈습니다. 국민복은 관공서 직원과 남성 교원이 먼저 입기 시작하여 청년 훈련소생, 청년단의 남자 단원, 중등학교 남학생들에게 확대됩니다. 일반 시민들에게도 국민복을 입으라고 권장했지만, 국민복이란 기존에 양복 입던 사람에게 양복 대신 입으라는 옷이었으므로, 양복 입을 형편이 못 되는 일반 서민에게는 남의 일이었습니다.

한 뼘 생각

자신도 모르게 어떤 사람의 옷차림새와 구두 따위를 보고 그 사람의 처지와 조건을 헤아려 보곤 합니다. 그래서 '옷이 날개' 라고 했을까요? 근대에 들어서면서 한복 입은 여인이 양장한 여인 앞에서 움츠러들었습니다. 양복 입은 신사가 농촌에 나타나면 괜히 겁먹던 흰옷 입은 민중이 있었습니다. 그들에게 양장과 양복을 걸쳐 입은 '근대' 는 하나의 공포였을지도 모릅니다. 그러나 좋든 싫든 그 근대를 이 땅에 뿌리내리게 한 사람은 끝내 민중이었습니다.

오늘날 기름에 찌든 노동복과 값비싼 명품 의상이 엇갈리고 있습니다. 명품 의상 앞에서 노동복이 주눅 들게 해서는 안 됩니다. 허름한 노동복이 이 사회를 이끌어 가는 원동력이니까요.

사람들은 '멋진 인생' 을 꿈꾸며 패션과 유행을 좇고 있습니다. 유행을 탓할 수만은 없습니다. 유행이란 사회와 시장이 만들어 낸 것이기도 하지만, 한편으로는 한 개인의 욕망과 요구를 받아들인 결과이기도 합니다. 모든 개인의 욕망과 사회적 필요, 그 둘이 조화롭게 어우러지는 사회를 꿈꾸어 봅니다.

07

여기 세균이 있다

생각 열기

나쁜 귀신은 빨간색을 싫어합니다. 그래서 사춘기에 들어선 여자들이 손톱에 봉숭아물을 들이고, 결혼할 때는 연지와 곤지를 찍습니다. 집집마다 닭 벼슬처럼 생긴 새빨간 맨드라미를 심어 놓아 귀신이 얼씬거리지 못하게 합니다. 마을 어귀에는 무섭게 생긴 장승을 세워 병을 실어 나르는 귀신이 마을로 들어올 생각을 못하게 만들었습니다.

옛날에 사람이 병에 걸리면 나쁜 귀신 때문이라고 생각했습니다. 근대 의학이 들어오면서 그런 미신은 사라지고, '호열자' 나 '마마' 같은 병이 세균 때문이라는 것을 알게 되었습니다. 그러나 근대 의료 체계가 뿌리내리면서 갖가지 우여곡절을 겪기도 했습니다. 어떤 일이 벌어졌을까요?

예전에는 콜레라를 고치려고 그림을 붙이기도 했다면서요?

가족이 큰 병에 걸리면 나름대로 치료 방법을 찾아내려 했지만, 나쁜 귀신을 쫓는다며 굿을 하기도 했지요. 콜레라에 걸리면 '쥐가 발을 물어 근육에 쥐가 오르는 듯' 했기 때문에, 조선 사람들은 콜레라를 '쥐통' 이라고도 불렀습니다. '쥐 귀신' 이 몸에 들어와 통증을 일으킨다고 본 것이지요. 그래서 쥐 귀신을 쫓으려고 고양이 그림을 붙이거나 고양이 수염을 태워서 그 재를 먹었습니다.

우리나라에서는 1800년대 콜레라가 퍼져 수많은 사람이 목숨을 잃었습니다. 지금도 그렇지만 그때는 정말 무서운 질병이었지요. 1821년 여름, 평안도 지방에 괴질이 돌아 1,000명 남짓이 죽었습니다. 채 열흘도 안 되어 벌어진 일이었습니다. 병에 걸린 사람은 설사와 구토를 하고 근육이 비틀리며 눈 깜짝할 사이에 죽었습니다. 이 병을 호열자虎列剌라 불렀습니다. '호랑이가 살점을 찢어 내는' 듯한 고통이 따른다는 뜻이지요. '콜레라'로 부르기 시작한 것은 60여 년 뒤의 일입니다. 중국 동북쪽에서 건너온 콜레라는 한성·경기·영남으로 퍼졌고 이듬해에는 호남·함경도·강원도 지방을 휩쓸어 적어도 몇 십만 명 넘게 죽었습니다.

그 뒤에도 이 전염병은 끊이지 않아 1858년에는 무려 50만 명 남짓이 죽고 1886년, 1895년에도 몇 만 명이 희생됩니다. 콜레라 같은 유행병이 돌면 도성이 텅텅 비고 행정도 멈추었습니다.

콜레라로 많은 희생자가 생겼을 때 조선 정부는 어떤 일을 했나요?

1895년 조선 정부는 호열자병 예방 규칙을 반포합니다. 이 규칙은 콜레라 예방을 위해 지방관·의사·단체장이 꼭 신고하도록 했습니다. 또 콜레라가 퍼지는 것을 막으려고 환자를 격리할 것과 소독하는 방법 등을 적고, 콜레라가 번졌을 때 집회 금지·교통 차단 등을 규정했습니다. 갑오개혁을 시행하던 조선 정부는 체계적인 방역 활동을 해서 새로운 국가권력의 효용성을 민중에게 보여 주려 했습니다. 콜레라로 의심되는 질병이 보고되면 관리가 전염지로 가서 전염병 환자를 확인했습니다. 관할 지역 안에 환자가 생기면 집 안 또는 피병원避病院으로 떼어 놓고, 환자의 집과 쓰던 물품을 깨끗이 소독했습니다. 콜레라로 죽은 시체는 깊이 파묻고 주변을 소독 처리했습니다.

사람들이 서구의 근대 의료 가치관을 받아들이는 계기는 무엇인가요?

전통사회에서 질병을 나쁜 귀신 때문이라거나 음양의 조화가 깨진 것으로 생각했지만, 서구의 근대 의료는 세균이라는 미생물체가 질병을 일으킨다고 보았습니다.

1915년 9월 경성에서 조선물산공진회가 열렸습니다. 일본제국이 조선을 '병합' 한 뒤 '시정 5년' 을 기념하는 행사였습니다. 10월 말까지 50일 남짓 열린 이 행사에 모두 100만 명이 참가했고 조선인 유료 입장객만도 45만 명에 이르렀습니다. 조선인들은 이 행사장에서 색다른 것을 구경할 수 있었습니다. 진열관 세 곳 가운데 2호 관에 현미경, 휴대용 진찰기 등 의료 용구와 임질균, 적리(이질)균, 흑사병균, 콜레라균, 폐렴균 등의 모형이 있었습니다. 이 전시물들은 끔찍한 전염병을 일으키는 것이 눈에는 보이지 않는 세균임을 또렷하게 보여 주었지요.

한국 의사 1인이 병이 생기는 이유를 설명하다

근일에 한국 의사 1인이 호열자 병균 1개를 착득하여 유리병 안에 두었는데, 아주 미세해서 눈으로 보기 어려웠으나 4,000배 되는 현미경에 눈을 대서 본즉, 그 충의 형상이 머리 부분은 까맣고 몸 부분은 붉었으며 몸 주변에 까만 털이 나 있었는데, 이 의사가 이를 병원에 두고 한성 내 친한 사람을 초치하여 관광케 하고 병균 때문에 병이 생기는 이유와 죽여 없애는 방법을 설명하였다더라.

—「황성신문」, 1902년 10월 28일.

조선물산공진회가 열리기 10여 년 전에, 콜레라균을 배양해서 대중에게 보여 줌으로써 콜레라 예방과 박멸 활동에 활용하려고 했던 한국 의사가 있었습니다. 바로 김익남입니다. 김익남은 1895년 관비 유학생으로 일본에 건너가 동경 자혜의원 의학교를 졸업한 뒤 대한제국의 부름을 받아 그해 설립된 관립의학교 교관이 되었습니다.

전염병의 위력이 대단했으니 조선총독부도 방역에 신경을 썼겠죠?

1915년 6월 조선총독부는 '전염병 예방령'을 만들었습니다. 전염병 예방령의 적용을 받는 전염병의 종류를 정하고, 그런 전염병이 유행하면 미리 규정한 갖가지 방역 조치를 취할 수 있도록 하는 내용입니다. 1916년 콜레라가 생기자 "부락 차단, 기차·선박 검역, 검역위원 임명 등을 발 빠르게 처리할 수 있어 크게 이바지하게 된 것"은 전염병 예방령 때문이었죠.

전염병 예방령은 경무부장이 책임졌습니다. 경무부장은 위생경찰을 두어 방역 활동을 하도록 했지요. 위생경찰은 본디 오스트리아·독일 등에서 비롯된 것으로, 국가가 신민의 건강을 돌봐야 한다는 가부장적인 이념에 뿌리를 둔 것입니다. 이 위생경찰 개념을 일본이 19세기 말에 들여와 식민지 조선에도 적용했습니다.

위생경찰의 집행 방식에 문제가 있었다죠?

이른바 '문명국가'에서 시작한 위생경찰은 갖가지 전염병이나 질환에서 사람들을 보호하는 활동을 했습니다. 그러나 식민지 조선의 위생 행정은 대한제국이나 일본에 견주어 집행 방식이 훨씬 불완전하고 억압적이었습니다. 식민지 조선에서는 일반적인 위생 사무까지 경찰이 맡았습니다. 대한제국에서는 일반 위생 사무는 위생국이 맡

콜레라 유행을 차단하려고 세균 검사를 하는 개성의 위생 방역진. 조선총독부는 1915년 '전염병 예방령'을 만들어, 갖가지 방역 조치를 할 수 있게 했다.

고 집행 사무는 경찰이 맡았지요. 일본도 일반 위생 사무는 내무성 위생국이 맡고 경찰은 집행을 맡았을 뿐입니다. 일본의 경우 '전염병 환자라 의심되는 사람'을 신중하게 판단하여 결정하고, 전염병 환자라도 일부러 남을 해치지 않으면 처벌하지 않았습니다. 그러나 조선에서는 경찰과 헌병이 전염병 유행 지역에 사는 조선인을 삼엄하게 단속했습니다. 그 과정에서 경찰이 제멋대로 행동하는 일이 많았습니다. 규정을 어긴 조선 사람을 범죄자로 다루어 감옥에 보내거나 벌금을 내도록 한 일도 있었지요.

1930년대 한의학을 둘러싸고 논쟁이 뜨거웠다면서요?

『조선일보』 1934년 2월 16일자에 서양의학 전공 의사인 장기무가 쓴 '한방의학 부흥책'이 실렸습니다. 장기무는 3회에 걸친 연재기사에서 "한의학 체계는 별다른 문제가 없지만, 어려운 개념과 말로 되어 있고 표준화하지 않은 것이 문제"라고 했습니다. 그는 독자적인 연구소와 부속병원을 두어 한의학 표준화 작업을 해야 한다는 대안을 내놓았지요. 이러한 생각은 다른 서양의학 전공자와 크게 달랐습니다. 정근양이 곧바로 『조선일보』에 5회에 걸친 반론을 실었습니다. 과학적 방법이라는 프리즘을 통과한 의학만이 있을 뿐이며, 한의학의 유용성은 독자적 표준화가 아니라 오직 분석적 · 과학적 검증을 거친 뒤에야 인정받을 수 있다는 주장이었습니다. 다른 사람들까지 끼어들어 이 논쟁은 9개월 동안 이어졌습니다. 한의학은 종합의학이며 서양의학은 분석의학이라는 주장도 있었고, "한의학이 서양 의술보다 훨씬 싸고 쉽게 이용할 수 있는 민중의학이다."는 주장도 나왔습니다. 이러한 논쟁은 뚜렷한 합의나 어느 한쪽이 이기는 일 없이 끝났지만, 한의학과 전통의 가치를 다시 생각하게 만드는 계기가 되었습니다.

1930년대에 한의학 논쟁이 뜨겁게 달아오른 까닭은 무엇인가요?

논쟁의 배경에는 일제의 한의학 정책이 자리 잡고 있었습니다. 한의학을 받아들이는 데 소극적이었던 조선총독부는 1913년 '의생규칙'을 반포해서 한의학을 얼마 동안 인정했습니다. 한의사를 의사보다 한 등급 아래인 '의생醫生'으로 규정한 것이지요. 그 뒤 한의는 꾸준히 줄고 양의는 계속 늘었으나 1930년대에 와서도 둘을 합친 의사 수가 인구 증가에 미치지 못해 조선인의 불만이 높아집니다. 서양 의료로 치료를 받으려면 돈이 많이 들었고, 조선인은 이를 당해 낼 수 없었던 것이지요. 서양 의료로 모든 병을 고칠 수 있는 것도 아니었습니다. 한의학으로 고치는 병도 있었지요. 한의학이 가진 경제성과 경쟁력의 원천을 밝히려는 것이 한의학 논쟁의 배경이 되었습니다.

일제가 우생학에 관심을 보인 까닭이 무엇입니까?

'우생학優生學'이란 인류를 유전학으로 개량하려고 여러 조건과 인자 등을 연구하는 학문입니다. 1883년 영국의 유전학자 프랜시스 골턴 Francis Galton이 첫 문을 열었지요. '우수'하거나 '건전한 소질'을 가진 인구를 늘리고, 나쁜 유전 소질을 가진 인구가 늘지 못하게 막는 것이 목적이었습니다. '우생학'은 식민지 시기 억압적·통제적 위생 업무를 잘 보여 줍니다.

단종수술이 우생학을 적용한 두드러진 보기입니다. 우리나라에서는 전남 광주 나癩 요양원의 책임자였던 윌슨이 1934년 결혼을 원하는 나환자들에게 단종수술을 한 것이 시초입니다. 1936년부터 소록도 갱생원에서도 단종수술을 했습니다.

우생학에 관심을 두고 있던 일제는 나환자의 단종수술에만 머무르지 않았습니다. 1937년 중일전쟁을 앞뒤로 한 때부터 신문과 잡지에 "조선인의 저열한 체위와 체력을 우려하는" 기사가 자주 실리고, 일제는 이런 분위기를 틈타 1939년 '이상 아동 보호법'을 만듭니다. '악질 유전성 질환의 소질을 가진 사람'을 '내부의 적'으로 보는 인식은 1941년 7월에 만든 '국민우생법'으로 이어집니다. 이 법에서는 52종류의 환자를 단종수술 대상으로 규정했습니다. 나환자를 빼고 우생법에 따라 단종수술한 사례는 찾기 힘듭니다. 그러나 광범위한 종류의 질병을 유전에 이상이 있는 것으로 보았으며, 빈민·실업자·불량아를 우생학적 관점에 따라 악질 보유자로 낙인찍는 결과가 생겼습니다.

미군정 때인 1946년에 다시 콜레라가 발생하죠?

해방이 되면서 많은 인구가 옮겨 다녔습니다. 한반도에 있던 일본 사람은 자기 나라로 빠져나가고, 강제 연행이나 이민 · 도항 등으로 나라 밖에 나가 있던 조선 사람들이 고국으로 돌아옵니다.

1946년 5월 초 부산 앞바다에 수송선 한 척이 떠 있었습니다. 그곳에는 3,000명 남짓한 조선 사람이 타고 있었지요. 대부분 일제 말 전시체제기에 해남도海南島, 남지나南支那까지 끌려간 사람들이었습니다. 이 배는 일주일째 상륙하지 못했습니다. 배 안에 콜레라 등의 전염병이 돌아 환자가 늘고 사망자가 생겼기 때문입니다. 미군정이 방역 작업을 했지만 콜레라는 상륙한 지 한 달이 못 되어 부산에 퍼졌고 이윽고 전국 곳곳으로 번졌습니다. 『동아일보』 기사에 따르면 어림잡아 1만 5,000명의 환자가 생겼고, 1만 명이 사망했다고 합니다. 콜레라는 찬 바람이 불기 시작하는 9월부터 기세가 꺾여 10월 초가 되면 여행 제한이 해제되는 등 안정을 되찾습니다.

한국전쟁 동안 미군은 어떤 위생 방역 사업을 했나요?

북한 인민군이 전쟁 초기에 남한의 거의 모든 곳을 점령하고 피난민들은 부산, 경남으로 몰려들어 전염병이 생길 확률이 높았습니다. 미군의 보건 후생 관련 요원들은 부산 피난민촌에서 질병이 퍼지는 것을 막으려고 위생 방역 활동을 했습니다. 미8군 사령부는 1950년 12월 무렵, '유엔 민사처'를 두어 경제 원조와 민간 구호를 맡게 했습니다. 유엔 민사처는 각 도와 주요 도시에 지부를 두고 보건위생, 노동, 복지 등의 운영에 참여했지요.

전쟁 동안 전염병이 퍼지면 군사력에도 큰 영향을 미치기 때문에 위생 방역 업무는 미군의 활동에서 중요했습니다. 주민 이동을 통제할 수 있는 권한을 가진 유엔 민사처는 피난민의 주요 이동로를 통제하고 전염병이 퍼지는 것을 막고 DDT를 뿌리는 등의 방역 활동을 했습니다.

유엔 민사처의 활동은 한국인에게 어떤 영향을 주었나요?

유엔 민사처는 1951년 중반부터 전선이 교착되자 정부와 협력하여 전국적인 보건위생 사업을 추진하고, 보건과 사회복지 분야까지 관심을 넓히기 시작합니다. 지역 의사와 간호사들에게 청년층이 많이 감염된 결핵의 예방과 치료법을 교육시켰습니다. 나병을 퇴치하려고 나환자가 있는 곳과 정보를 파악하고 요양소 건립을 지원했습니다. 이 밖에도 어린이 보호시설을 마련해서 3만 명 남짓한 전쟁고아를 보호했습니다. 유엔 민사처는 휴전 뒤에 '주한 민사처'로 이름을 바꾸어 1955년까지 미군의 대민 활동을 맡았습니다.

3년에 걸친 전쟁으로 한국에서 기존 보건의료 시설과 일제가 남긴

구호물자를 받으려고 줄 선 사람들. 한국전쟁 때 미군이 설치한 '유엔 민사처'가 경제 원조와 민간 구호를 맡았다. 전염병 예방 같은 보건위생 분야 운영도 유엔 민사처의 주요 활동 분야였다. 유엔 민사처의 활동은 한국인에게 미국은 은혜를 베푸는 나라라는 인식을 심어 주었다.

의학의 토대는 파괴되고, 이로써 일본식 의학이 미국식 의학으로 바뀝니다. 여기에 미국이 보건위생 분야 인력을 적극 길러 냄으로써 그나마 남아 있던 일제의 영향력은 완전히 지워집니다. 민사처가 일본을 대체한 새로운 방역자 역할을 맡으면서, 한국인들에게 미국은 은혜를 베푸는 나라라는 인식을 심어 주었습니다.

한 뼘 생각

근대국가는 '생산력이 있는 인구를 관리' 하려는 새로운 통치 기술로 근대 위생 정책을 펼쳤습니다. 그들은 의사 경찰을 두고 위생을 관리했습니다. 조선을 식민지로 만든 일본은 서구 근대 위생 개념을 끌어들여 "조선은 불결하고 미개한 민족"이라고 선전하는 데 이용했습니다. 그러나 이미 조선에도 위생이라는 말이 있었고, "모든 병이 일어나기 전에 예방하는 것이 위생이다."는 것을 알고 있었습니다. 예전부터 몸을 깨끗하게 하려 했던 것은 말할 것도 없지요.

근대 위생과 의학은 질병을 미리 막고 사람이 오래 살 수 있도록 만들었습니다. 사람들의 위생관념이 바뀌고 근대 의학이 눈부시게 발전했지만, 우리가 질병에서 다 벗어난 것은 아닙니다. 오히려 '근대화' 과정에서 환경오염에서 비롯한 많은 질병이 새로 나타났습니다. 노동자들은 예전에 겪지 않았던 갖가지 산업재해와 질병에 시달리고 있습니다. 어디 그뿐입니까. 아직도 우리 주변에는 수술비가 없어 병원 문턱 앞에서 주저앉는 사람이 많습니다. 기술이 그러하듯 의학도 "누구를 위한 의학인가"가 중요하지 않을까요? 의학 민주화와 건강권 확보는 꿈이 아닌 현실이 되어야 합니다. 사람의 생명과 관계된 것이니까요.

제2부

근대인으로 살기

낯선 먹을거리, 혀를 길들이다 | 낯선 집에 둥지를 틀다 | '인공낙원' 백화점, 사람을 사로잡다 | 활동사진, 사람의 눈길을 붙들다 | 유성기, 새 사람을 노래하다 | 기차, 사람을 바꾸고 도시를 만들다

08

낯선 먹을거리, 혀를 길들이다

생각 열기

"진지 잡수셨습니까?" "오냐, 잘 먹었다. 너는 어쨌느냐?" "네, 저도 배불리 먹었습니다." 밥 때가 한참 지나서도 늘 이렇게 어른께 인사한 적이 있었습니다. 쌀은 구할 수 없고 보리는 패지 않아 먹을 것이 없었기 때문일까요? 아니면 "밥이 곧 하늘"이라는 옛 선조들의 뜻이 담겨 있었던 것일까요?

찧은 보리는 저자에 내다 팔고
풋보리는 막 빻아 저녁거리로 삼는다.
보릿고개도 넘기 어렵거늘
보리여울은 또 어이 견디랴.

조수삼(1762~1849)이 쓴 시 「보리여울」입니다. 다 익지 않은 보리를 빻아 저녁을 만들어 먹던 선조들의 모습이 떠오르십니까? 손님이 찾아오면, 큰 밥그릇에 산봉우리처럼 수북하게 밥을 담아 대접하는 것이 예의이던 때가 있었습니다.

예전에 좋은 밥상이란 '흰 쌀밥에 소고기국'이었지만, 언제부터인가 일식과 양식 · 중식 등이 사람들의 입맛을 돋우게 되었습니다. 그때 화학조미료를 듬뿍 넣은 요리야말로 '문명의 요리'라는 소문이 온 나라에 퍼졌습니다. 뽀얗게 끓여 먹는 숭늉 대신 커피를 마시는 사람이 하나 둘 늘고, 어떤 사람은 카페에서 양주와 맥주를 마시기 시작했습니다. 긴 담뱃대 대신 종이로 말아 만든 궐련을 피워 물며 짐짓 멋을 부려 보기도 했습니다.

이렇게 새로운 먹을거리와 낯선 기호품에 실려 '근대'가 사람들의 삶 속으로 파고들었습니다. 사람들은 언제 어떻게 '근대 음식'을 먹고 마셨을까요? 음식문화에는 시대가 담겨 있습니다. 음식으로 '근대'를 맛보시기 바랍니다.

우리 선조들은 쌀과 밥을 특별히 귀하게 여기셨지요?

"밥이 보약이다."는 말처럼, 나이 지긋한 어르신들은 지금도 쌀과 밥에 남다른 의미를 두십니다. 동학의 2대 교주였던 최시형은 "밥이 곧 하늘이다."고 했습니다. "밥 한 알이 귀신 열을 쫓는다."는 속담에서 보듯이 쌀은 신성하기까지 했습니다.

우리 선조들은 쌀에 조상의 혼이 깃들어 있다고 믿어 단지에 넣고 조상으로 섬겼습니다. 뿐만 아니라 쌀에는 신의 뜻도 깃들어 있다고 생각했지요. 상 위에 흩뿌린 낟알을 집어서 운수를 알아보는 쌀 점은 이런 생각에서 비롯된 것입니다.

죽은 사람에게도 쌀은 요긴한 것이었습니다. 염과 습襲이 끝난 뒤, 물에 불린 쌀을 버드나무 숟가락으로 세 번 떠서 입에 넣는 '반함飯含'은 저승길 식량이었지요. 쌀은 재운이나 복을 상징해서, 정초나 식구 생일에는 쌀을 밖으로 내가지 않았습니다. 잡곡에 '쌀'을 붙여서 쌀보리, 쌀수수 등으로 부르기도 했지요.

그토록 귀한 쌀이 일본으로 실려 나갔다면서요?

생산량도 충분하지 않은데 봉건 지배계급이 수탈까지 해서 일반 백성이 날마다 쌀을 먹기는 힘들었습니다. 그나마 소중한 쌀이 나라 밖으로 빠져나가기 시작합니다. 쌀은 1876년 개항 이전부터 일본과 청나라로 남몰래 빠져나갑니다. 일본 상인은 수출입 관세가 면제되는 혜택까지 받으며 쌀을 거두어 갔습니다. 일본 거류민은 쌀이 가장 이익이 많이 생긴다며 쌀을 으뜸가는 투기 대상으로 삼았습니다. 일제는 쌀뿐 아니라 콩·우피牛皮(쇠가죽)를 자기 나라로 실어 날랐습니다. 그 대신 영국산 광목을 싼값으로 중개무역하여 이 땅에 팔았고, 램프·거울·성냥·양산 따위를 들여옵니다. 가을걷이 때가 되면, 일제가 1908년 포장한 전주와 군산을 잇는 '전군가도'가 쌀을 가득 실은 우마차로 가득 찼습니다. 1909년 무렵 조선 전체 쌀 수출량 가운데 32.4퍼센트가 군산항을 거쳐 일본으로 빠져나갑니다.

일제는 어떻게 쌀을 가져갔나요?

일제는 먼저 토지조사사업을 벌입니다. 10년 남짓 동안 토지를 조사한다면서 농민의 경작권을 빼앗아 총독부 것으로 만들고, 이를 관리할 동양척식주식회사를 세웠습니다. 그 밖에도 곳곳에 일본 지주가 농장을 열고 많은 땅을 차지하면서 지주로 군림했습니다. 그들은 왕

1930년대 일본으로 보낼 쌀을 쌓아 놓은 인천항. 쌀증산운동으로 쌀 생산량이 늘었지만, 그보다 더 많은 쌀이 일본으로 빠져나가 조선 사람은 쌀밥 먹기가 더욱 힘들어진다.

조시대의 지주보다 높은 지대를 받아 내고, 거두어들인 쌀을 모두 일본으로 가져갔습니다.

일본은 공업화 정책을 펴면서 식량이 더욱 모자라자, 식민지 조선에서 '산미증식계획'을 벌여 쌀 생산량을 늘리려 했습니다. 1920년에서 1938년 사이에 토지 개량, 토지 개간, 사방공사 따위로 쌀 증산 운동을 펼칩니다. 쌀 생산량은 늘었지만, 그보다 더 많은 쌀이 일본으로 빠져나가 조선 사람은 쌀밥 먹기가 더욱 힘들어졌습니다.

일제가 많은 쌀을 가져가면 사람은 무엇을 먹고 살았나요?

일제는 만주를 식민지로 만들어 새로운 식량 기지로 삼고, 그곳에서 이른바 '만주속'이라는 잡곡을 들여옵니다. 이 땅의 농민은 좋은 쌀을 빼앗기고 까칠한 잡곡으로 목숨을 이어 갔습니다. 쌀밥은 잘 해야 생일이나 명절에나 먹을 수 있었고, 꽁보리밥·잡곡·감자·강냉이 따위를 주로 먹었습니다. 그러나 농업 생산 구조가 주로 쌀을 생산하는 것으로 바뀐 탓에 잡곡 생산마저 예전보다 훨씬 줄어들어, 그나마 제대로 먹지 못했습니다. 민중은 주린 배를 채우려고 풀뿌리나 소나무 껍질 따위를 먹기도 했습니다.

중일전쟁 뒤에는 갖가지 수단을 써서 쌀을 공출했다죠?

일제는 중일전쟁과 태평양전쟁을 치르면서 전시 통제 경제로 만들었습니다. 군인과 군수공장으로 끌고 온 노동자, 그리고 식민지로 들어온 일본 사람이 먹을 쌀이 필요했습니다. 이들에게 쌀을 공급하려고 일제가 새로 꾀를 낸 것이 공출제도입니다. 일제는 농촌을 들쑤셔 벼를 모두 실어 갔습니다. 총독부는 쌀 배급을 황국신민화와 '내선일체'를 위한 수단으로 활용합니다. 일제는 달마다 '애국반상회'를 열어 주민을 통제했는데, 배급 매출표에 애국반상회 반장의 도장을 받아야 식량을 살 수 있게 했습니다, 또 조선인의 쌀 소비를 억제하려고 애국반상회 등에서 쌀 절약운동을 했습니다. "쌀밥을 많이 먹으면 머리가 나빠지고 음식을 많이 먹으면 건강에 해롭다. 나무뿌리나 나물이 쌀보다 비타민이 풍부하다."는 괴상한 논리를 선전하기도 했습니다.

친일파들은 일제가 벌이는 얄궂은 '쌀 절약운동'에 맞장구를 쳤다면서요?

성신가정여학교 교장인 이숙종은 "어른들에게 하루 세 끼는 전혀 필요 없다. 아침은 뜨거운 엽차 한 잔이면 충분하다."고 했습니다. 덕성여자실업학교장 송금선은 "하루 세 끼를 먹지 말고 그 무엇이든 사람이 먹을 수 있는 것이면 현재 있는 것으로 기쁘게 이용하는 습관을 만들어야 한다."고 했지요. 일제와 친일파가 이런 선전을 하지 않더라도 서민이 쌀로 밥을 해 먹을 수는 없었습니다. 잡곡밥이라도 먹는 집은 형편이 괜찮은 것이었고, 콩나물죽·시래기죽·아욱죽·쑥죽 등으로 목숨을 이어 가는 사람이 많았습니다. 그나마 전쟁 막바지인 1940년대에는 더욱 비참해져서 술찌끼 등으로 주린 배를 채울 수밖에 없었습니다.

해방이 되고 나서 쌀 사정이 좋아졌습니까?

민중에게 '해방'이란 일제에게 빼앗긴 쌀을 되찾아 오는 것을 뜻하기도 했습니다. 그러나 1945년 '해방'된 뒤에도 식량 사정은 크게 나아지지 않았습니다. 나라 밖 곳곳에서 동포가 돌아와 사람 수가 늘고, 식량은 모자랐습니다. 쌀을 구하지 못한 사람들이 여기저기서 아우성을 쳤습니다. 쌀값은 나날이 오르고, 미군정이 쌀 정책을 잘못 펴면서 지주와 모리배들의 배만 불리게 됩니다. 일반 영세농은 시세보다 싼값으로 강제 공출당하고, 쌀값은 오히려 크게 오릅니다. 이렇게 되자 노동자와 도시 빈민은 식량 데모를 벌이며 "쌀이 없으면 죽음을 달라."고 절규했습니다.

근대가 밀려오면서 서양 음식도 이 땅에 들어왔겠죠?

> **『서유견문 西遊見聞』**
> 고종 32년(1895)에 유길준이 미국과 유럽을 여행하며 보고 느낀 바를 적은 책. 한글과 한문을 섞어 쓴 문체로 된 최초의 기행문으로, 언문일치의 선구적 역할을 했으며, 개화 사상에 눈을 뜨게 하여 갑오개혁의 사상적 배경이 되었다.

개화기에 들어오기 시작한 외국 음식은 차츰 일반인에게도 알려지기 시작합니다. 유길준은 『서유견문』*에서 "서양 사람들의 음식물은 빵·버터·생선·고기류가 주식이고, 차와 커피는 우리나라에서 숭늉 마시듯 마신다."고 소개했습니다. 개화기에 외국어 학교에서는 양식 파티를 자주 열었고, 다른 학교 학생들을 초대하여 서양 음식을 대접했습니다. 독일 여성 손탁이 1902년 고종에게 하사받은 서울 정동 땅에 2층 양옥을 지어서 손탁 호텔을 열었습니다. 이곳이 서양 음식을 먹을 수 있는 이 땅의 첫 레스토랑이었습니다.

그 뒤 충무로에 양식 전문점인 청목당이 생깁니다. 서양 음식점은 외교관과 선교사 등 외국인과 외국 생활을 한 유학생 출신이 주로 이용했습니다. 이어 화신백화점을 비롯한 거의 모든 백화점이 경양식 식당을 열어 일반 시민도 이용하기 시작했지만, 많은 사람에게 양식은 아직 낯선 음식이었습니다. 화신백화점에서는 경양식도 팔았지만, 주로 한국 음식을 팔았습니다. 특히 70전짜리 정식이 인기를 모읍니다. 이것이 한국 음식에 정식이라는 이름을 붙인 맨 처음 일입니다.

맨 처음 호텔, 손탁 호텔

THE Sontag Hotel

(Formerly IMPERIAL HOUSEHOLD private Hotel)

THE

LEADING HOTEL IN KOREA

J. BOHER, Proprietor and Manager.

FROM SEOUL

TO EUROPE IN 15 DAYS

VIA ANTUNG-MUKDEN OR CHEMULPO-DALNY.

1907년 발행한 손탁 호텔 광고지.

1885년 10월 주한 러시아 공사로 부임한 베베르를 따라 조선에 온 손탁(孫鐸, Antoinette Sontag)이, 고종에게 하사받은 땅에 지은 호텔입니다. 서구식 설비를 갖춘 호텔로, 1층에는 객실과 식당과 다방이 있었고, 2층에는 왕과 귀빈 객실이 있었습니다. 손탁 호텔은 각국 외교사절과 대신, 그리고 개화파들의 사교장 역할을 했지요. 1900년대 서양 문물을 소개하는 창구이기도 했습니다. 손탁은 이 호텔을 러일전쟁 뒤 프랑스 사람에게 팔았습니다. 그 뒤 1917년 이화학당이 이 호텔을 사서 여학생 기숙사로 쓰다가, 1922년 건물을 헐어 버립니다.

중국 음식점은 언제 들어섰나요?

중국 음식점이 일본 음식점보다 먼저 생깁니다. 1882년 임오군란 때 중국 군인과 함께 중국 상인이 들어오면서 중국 음식점도 따라 들어옵니다. 인천에 차이나타운이 형성되면서 1899년 무렵 화교가 자장면을 기본으로 한 음식을 팔기 시작했습니다. 중국 음식점은 중국 사람이 많이 사는 서울 북창동 일대를 비롯해서 인천·평양 같은 곳에 많이 들어섰습니다. 일제 말기 조선에 사는 화교가 6만 5,000명이었고, 중국 음식점은 300개 남짓이었습니다.

박태원의 소설 「성탄제」 가운데 "나는 언제든 사내를 졸라 식구 수효대로 자장면을 시켜 왔다."는 구절에서 보듯이, 그때에도 중국 음식 가운데 자장면이 큰 인기를 끌었습니다. 중국 사람들은 밀가루 반죽 속에 검은 설탕을 넣어서 구운 호병(호떡)을 즐겨 먹었습니다. 얼마 뒤에는 "호떡집에 불났다."는 말이 유행할 만큼, 호떡은 우리나라 서민에게도 친근한 음식이 되었습니다.

일제의 지배를 받았으니 으레 일본 음식도 들어왔겠지요?

일본 사람이 늘면서 일본 고유 음식과 식품으로 우동, 단팥죽, 일본 과자, 다꾸앙(단무지), 어묵, 초밥 등이 들어와서 널리 퍼집니다. 일본 요리집은 갑신정변이 일어난 뒤인 1895년 300명 남짓한 일본 사람이 살던 진고개에 처음 생깁니다. 그 뒤 일본 음식은 차츰 조선 사람에게 익숙해지기 시작했습니다. 조선 사람의 식단이 갑자기 바뀌지는 않았지만, 도시에 사는 사람들은 시장과 상점을 다니며 가공식품을 찾기 시작했습니다. 국수, 뎀뿌라(튀김), 다꾸앙 같은 음식은 값이 싸서 서민도 즐겨 먹었지요. 서민들은 달짝지근한 맛에 길들여져 장아찌 대신 다꾸앙을 반찬으로 삼기도 했습니다.

공장에서 국수 만드는 법이 일본에서 들어오면서 경성, 대구, 부산, 평양 같은 곳에 국수 공장이 들어섭니다. 공장에서 가는 국수, 우동국수, 메밀국수 등을 만들어 팔았습니다. 이제 주부들도 국수를 사다가 간편하게 조리하게 되었습니다. 공장에서 만든 '왜간장' 도 이 무렵 나타나 요리에 쓰이기 시작했습니다.

일본에서 들어온 화학조미료 '아지노모도' 가 인기가 많았다면서요?

음식문화에서 일본의 영향을 받은 것 가운데 화학조미료를 빼놓을 수 없습니다. 나이 드신 분들은 아직도 '아지노모도' 를 기억하고 계십니다. 일제 강점기에 음식에 '감칠맛' 을 내는 '아지노모도' 는 서구식 문화생활의 상징이 되었습니다. 한때 "아지노모도 원료는 뱀이다."는 헛소문이 돌 만큼 화학조미료는 대중에게 강한 인상을 남겼습니다.

아지노모도 회사는 1920~1930년대에 식민지 조선뿐만 아니라 동

아지노모도로 맛을 맞추십시오.
맛이 희한합니다!

댁의 간장 맛은 어떠하십니까? 간장 맛이 없거나 맛이 변하였거든 아지노모도를 쳐서 맛을 맞추십시오. 일 년 잡수실 간장을 그대로 두어서야 됩니까. 간장 고추장은 매일같이 돌보시는 동시에 아지노모도를 쳐서 맛을 맞춰 두셔야 합니다. 김치 국물, 모든 김치 국물에는 아지노모도를 쳐서 맛을 맞추어 부으십시오. 김치 맛이 희한하지요.

아지노모도를 쳐서 요리를 한 뒤로는 손님이 많아지고 고기값 양념값은 적어졌으니 주판이 선다. 성공이다 성공. 아지노모도로 맛있게 하는 음식점은 한시도 끊이지 아니하고 주문이 쇄도하고 언제나 손님이 밀려듭니다.

— 아지노모도 광고.

아시아 전체를 시장권으로 삼는 '맛의 제국주의'를 이룩했습니다. 그들은 세계에서 맨 처음으로 "이상적 조미료, 식료계의 대혁신"을 이루었으며, "모든 음식을 맛있게 한다."고 선전하며 시장을 넓혔습니다. "근대 여성은 모두 아지노모도를 쓰며", '문명적 조미료'인 아지노모도야말로 좋은 맛의 지름길이라고 선전하며 주부들을 파고듭니다.

아지노모도 회사는 조선의 옛 조미료를 밀어내고 입맛을 바꾸려 했습니다. 뿐만 아니라 양념값을 적게 들이고도 그럴싸한 맛을 내야 하는 음식점도 공략했습니다. '아지노모도'를 넣으면 문명이고 그렇지 않으면 야만이라는 식으로 선전하며 혀끝을 파고들었습니다. 1950년대 초만 하더라도 사람들은 아지노모도를 반찬에 뿌리고, 왜간장에 밥을 비벼 먹는 것을 특별한 맛 내기로 여겼습니다.

새로운 군것질거리도 많이 들어왔겠죠?

외국 음식들이 들어오면서 떡이나 약과, 다식, 강정 같은 조선시대부터 내려오던 군것질거리도 바뀌게 됩니다. 1900년대부터 수입한 설탕을 써서 만든 양과자가 생산되면서 옛 병과류는 차츰 쇠퇴하고 빵, 케이크, 아이스크림, 과자 등이 뿌리내리기 시작합니다.

1885년 무렵 서울 진고개에 일본 과자를 파는 집이 생긴 뒤부터 낯선 과자가 차츰 늘어납니다. 일본의 가내 수공업식 소규모 과자 업체가 잇따라 들어오면서 갖가지 일본 과자가 퍼져, "꿀보다 더 단것은 진고개 사탕이라네"라는 동요까지 생겨납니다. 단팥소를 넣은 일본 과자는 왜떡이라 했습니다. 일본 과자 행상은 팥소를 넣은 '모찌(찹쌀떡)'와 생과자를 흰색과 분홍색 유리로 만든 상자에 넣고 다니면서 팔았습니다.

예부터 가정에서 만들어 먹던 화채, 식혜, 수정과와는 사뭇 달리 공장에서 만든 사이다나 천연탄산수 따위도 나왔습니다. 상점에 캐러멜, 비스킷, 건빵, 양과자, 양갱, 센베이 등을 진열하여 사람들의 발걸음을 멈추게 했습니다. 캐러멜은 "소풍 갈 때 먹는 것", "건강의 비결"이라는 광고로 사람들에게 널리 알려집니다. 군에서 식량 대용으로 먹던 건빵은, 전시체제이던 1930년대 말 "국민의 휴대식"이라는 광고와 함께 시중에 나돌기 시작합니다. "목으로 넘기지 않는 특별한 과자"인 껌은 1920년대 중반까지만 해도 광고로 '사용법'을 설명해야 할 만큼 신기한 먹을거리였습니다. 초콜릿은 가장 "모던한 과자"로 소개되면서 "사랑을 낚는 미끼"로 쓰였지요.

서양 문명의 상징처럼 여겼던 커피는 이 땅에 언제 처음 들어왔나요?

혀끝으로 서양을 느끼게 하던 커피는 외교 사절이 들어오면서 알려지기 시작합니다. 공식 문헌에 나타난 기록으로는 1896년 아관파천 때 고종이 러시아공사관에서 커피를 처음 맛보았다고 합니다. 그 뒤 커피는 왕족과 귀족 사이에서 기호품으로 자리 잡습니다. 이름도 영어 발음을 따서 '가배차' 또는 '가비차'로 불렀습니다. 외국인 선교사나 상인들이 일반 사람에게 커피를 소개했는데, 서민들은 커피를 '양탕국'이라 불렀습니다. 커피 색이 검고 쓴맛이 나서 마치 한약 탕국과 같다고 해서 붙인 이름이지요. 커피는 한때 '독아편'이라는 누명을 쓰기도 했습니다. 따끈한 양탕국에 아편이 들어 있다는 둥, 갖가지 헛소문이 퍼졌습니다.

그때도 커피를 파는 다방 같은 곳이 있었나요?

일제가 조선을 강점한 뒤부터 일본인들이 명동의 진고개에 '끽다점'을 차려 놓고 커피를 팔았습니다. 다방은 1910년대 신문 광고에 모습을 드러내고, 1920년대 후반 들어 이곳저곳에서 생겨납니다. 다방은 한국인 상권이 활발했던 종로보다는 일본 사람이 모여 살던 명동에서 더 이름을 떨칩니다. '작은 도쿄' 명동은 다방이 수없이 들어서 그야말로 '다방의 거리'가 되었습니다.

그때 다방은 요즘과 사뭇 달랐습니다. 재즈, 클래식 음악이 있고 일간신문과 시사지·여성지·영화지 등 여러 잡지가 있는 문화 공간이었습니다. 손님은 대개 문화 예술계 인사들이었습니다. 문사·배우·신문기자·화가·음악가 같은 인텔리 층이 많았습니다. 그 바람에 개인 전람회, 영화 개봉 축하회, 출판 기념회, 세계적 문호 기념제, 레코드 음악회 등이 심심찮게 열렸습니다. 커피는 아주 비싸서 아무나 먹을 수 없었지만, 유행을 앞장서 이끌었던 모던 보이와 모던 걸은 커피를 '근대의 상징'처럼 여겼습니다.

차츰 커피를 파는 다방의 인기가 높아져, 1940년 무렵에는 "어중이 떠중이가 불나비처럼 모여드는" 다방이 크게 늘어납니다. 그러나 1941년 들어 태평양전쟁으로 설탕과 커피를 수입하는 길이 막혀, 전쟁 막바지에는 거의 모든 다방이 문을 닫습니다.

담배는 우리나라에 언제 들어왔나요?

담배는 조선 사람에게 참으로 친숙한 기호품이었습니다. 16세기 말 임진왜란을 앞뒤로 일본에서 들어온 담배는 아주 빠르게 퍼집니다. 네덜란드 사람 하멜*이 쓴 『하멜표류기』에 따르면, "어린아이들이 이미 네다섯 살에 담배를 배우기 시작하여, 남녀 모두 피우지 않는 사람이 아주 드물다."고 할 만큼, 담배는 조선 사람들이 아주 즐기는 기호품이 되었습니다. 피우는 사람이 많으니, 담배 농사를 생업으로 삼는 사람도 늘었지요. 담배는 중요한 상품작물이 되어 조선 후기 사회 경제에 큰 영향을 미칩니다.

하멜 Hamel, Hendrik (?~1962)
네덜란드의 선원. 동인도회사 소속 상선을 타고 일본 나가사키로 가다가 폭풍으로 파선하여 조선 효종 4년(1653)에 일행과 함께 우리나라에 들어와 14년 동안 억류 생활을 하고 귀국했다. 자신의 경험을 담은 『하멜표류기』를 저술하여 조선의 지리, 풍속, 정치 따위를 유럽에 처음으로 소개했다.

김홍도, 신윤복 등의 풍속화에서 긴 담뱃대를 물고 있는 양반을 자주 볼 수 있습니다. 그러나 개항 뒤 옷차림이 바뀌고 그에 따라 긴 담뱃대가 어색해지면서 차츰 요즘 같은 궐련이 퍼집니다. 개항이 되면서 외국 상인이 궐련초 따위의 제조 연초를 수입하기 시작합니다. 조선 사람들은 담배 맛이 쓰고 강렬한 전통적인 담배를 좋아했기 때문에 비싸고 순한 외국 담배는 일부 상류층만 피웠습니다. 그러나 1894년 일본이 뒷받침하던 김홍집 정권이 거리에서 긴 담뱃대를 쓰지 말라는 법령과 단발령을 공포하면서 사정이 달라집니다. 사람들이 상투를 자르고 양복을 입기 시작하면서 궐련의 수요가 늘어난 것이지요. 이때 수입한 담배는 주로 일본제와 미국제였습니다.

제조 연초의 수요가 늘자 1896년 뒤부터 외국인들은 자본을 투자하여 조선에 직접 연초 제조회사를 세우고 제품을 팔았습니다. 연초 회사들은 '활동사진'을 담배 판매에 이용하기도 했습니다. 빈 담뱃갑 10개 또는 20개를 가져오면 영화 보는 값을 받지 않고 거저 입장시키는 식으로 판촉 활동을 한 것이지요. 여러 연초 제조회사가 경쟁하면서 외국 제조업자들은 『독립신문』과 『황성신문』 등에 거의 날마다 광고를 했습니다.

긴 담뱃대가 미개의 상징으로 밀리고 낯선 이름을 가진 새로운 궐련이 문명과 개화의 상징처럼 되면서 입맛에 따라, 또는 잘살고 못사는 사람을 가려 가며 새 담배가 사람들을 공략했습니다.

『독립신문』에 실린 일본 무라이 형제상회의 담배 '히이로' 광고. 개화기 때 '궐련'은 대표적인 신식 물건 가운데 하나였다. 상투를 자르고 양복을 입기 시작하면서, 사람들은 긴 담뱃대를 버리고 궐련을 피기 시작했다. 이때 수입한 담배는 주로 일본제와 미국제였다.

술도 변화를 겪었겠군요?

"신은 물을 만들고, 인간은 술을 만들었다."는 말처럼, 술은 아주 오래전부터 인간의 역사와 함께해 왔습니다. 이 땅에서도 삼국시대 이전부터 빼어난 술을 빚었지만, 일제 강점기에 들어서면서 우리 술은 침몰하고 맙니다. 일제 통감부가 1909년 '주세법'을 공포하여 누구든 술을 만들려면 허가를 받고 세금을 내도록 했습니다. 마침내 1934년에 일제는 자기 집에서 술을 빚는 것을 모두 막아 버립니다. 또 주류 판매를 전매사업으로 돌려 정부의 수익사업으로 만들고 집집마다 뒤져 '밀주'를 단속했습니다. 이로써 집에서 만들어 먹던 가양주家釀酒는 큰 위기를 맞이합니다.

술 공급도 바뀌어 청주 수입이 크게 늘어납니다. 청주를 흔히 일본술로 잘못 알고 있으나 그 뿌리는 우리 것입니다. 또 청주를 '정종'이라는 이름으로도 부르지만, 정종은 일본에 있는 청주 양조장의 상표일 따름입니다. 일본 업자들은 청주를 일본에서 수입하는 것보다 조선에 공장을 두어 만드는 것이 이익이 많이 남는다고 보아 큰 도시마다 공장을 세워 청주를 공급했습니다.

맥주와 양주는 언제부터 마시기 시작했나요?

맥주가 우리나라에 들어온 것은 구한말입니다. 1876년 개항 뒤에 서울과 개항지에 일본인 거주자가 늘어나면서 일본 맥주가 들어왔습니다. 일부 상류층이나 마시다가 1910년을 고비로 일본 맥주 회사들이 서울에 출장소를 내면서 소비량이 늘어나기 시작합니다. 1933년에 조선에 맥주 공장이 들어서고 삿보로맥주, 가부도맥주, 기린맥주 등이 모던 보이의 입맛을 끕니다.

19세기 말 『독립신문』 1호(1896년 4월 7일)에 어느 상점에서 "상등 서양술"을 판다는 광고가 실린 뒤, 맥주와 포도주만큼은 아니지만, 위스키와 샴페인 광고도 신문에 자주 모습을 드러냅니다. 가짜 양주를 만들어 파는 사람도 있었습니다. 현진건의 소설 『적도』에서는 청년 실업가가 명월관 본점에서 맥주에 위스키를 타 마셔, 눈을 뜨자 마자 타는 듯한 갈증을 느꼈다고 썼습니다. 그 청년 실업가는 폭탄주를 마신 셈이지요.

고급 술집이나 요리집에서만 양주를 팔았나요?

카페에서도 양주를 팔았습니다. 본디 카페는 16세기 후반 아라비아에서 유럽으로 커피가 전래되면서 일종의 커피 파는 집으로 출발했습니다. 영국의 경우 상류층 가정에서 차를 마시던 습관이 17세기 중반부터 공공장소로 옮겨 가면서 카페 수가 크게 늘어납니다. 그 카페는 중산층 시민이 정치와 문화를 이야기하던 공간이었지요. 그러나 조선에 수입된 카페 문화는 일본을 거쳐 그 모습이 바뀝니다. 커피와

차, 식사를 내놓았던 유럽과 달리 일본에서는 술과 함께 여급이 손님을 접대했습니다. 그 문화가 고스란히 이 땅으로 흘러들어 옵니다. '요리집에다 기생집을 좀 더 첨단화시킨' 카페에서는 커피뿐만 아니라 맥주나 조니워커, 압생트 같은 양주를 팔았습니다. 그러나 몇몇 부류만이 경성의 카페를 들락거리고 맥주와 양주를 마시며 '혼혈의 근대'를 맛보았을 따름입니다.

한 뼘 생각

빵 가게를 지나면 갓 구워 낸 고소한 빵 냄새에 군침이 돕니다. 많은 사람이 입에 착착 달라붙는 패스트푸드를 자주 먹습니다. 피자 한 판에 콜라 한 병을 먹고 뿌듯해하는 사람이 늘었습니다. 우리가 늘 그랬던 것일까요?

예전에는 이랬습니다. 집집마다 굴뚝에서 연기가 피어오르면, 신나게 놀던 아이들이 갑자기 배가 고파져 집으로 하나 둘씩 돌아갑니다. 그때 아이들은 늘 먹어도 조금도 질리지 않는 쌀밥과 이 세상에서 가장 요리를 잘하는 어머니께서 지글지글 끓인 된장국을 떠올렸지요.

이른바 '맛의 세계화'가 이루어진 지금, 우리는 새로운 음식문화에 길들여졌습니다. '맛의 세계화'에 세계 자본이 끼어들고 음식은 공산품이 되었습니다. '맥도날드화化'란 이를 두고 한 말입니다.

옛 어버이들께서 세상에서 듣기 좋은 소리가 셋 있다고 말씀하셨습니다. 자식들 목구멍에 밥 넘어가는 소리, 바짝 말랐던 논에 물 들어가는 소리, 그리고 아이들 글 읽는 소리였답니다. 그 가운데 아마도 자식들이 배부르게 밥 먹는 소리가 가장 좋지 않았을까 싶습니다.

요즈음 '웰빙well-being' 열풍이 불면서 자식에게 안전하고 좋은 먹을거리를 주려고 애쓰는 부모가 늘었습니다. 누군가 '웰빙'은 영어 말이니 앞으로 '참살이'로 부르자고 했답니다. 그런데 참살이라는 말에도 문제가 있네요. 건강에 좋은 것만 골라 먹고, 명품 옷을 입었다고 참살이가 될까요? 올바른 참살이는 지구 한편에서, 아니 아직도 이 땅에서 굶주림에 허덕이는 사람이 있다는 것을 늘 생각하는 삶이 아닐까요? 여전히 누구에게나 밥은 곧 하늘입니다.

09

낯선 집에 둥지를 틀다

생각 열기

꿀벌의 벌집을 보셨나요? 육각형으로 반듯반듯 지은 벌집은 아무리 빼어난 건축가라도 만들 수 없을 만큼 훌륭합니다. 여기에 견주면 인간의 집은 초라하기 짝이 없습니다. 그런데도 벌집보다 인간의 집이 몇 백 배 더 위대한 까닭을 아십니까? 인간은 집을 짓기 전에 먼저 머릿속에서 집을 짓기 때문이랍니다. 이 말은 마르크스가 『자본론』에서 한 말입니다.

천자문을 배울 때 하늘 천, 따 지, 검을 현, 누루 황, 집 우, 집 주라고 합니다. 집을 우주라고 불렀군요. 그렇습니다. 인간이 집을 지어 새로운 우주를 만들었습니다. 나무 위에서 아무렇게나 자던 어떤 유인원이 나무에서 내려와 두 발로 걷기 시작했죠. 그들은 축축한 동굴에서 자다가 신석기 무렵 드디어 움집을 지었습니다. 새로운 우주는 그렇게 시작되었습니다.

개화기 때 서양 사람들이 우리나라를 '버섯의 나라'라고 불렀습니다. 산에서 내려다보면 초가집들이 옹기종기 모여 있는 것이 꼭 버섯 무더기처럼 보여서 그랬답니다. 이처럼 흙벽에 볏짚을 얹어 살았던 우리가 처음 양옥을 짓고 아파트를 지어 올린 것은 언제일까요? 집이 바뀌면 사람도 바뀝니다. 집이 삶을 담는 그릇이라면 건축은 역사를 비추는 거울입니다. 근대의 집과 건축에는 어떤 역사가 담겨 있을까요?

우리나라에 들어온 서양인들은 어떤 집에 살았나요?

개항 뒤 이 땅에 들어온 외국인들은 외교 활동을 위한 공간을 짓고, 새로운 숙박시설인 호텔도 만듭니다. 근대 교육제도를 도입하면서 옛 서당과는 다른 새로운 교육시설을 짓고, 교회·성당 등 종교시설을 세우면서 이와 관련된 건축문화가 외국인을 통해 이 땅에 들어옵니다.

외국인들은 주택에서도 새로운 양식을 선보였습니다. 1884년 인천에 세운 **세창양행*** 사택은 독일인 회사의 숙소로 쓰려고 지은 집인데, 우리나라에 들어선 맨 처음 양옥으로 알려져 있습니다. 이 집은 일부가 2층인 벽돌건물이며 바깥벽은 회칠을 하고 붉은 기와를 얹었다고 합니다. 그러나 개항 초기만 하더라도 서양인들은 아직 양옥을 짓지 못하고 이미 있던 한옥을 고쳐 살았습니다. 싼값으로 한옥을 사서 외부는 수리하지 않은 채 내벽에 화려한 벽지를 바르고 바닥에는 양탄자를 까는 식이었지요.

세창양행 世昌洋行
1883년 독일 함부르크의 마이어Meyer 상사가 제물포에 세운 무역 상사. 강원도 금성의 당현금광 채굴권을 획득했다.

일본식 집도 뿌리를 내리기 시작했죠?

서양인은 외교관이나 종교인·상인 등 몇 명이 일시적으로 들어왔지만, 일본인들은 정착을 목적으로 하는 집단 이주가 많았습니다. 이주

일본인들은 주로 부산·인천·서울에 살았습니다. 도시에서 일본인이 늘면서 일본식 집이 많이 생깁니다. 개항장에 일본식 주택이 들어서면서 일부 도시는 마치 일본의 작은 도시 같은 모습을 보이기까지 했습니다. 이 땅에 들어온 일본인이 대부분 상인이어서, 그들이 사는 집은 상업도 할 수 있는 주상복합 건물이 많았습니다. 이런 집은 보통 2층 건물로 1층은 상점, 2층은 주거 공간이었습니다.

우리나라 사람이 살던 집도 변화가 생겼나요?

서양식 건축양식이 나타나고 일본식 집도 늘었지만, 조선 사람들의 주거양식이 곧바로 바뀌지는 않았습니다. 개항 뒤 외국 문물에 자극받은 개화파 지식인 가운데 일부가 옛집의 단점을 고쳐야 한다며 길을 닦고 하수도를 정비하고 뒷간과 목욕시설, 난방시설 등을 고치자고 주장하기도 했습니다. 그러나 이들의 주장은 사회 경제 상황이 뒷받침되지 못하여 실현하기 어려웠습니다. 1888년 서울을 처음 본 어느 외국인이 "도시 전체가 마치 거대한 버섯처럼 보였다."고 한 말은, 이 무렵 서울 주택 대부분이 초가였음을 알려 줍니다. 주거양식은 아주 더디게 바뀌었습니다.

식민지 시기에 새로 들어선 공공건축은 어떤 특징이 있었나요?

식민지 건축은 식민지의 모습을 드러내는 거울입니다. 특히 관청 등의 공공건축은 지배자가 자신의 우월함을 드러내고 피지배자를 위압하려고 만드는 것입니다. 식민지 통치를 위한 건물들은 겉모습부터 달랐습니다. 지상 4층 콘크리트 건물로 지은 조선총독부 건물은 겉을 석재로 마감하여 묵직한 모습을 강조하고 엄격한 좌우 대칭의 권위적인 모습을 지녔습니다. 일반적으로 건물은 좌우대칭이 완벽하고 출입구가 중앙에 있을수록, 또 석재나 유리, 타일 등과 같이 견고한 외장재료를 쓸수록 권위적입니다. 조선총독부 건물은 이런 특징을 가장 잘 갖추었습니다. 이 건물은 오랜 논란 끝에 1995년 철거되었습니다.

그 밖에도 오늘날 서울 시청으로 쓰고 있는 경성부 청사를 비롯하여 본정경찰서, 경성재판소 등도 똑같은 양식으로 지었습니다. 중앙에 높고 큰 돔을 올리고 정면에 기둥을 늘어세우는 등 아주 권위적인 모습을 띠었지요. 중앙에 우뚝 솟은 탑은 주변 건축과 대비하여 일본의 국력을 상징했습니다.

식민지 통치를 위한 건물들의 겉모양뿐 아니라 주변 환경도 상징적인 뜻이 있었습니다. 총독부 청사는 일부러 조선 왕궁인 경복궁 정문에 해당하는 광화문을 옮긴 자리에 세웠고, 옥좌가 있던 근정전과 시가지 사이를 가로막아 나라가 망한 모습을 눈앞에 보게 했지요. 또 일제는 경성부 청사와 조선은행 앞에 분수를 만들었습니다. 분수는 식민통치의 가장 명확한 상징으로, 그 기원이 제정 로마시대로 거슬

1900년대 서울 성문 밖 마을. "도시 전체가 거대한 버섯 같다."는 어느 외국인의 말처럼, 그때 거의 모든 집은 초가집이었다.

1916년 공사를 시작하여 10년 만인 1926년에 완공한 조선총독부 청사 공사 현장. 일제는 조선총독부 건물을 경복궁 앞에 세워, 나라가 망한 모습을 보여 주려 했다.

러 올라갑니다. 분수는 본디 물을 마시던 곳으로, 로마는 시내뿐만 아니라 식민지에도 분수를 설치하여 은혜를 베풀며 제국의 힘을 자랑했습니다. 분수가 설치된 곳은 로마제국의 점령지라는 표시였지요. 일제는 그 분수를 경성부 청사와 조선은행 앞에 세웠습니다.

이른바 '식민지 근대화'가 시작되면서 나타난 도시형 한옥이란 무엇입니까?

인구가 도시로 모여들면서 대도시에서는 주택 수요가 크게 늘어납니다. 한국인 주택업자들에게도 새로운 시장이 생긴 것입니다. 주택업자들은 옛날처럼 주문 받아 집을 짓는 것이 아니라, 스스로 집을 만들어 팔기 시작합니다. 집터를 손쉽게 얻는 방법이 신도시 개발이듯이, 사대문 밖 보문동·돈암동·안암동·신설동 등에 새 도시를 개발하기 시작합니다. 새로운 동네에는 새로운 주거양식인 '개량한옥' 또는 '도시형 한옥'이 들어섰습니다.

도시형 한옥은 서울 경기 지방의 전통적인 중·상류 주택을 본떠 상품가치를 높이려 했습니다. ㄱ자 또는 ㄷ자 모양으로 마당을 빙 둘러싸며 중앙에 대청을 두어 침실을 분리시킨, 서울 경기 지방의 전형적인 주택 모습이었습니다. 다만 대지가 좁아 사랑채나 사랑방은 두기 어려웠습니다. 도시형 한옥은 양반집을 부러워하던 서민의 의식과 기호에 맞게 지었습니다. 공간 구성이나 성격, 집 모양은 조선시대

상류 주거에 뿌리를 두면서도, 일부 근대 건축 재료를 쓰고 집 짓는 방법을 달리했습니다. 한옥 벽에는 타일을 바르고 처마는 함석으로 꾸몄으며 대청마루에 유리 미닫이문을 달아 서양식 거실처럼 꾸미는 등 서양식과 한국식과 일본식을 섞어 놓은 모습이었지요. 서민들의 처지에서 보면, 도시형 한옥은 현대식 집처럼 보였습니다. 도시형 한옥에는 주로 중산층이 살았습니다.

해방 뒤 1960년대까지 대표적 도시 주택이었던 도시형 한옥은, 이른바 '집 장사' 라는 개인 주택업자가 지은 것입니다. 이로써 주택은 처음으로 상품화하기 시작합니다. 이는 자본주의 경제체제로 옮겨 가는 과정에서 주택 건설이 산업화하고 주택 시장이 형성되었음을 뜻합니다. '도시형 한옥' 은 한옥이 도시 주택으로 자리 잡을 수 있음을 보여 주었고, 식민지 상황에서 주거문화의 정체성을 지키는 데 이바지했습니다.

식민지 시기 상류층은 어떤 집에 살았습니까?

상류층은 이른바 '문화주택' 에서 살았습니다. 문화주택이라는 이름은 일본에서 들어온 듯합니다. 일본에서 문화주택이라는 말을 쓰기 시작한 것은, 1922년 평화 기념 동경박람회에서 '문화촌' 이라 하여 14채의 실물 주택을 전시하고 난 뒤부터입니다. 일본에서는 전통주택과는 다르게 서양색이 강한 단독주택을 문화주택이라고 했습니다.

1920년대 초반부터 이 땅에서도 근대적인 설비를 갖춘 서구식 주택을 문화주택이라고 불렀습니다. 이 무렵 상류 계층에서 유행하던 '문화생활'이란, 식민지 지배자인 일본인들이 동경했던 서양 생활을 뜻합니다. 이러한 생활을 하려면 서양의 주거양식도 받아들여야 했기에, 건축가와 돈 있는 건축주가 결합하여 문화주택을 만들었습니다.

1920년대 문화주택은 홀을 중심으로 거실과 침실이 있는 방갈로식으로 잠깐 유행하고 말았습니다. 1930년대 문화주택은 서양과 일본 그리고 재래식을 절충한 것으로, 대부분 2층이었으며 지하층을 두어 기계실 등으로 쓰기도 했습니다. 문화주택은 벽돌로 짓고 일부 나무를 쓴 구조가 많았습니다. 철근 콘크리트조는 기초와 슬래브 등에 썼으며, 기둥 등 주요 구조물을 철근 콘크리트로 하기도 했습니다.

1929년 건축가 박길룡의 작품인 김연수 씨 집은 서구화한 집을 잘 보여 줍니다. 2층 철근 콘크리트조의 집은 1층에 현관과 주방·식당·욕실·하녀실·객실 등을 두고, 2층에는 침실·서재·예비실 등을 두었습니다. 한 동의 건물 안에 모든 주거 공간을 두었고, 현관을 통해 들고 나며, 복도와 계단으로 각 공간이 연결된다는 점에서 서구 주택의 '집중형 공간 구성'을 보여 줍니다.

문화주택에 사는 사람은 전통주택에 사는 사람과는 아주 다른 생활을 했습니다. 문화주택에서는 변소와 욕실·세면실을 따로 두기도 했습니다. 변소는 대변기와 소변기를 분리하고 대부분 수세식이었습니다. 주방은 개수대가 설치된 입식부엌으로 실내로 들어왔지만, 부엌은 타일 또는 모르타르로 마감했으나 옛 모습을 보이기도 합니다.

一日一畵 夕影

(8) 文化住宅? 蚊禍住宅?

요사히 걸핏하면녀자가새로마지한 사나희들보고서우리도 문화주택(文化住宅)에서 자미잇게살사러보앗스면 해서그런지는몰라도쥐뿔도업는 조선사람들이시외(市外)나 기타한조흔데다가은행의대부(貸付)로소위문화주택을새장가튼것들하게짓고서(스윗홈)을삼게된다

그러나 자은지도몃달못되여은행에문돈은다돈대로 날러가버리고외국인의수중으로 그집이넘어가고마는 수도잇다이리하야문화주택에서 는조선사람들은하로사리샌으로그그립자가사러진다 그럼으로우리에게는문화주택이 문화주택(蚊禍住宅)이다

1930년 4월 14일자 『조선일보』에 실린 안석주의 만문만화. 쥐뿔도 없는 조선 사람들이 은행 대부로 문화주택을 짓고 스위트 홈을 꿈꾸지만, 몇 달도 안 되어 은행에 둔 돈도 날아가고 집은 외국인에게 넘어간다는 내용이다.

일제 초기부터 부엌을 개량해야 한다는 주장이 있었으나, 뒤에 지어진 문화주택마저도 부엌은 여전히 잘 보이지 않는 구석 자리에 있어야 했습니다. 부엌을 서구식으로 고치는 것은 쉬운 일이 아니었습니다. 기술 발달과 생활의 변화, 의식 변화가 뒤따라야 했습니다.

그때에도 주택난이 있었을 텐데요?

사람들이 농촌에서 도시로 몰려오면서 도시에서는 집이 모자랐습니다. 이때까지 일본인이나 한국인 집 장사가 도시 주택을 공급했지만, 중일전쟁이 일어난 1937년부터는 건축 자재가 모자라고 주택 가격이 통제되어 많은 집을 지을 수 없게 됩니다. 1944년 서울에서는 절반 남짓이 자기 집을 갖지 못하고 세를 얻어 살았습니다. 지방도시도 집이 많이 모자라, 새로 공업도시가 된 청진이나 원산은 서울보다 주택난이 더 심각했습니다.

1920년대부터 계속된 주택난에 신경을 쓰지 않던 총독부는, 1941년 6월 '조선주택영단'을 세워 많은 주택을 공급하려 합니다. 일제는 1937년부터 토지구획 정리사업을 실시하여 영등포, 돈암 지구 등 10개 지구에 신시가지를 개발합니다. 조선주택영단은 그곳에 많은 주택이 들어설 수 있는 주택단지를 만들어, 단지 안에 공중목욕탕과 이발소·상점·의원 등 생활시설이 들어설 땅도 마련했습니다. 이러한 주택단지 형성은 처음으로 근대적 개념을 도입한 것이며, 해방 뒤까지

도시 주거단지 계획의 전형이 됩니다.

영단주택의 집 모양은 갑(20평)·을(15평)·병(10평)·정(8평)·무(6평) 다섯 종류의 표준주택으로 나누어 설계하고, 대지는 건평의 세 배가 넘도록 해서 경제 형편에 따라 고를 수 있게 했습니다. 그러나 실제로 규모가 큰 갑甲형과 을乙형은 일본인 관리나 직원들을 위한 단독주택이었고, 작은 규모인 병丙형 밑으로는 한국인 노동자를 위한 연립주택이었습니다. 일제는 영단주택으로 한반도에 들어와 사는 일본인에게 주택을 공급하고, 조선 노동자에게 사택을 제공하여 생산력을 늘리려는 속셈도 있었습니다.

영단주택에도 식민지 지배정책이 작용한 것이군요?

영단주택은 관이 앞장서 대량으로 공급한 서민주택입니다. 한꺼번에 많은 집을 공급하려고 표준설계에 따라 규격을 맞추어 엇비슷한 모습으로 새로 지은 집입니다. 영단주택 건설은 맨 처음 공공주택 사업이었습니다. 영단주택 건설에는 "생활에서 내선일체를 구체화하는 방법으로 조선식 주택양식을 개량"하려는 식민 지배정책도 작용했습니다.

그러나 1943년에 일제는 "전력 증강에 필요하지 않은 건물을 짓는 것을 모두 허락하지 않는다."는 방침을 분명히 합니다. 거의 모든 기술자를 군에 내보낸 조선주택영단은 "유리 대신 셀로판지로 창문을 바르고 철근 대신 밧줄을 감은 대나무를 쓰는" 임시 건물 따위를 지어 노동자 합숙소를 만드는 것 말고는 새로운 사업을 할 수 없었습니다. 조선주택영단은 해방 뒤 대한주택공사로 이어집니다. 대한주택공사의 주요한 주택 공급 방법인 '집합 주거단지 개발'은 영단주택에서 비롯된 것입니다.

서울 모습도 많이 바뀌었겠군요?

일제는 조선을 식민지로 만들면서 도시 모습을 크게 바꾸었습니다. 도성과 읍성을 해체하고 길을 넓히거나 새로 만들고, 철도 역사를 세웠습니다. 특히 궁궐을 비롯하여 문묘와 향교, 관아, 제사 건축 등 도시의 뼈대를 이루는 전통적이고 상징적인 건물을 훼손하거나 해체했습니다.

조선총독부는 조선의 도성이었던 한성을 경성부京城府로 격하시키고, 부府의 수장으로 부윤府尹을 둡니다. 서울을 일본의 오사카나 교토 같은 지방도시로 만든 것이지요. 일본은 조선의 서울을 '게이조京城'라 부르며 식민지 중심도시로 만들었습니다.

경성의 일본인 거주지와 조선인 거주지 사이에 격차가 생기게 됩니다. 청계천을 경계로 해서 청계천 남쪽에는 본정통(지금의 충무로)·명치정(지금의 명동) 같은 곳에 일본인 상가를 중심으로 남촌이 발달했고, 청계천 북쪽에는 조선인 상가가 많았던 종로통을 중심으로 북촌이 형성됩니다.

경성에 첫선 보인 도요타 아파트

도요타 아파트의 현재 모습. ©윤형준

식민지 조선에서도 1930년대에 건물 이름에 '아파트'를 붙이기 시작했습니다. 1930년 일본인 도요타豊田가 오늘날 충정로에 지은 '도요타 아파트'는, 관사나 사택이 아닌 일반인을 대상으로 한 첫 아파트입니다. 4층 높이의 철근콘크리트조인 이 건물은 규모 면에서 그때 경성에서 보기 드문 것이었습니다. 같은 해 12월 서울 회현동의 미쿠니三國 상회 아파트는 3층 건물로 침실 2개와 부엌 · 화장실 · 수도시설을 갖춘 가족형 아파트였습니다. 아파트는 경성 말고도 평양 · 함흥 · 부산 · 대구 등 지방도시에서도 계획했거나 건립했습니다.

아파트는 연료난 때문이기도 하겠지만, 바닥에 다다미를 까는 등 일본식 주거 형식을 띠었습니다. 또 공동식당과 욕실, 오락실, 세탁실, 접객실 등 공동으로 쓰는 부대시설을 갖춘 것이 이 무렵 아파트의 특징입니다. 그러나 주로 일본인을 위한 주거였다는 점에서 아파트는 한국인 주택난 해결에 도움이 되지 못했습니다. 한 통계에 따르면, 1940년대 전시체제 아래서 아파트 신축 공사는 거의 제한되어 1945년까지 국내 아파트 호수는 314호 정도였다고 합니다.

남촌과 북촌의 모습이 아주 달랐겠군요?

본디 남촌은 진고개라 해서 '남산 샌님'이나 빈민이 모여 살던 곳입니다. 이 진고개 일대에 이미 1882년부터 일본 상인이 불법으로 진출하여 근거지를 마련했습니다. 오늘날 명동 일대였던 '진고개'는 비만 오면 땅이 질퍽인다 해서 붙인 이름으로 그다지 좋은 거주지가 아니었습니다. 그러나 식민지배가 뿌리를 내리면서 일본인 거주지와 조선인 거주지 사이에 격차가 커집니다. 특히 사회 자본이 정비되고 도시계획이 시행됨에 따라 일본인 거주지는 더욱 우위에 서게 됩니다.

진고개는 이미 1920년대 말부터 '불야성을 이룬 별천지'였습니다. 빈손으로 서울에 온 일본 사람들이 갑자기 큰 부자가 되면서, 진고개 상가는 서울에서 가장 아름답고 깨끗하게 치장되었습니다. 쇼윈도, 옥상 정원, 엘리베이터를 갖춘 백화점은 수많은 볼거리를 주고, 일본에서 부산을 거쳐 경성역으로 들어온 상품은 곧바로 진고개 상점 쇼윈도에 자리 잡았습니다. 진고개 중심의 남촌 상가에는 근대적 상품과 화려한 건물, '현대인의 신경'인 네온사인으로 덮인 '작은 도쿄'가 들어섰습니다. 거리에는 카페, 우동집, 빙수집, 찻집이 즐비했습니다.

진고개가 발전한 것과는 견줄 수 없지만, 종로도 발전합니다. 그러나 식민 도시의 '원주민 상가'였던 종로는 중심에서 밀려나고, 전국 최고의 상권을 자랑하던 시전 상인들은 단순한 소매상이 되고 맙니다.

총독부와 경성부는 종로를 차별했습니다. 한 자료에 따르면, "청계천을 준설한 흙으로 종로 거리를 덮었다. 한여름 악취가 풍기고 먼지가 날려도 그대로 두었다. 그러지 않아도 깨끗한 본정에는 물을 뿌려대면서도 종로는 그대로 두었다. 종로통 부근 북촌 지역은 전통 한옥과 나지막한 상점들이 있었으며 밤거리는 어두컴컴했다."고 합니다.

도시 빈민들은 어디서 살았나요?

식민지 시기에 '모던 보이'와 '모던 걸'이 나타나고 네온사인이 번쩍이는 백화점에서 물건을 사는 사람이 있었는가 하면, 도시 빈민과 실업자들이 넘쳐 나기도 했습니다. 도시 빈민과 실업자들은 '두더지처럼' 토막을 짓고 살았습니다. 토막민土幕民이란 국유지나 사유지를 가리지 않고 빈 터만 있으면 움집이나 움막을 지어 사는 사람들을 가리킵니다. 일제가 식민지로 삼기 전에는 이름조차 없었던 토막민이 '근대적 빈민'으로 모습을 드러낸 것은 1920년대 초입니다. 그들은 주로 산 언덕이나 성벽 밑, 제방이나 하천 변, 다리 밑 등에 움집을 지었습니다. 토막에는 일정한 깊이로 땅을 파고 그 위에 삼각형으로 짚을 덮은 움집형이 있고, 거적으로 벽을 만들고 온돌을 갖춘 가옥형, 두 가지가 있었습니다.

일본어 간판이 즐비한 1920년대 충무로 일대 모습. 일본인 상점이 들어선 이 지역을 혼마찌(本町), 곧 본정이라 불렀다. 근대적 상품과 화려한 건물이 들어선 본정 거리는 '작은 도쿄'와 같았다.

'해방'과 한국전쟁을 겪으며 주택 상황은 더욱 어려워졌겠죠?

해방 뒤에 한국은 식민지배에서 벗어나 새로운 주거문화를 스스로 발전시킬 수 있게 됩니다. 그러나 일제의 식민지 수탈정책으로 경제가 완전히 무너져 주거 수준을 높일 수는 없었습니다. 더구나 일제 말 전시 동원체제 아래서 나라 밖으로 나갔던 동포들이 돌아오고, 북에서 남쪽으로 넘어오는 사람들이 늘어나 주택난이 더욱 심해집니다. 귀환동포와 월남민은 120만을 헤아렸습니다. 집 없는 사람들은 아무 곳에나 움막을 지어 살 수밖에 없었습니다. 곧 이은 남북 분단과 한국전쟁으로 있던 주택마저 60만 호 남짓 파괴됨으로써, 민중은 생존을 위한 원시적 주거 상황으로 되돌아갈 수밖에 없었습니다.

잘 있거라 나의 서울이여

오오 잘 있거라! 저주받은 도시여
'폼페이' 같이 폭삭 파묻히지도 못하고,
지진 때 동경처럼 활활 타 보지도 못하는
꺼풀만 남은 도시여, 나의 서울이여!
성벽은 토막이 나고 문루는 헐려
'해태' 조차 주인 잃은 궁전을 지키지 못하며
반 천년이나 네 품속에 자라난 백성들은
산으로 기어오르고 두더지처럼 토막 속을 파고들거니
이제 젊은 사람까지 등을 밀려 너를 버리고 가는구나

— 심훈, 「잘 있거라 나의 서울이여」 일부, 1927년.

산기슭에 가마니로 둘러싸서 만든 토막.

한 뼘 생각

한국전쟁 뒤에 남한에서는 자본주의가 발달하면서 이른바 '한강의 기적'이 일어났습니다. 그러나 고급 주택이 늘어 가는 뒤편에는 도시 빈민이 살던 '달동네'와 노동자들이 살던 '벌집'이 있었습니다. 달이 가까이서 뜨는 산꼭대기 동네라 해서 '달동네'이고 노동자가 벌처럼 기어 들어가 한 몸뚱이 누울 수 있는 집이라 해서 '벌집'이라 했답니다. 그나마 집이 있는 사람은 다행이었습니다. 집값이 올랐다고 좋아하는 사람들 옆에는 살 집을 마련하려고 허덕이는 수많은 사람이 있었습니다.

정태춘이 부른 〈우리들의 죽음〉이라는 노래가 있습니다.

> 맞벌이 영세 서민 부부가 방문을 잠그고 일을 나간 사이, 지하 셋방에서 불이 나 방 안에서 놀던 어린 자녀들이 밖으로 나오지 못하고 질식해 숨졌다. 불이 났을 때 아버지 권씨는 경기도 부천의 직장에 있었고, 어머니 이씨는 합정동으로 파출부 일을 나가 있었으며, 아이들이 방 밖으로 나가지 못하도록 방문을 밖에서 자물쇠로 잠그고 바깥 현관문도 잠가 둔 상태였다. 연락을 받은 이씨가 달려와 문을 열었을 때, 다섯 살 혜영 양은 방바닥에 엎드린 채, 세 살 영철 군은 옷더미 속에 코를 묻은 채 숨져 있었다. 두 어린이가 숨진 방은 세

평 크기로 바닥에 흩어진 옷가지와 비키니 옷장 등 가구류가 타다 만 성냥과 함께 불에 그을려 있었다. 이들 부부는 충남 계룡면 금대 2리에서 논 900평에 농사를 짓다가 가난을 못 이겨 지난 88년 서울로 올라왔으며, 지난해 10월 현재의 지하방을 전세 400만 원에 얻어 살아왔다. 어머니 이씨는 경찰에서 "평소 파출부로 나가면서 부엌에는 부엌칼과 연탄불이 있어 위험하고 밖으로 나가면 길을 잃거나 유괴라도 당할 것 같아 방문을 채울 수밖에 없었다."며 눈물을 흘렸다. 평소 이씨는 아이들이 먹을 점심 상과 요강을 준비해 놓고 나가 일해 왔다고 말했다. 이들이 사는 주택에는 모두 6개의 지하방이 있으며, 각각 독립 구조로 돼 있다.

슬픕니다. 작은 새조차 지친 날개를 접고 쉴 집이 있습니다. 누구나 하루해가 저물면 편히 누울 집이 있는 그런 사회를 꿈꾸어 봅니다. "한 사람이 꿈을 꾸면 꿈이지만 여럿이 함께 꿈을 꾸면 현실이 됩니다."

10

'인공낙원' 백화점, 사람을 사로잡다

생각 열기

유럽 '문명인'이 '야만의 땅'을 식민지로 만들 때의 일입니다. 유럽 사람들은 돈 받고 일할 현지인을 구하기가 참 어려웠답니다. 돈을 줄 테니 가게 일을 해 달라고 아무리 설명해도 말을 듣지 않더랍니다. 어쩌다 하루 이틀 일한 현지인도 유럽인 상점에서 무언가를 사고는 더 일하러 나오지 않았습니다. 여덟 시간이나 열 시간 동안 날마다 틀에 박힌 일을 해서 사야 할 물건이 없었기 때문이지요. "더 사고 싶은 물건이 없다."는 '야만인'이야말로 어쩌면 '문명인'보다 더 풍요로운 사람이 아닐까요?

우리 '문명인'이 사고 싶어 하는 물건이 쫙 깔린 곳이 백화점입니다. 'Department Store'를 우리말로 옮기면 '백화점'입니다. 지금 우리가 자주 쓰는 단어 가운데 일본에서 번역한 것을 그대로 쓰는 것이 많습니다. '화장' '시간' '자유' 따위가 그렇습니다. 백화점도 일본에서 번역한 말을 그대로 받아들인 것입니다. 일본에서는 처음에 '잡화 진열 판매소' '소매 대상점'이라고 했다가 차츰 백화점이라는 말이 자리를 잡습니다.

언제부터인가 이 땅에도 백화점이라는 말이 들어오고 'Department Store'가 경성 한복판에 들어섰습니다. 꾸밈없던 옛 시장을 대신해서 놀랍게 화려한 백화점이 새로 모습을 드러냅니다. 백화점에는 손님이 자유롭게 상품을 보고 스스로 상품을 고를 수 있는 진열 판매대가 있습니다. 가게 앞 쇼윈도 안에 잘 꾸며 놓은 상품이 사람들의 눈길을 사로잡습니다. 백화점은 유행의 물결을 만들어 냅니다. 일본을 거쳐 들어온 백화점에는 어떤 '근대'와 자본주의가 똬리를 틀고 있었을까요?

식민지 시기 경성에서 백화점이 화려한 모습을 드러냈죠?

한양은 식민지시대 '경성'이라는 새로운 이름을 갖게 되면서 행정·군사적인 성격뿐만 아니라 자본주의적 문화·상업·금융·교육 등을 두루 갖춘 오늘날과 같은 복합도시가 되었습니다. 경성은 예전에 볼 수 없었던 총독부·은행·백화점 같은 큰 건물이 들어서면서 새롭게 바뀌었지요. 특히 1920년대부터 경성에 들어서기 시작한 백화점은 '근대의 메이크업'이었습니다.

백화점이 근대의 상징이 된 까닭은 무엇인가요?

백화점은 대량 생산된 상품을 팔려고 설계한 새로운 소비 공간입니다. 여러 상품을 파는 상점이라는 뜻 그대로 백화점에는 온갖 물건이 있었습니다. 식민지시대 백화점은 단층이 아닌 3, 4층을 갖춘 르네상스식 건물로서 겉모습부터 예전 시장과 크게 달랐습니다. 백화점에서 파는 넥타이, 음료수, 안경, 전축, 원피스, 와인 잔, 옷장, 모자, 양산, 핸드백 같은 것은 근대 산업사회가 만들어 낸 새로운 상품이었습니다.

오늘날 백화점 매장 구성을 보면, 어느 백화점이나 지하에는 식품 매장이 있고, 1층에 화장품이나 귀금속 코너를 두어 이른바 '럭셔리'하게 보이게 만들고, 2층과 3층은 예외 없이 여성 의류를 파는 식이지요. 예전에도 엇비슷했습니다.

백화점이 나타나기에 앞서 이미 개항이 되면서 경성 상권이 변하지 않았습니까?

청일전쟁과 러일전쟁을 계기로 3~4만 명의 일본 상인이 장사를 하려고 떼 지어 조선으로 몰려왔습니다. 이들은 일본군의 보호를 받으며 갖가지 면제품과 공산품을 팔았습니다. 일본 상인이 들어오면서 경성 상권은 조선인이 운영하는 북촌의 종로와 일본인이 자리 잡은 남촌의 본정本町으로 나뉩니다. 전통적인 상가였던 종로 시전의 위세는 차츰 줄어들고 일본산 공산품을 들여다 파는 본정이 그 자리를 차지했지요. 진고개에서 일본인들은 '오복점'이라고 불렀던 포목점을 주로 운영했습니다.

1920년대 중반부터 백화점이 자리 잡기 시작합니다. 1920년대 일본은 이미 독점자본주의 단계로 접어들었고 식민지 조선에서도 식민지 자본주의가 진행되면서 생산이 늘어납니다. 이에 따라 상업도 자본주의 판매에 걸맞은 모습으로 바뀌는 과정에서 나타난 것이 백화점입니다.

조선 사람이 세운 첫 백화점, 화신백화점

1930년대 화신백화점.

화신백화점은 조선 사람이 세워서 경영한 맨 처음 백화점입니다. 1890년대 신태화가 금 · 은 · 귀금속품을 전문으로 거래하는 화신상회를 운영하다가 1922년 양복부, 그다음 해 일반 잡화부를 만들어 백화점 형태를 갖추었습니다. 1931년 박흥식이 36만 원에 사들여 자본금 100만 원의 화신상회를 세운 뒤, 건물을 넓히고 동아백화점을 인수하는 등 몸집을 불려 갑니다.

1937년 11월 화재로 건물이 불에 타자, 지하 1층, 지상 6층, 총건평 3,011평 규모의 건물을 새로 짓습니다. 그때 한국인이 지은 가장 큰 건물로 엘리베이터와 에스컬레이터를 갖추었습니다.

식민지시대를 대표하는 백화점들은 어떤 것이 있었나요?

히라타平田백화점은 지금의 충무로 입구에 있었습니다. 1904년 히라타 상점으로 출발하여 1926년 백화점을 개업했지요. 1929년에 문을 연 조지야丁子屋백화점은 예전의 미도파백화점(현재 롯데 영플라자) 자리에 있었습니다. 옛 원호청 자리에 있던 미나카이三中井백화점은 오복점으로 시작해서 백화점으로 바뀌었으며, 1934년에 7층 건물을 완공하여 대형 백화점을 열었습니다. 오늘날 신세계백화점 자리에 있던 미쓰코시三越백화점은 1930년에 지하 1층, 지상 4층의 대규모 신관을 만들었습니다.

남촌의 일본인 상권에 백화점이 들어서면서 종로의 조선인 상권도 영향을 받았겠군요.

종로 상권도 작은 규모이기는 하지만 백화점 거리로 모습이 바뀝니다. 낮보다는 '야시장'이 열리는 밤이 더 활기찼던 종로에 자리 잡은 조선 상인들은, 한 점포에서 한 품목만 파는 방식을 바꾸어 갑니다. 어떤 상점은 대형 매장 안에 제품별로 독립 부서를 두기도 했고 경성상회, 덕원상점, 동아부인상점, 화신상회같이 백화점식 경영을 내세우는 상점도 생겨납니다. 한동안 경영난에 빠져 있던 화신상회는 박흥식 손에 넘어가면서 근대적 백화점 영업을 시작합니다. 1933년 박흥식은 동아백화점마저 사들여 화신상회와 합병하여 화신백화점을 만듭니다.

진열대와 쇼윈도라는 새로운 판매 방식에 어떤 뜻이 담겨 있나요?

대량 생산체제가 되면서 생산된 것을 소비해 재생산으로 이어 가려면 소매업을 크게 바꾸어야 했습니다. 백화점은 바로 이런 필요 때문에 나타났습니다. 백화점에서는 진열 판매 방식을 쓰고 쇼윈도를 두어 사람들이 상품에 흥미를 갖도록 했습니다. 진열대가 백화점을 찾는 손님이 자유롭게 상품을 보고 고를 수 있게 한 것이라면, 쇼윈도는 거리를 지나는 사람들의 눈길을 모으고 이들을 점포로 끌어들이려는 것이었지요. 이러한 판매 방식은 소비 자본주의가 시작되었음을 알리는 것이었습니다.

백화점이 나타나면서 중소상인들은 큰 타격을 입었겠죠?

백화점은 규모에서 중소상인을 압도했습니다. 백화점은 체계적으로 관리하는 몇 십 개의 매장에서 필요한 상품을 한꺼번에 사고팔 수 있으며 여러 서비스를 제공하고 정찰제 실시, 상품권·구매권 발매를 비롯해서 소상인은 도저히 흉내 낼 수 없는 영업 기법을 썼습니다.

백화점의 하루 매출액은 작은 상점들이 몇 년 동안 팔아야 올릴 수 있는 매출액을 넘었습니다. 중소상인이 이에 맞서기는 힘들었지요. 백화점은 옛 소매상들을 무너뜨렸습니다. 자영상인들은 몸집 큰 백화점에 무릎 꿇을 수밖에 없었습니다.

사람들은 왜 백화점을 보고 그렇게 놀랐나요?

사람들은 백화점을 보고 "인공낙원 같다."고 했습니다. 일본에서도 처음 백화점을 보고 "꿈만 같은 행복 나라"라고 했지요. 백화점에 들어서면 매장에 가득 찬 멋진 물건이 눈에 들어오고, 다정하게 인사하는 점원의 목소리가 들렸습니다. 백화점은 '스포츠 랜드'에 갖가지 운동기구와 오락기구를 갖추고 고객이 지나는 길에 가벼운 운동이나 오락을 즐기게 했습니다. 옥상에는 공원을 만들어 도시를 내려다보거나 서로 만나는 곳으로 이용하게 했지요. 옥상정원은 백화점을 '인공낙원'으로 느끼게 만들었습니다. 미쓰코시백화점은 옥상정원 안에 벤치와 카페를 두고 여러 나무를 심어, 마치 유원지에 온 듯한 느낌을 가지게 했습니다.

사람들은 옥상정원에서 차 한 잔 마시며 경성 시내를 내려다보는 일, 가족과 함께 식당에서 식사하는 일, 그렇지 않으면 백화점에 들어가는 일 자체를 새로운 문물의 혜택으로 느꼈습니다. 백화점은 그저 물건을 사는 곳만이 아니라 행복, 풍요로움, 낯선 새로움 따위를

1930년대 미쓰코시백화점 4층 식당. 멋드러진 샹들리에, 깔끔한 식탁보와 정갈한 실내 분위기. 몇몇 사람들은 이런 곳에서 가족과 함께 식사하며 새로운 문물의 혜택을 누렸다. 백화점은 물건만 사고 파는 곳이 아니라 '행복'과 '풍요'를 소비하는 곳이기도 했다.

소비하는 곳이기도 했던 것이지요. 백화점은 사람들에게 "이것이 행복이다."는 하나의 기준을 보여 주었습니다.

구경하려고 백화점에 가는 사람도 꽤 많았겠네요?

백화점을 둘러보고 식당에서 밥 한 끼만 먹어도 자랑할 만한 일로 여기던 때였습니다. 백화점 안에 가득 찬 여러 물건과 상냥한 여자 점원들, 그리고 쇼윈도와 에스컬레이터 따위는 사람들의 정신을 빼앗을 만큼 황홀하고 새로운 것들이었죠. 백화점은 최고의 구경거리였고, 도시의 명물이었습니다. 백화점은 남산의 팔각정, 창경원의 동물원과 함께 서울 구경 온 시골 사람이 반드시 둘러보아야 할 명소였습니다. 학생들의 수학여행 코스에도 포함될 정도였으니까요. 잡지 『삼천리』에 「화신백화점 구경기」를 쓴 기자는 "손님은 많은데 물건을 사는 사람은 아주 드물고 대부분은 일없이 지나는 서울 장안 사람, 구경 좋아하는 시정인들, 심심소일로 들어온 무리가 대부분인 것을 즉각 알 수 있다."고 분위기를 전했습니다.

백화점 봄 풍경

봄이 와도 여전히 살풍경인 도시의 봄 거리! 머리가 어지럽고 숨이 막힐 듯 하다가도 한 발짝 들어서 백화점 문을 들어서면 "어서 오십시오, 늘 고맙습니다." 머리를 가볍게 숙이며 친절히 영접하여 주시는 도어 뽀이의 부드러운 말소리와 함께 기분이 일전된다. 어지럽던 머리는 가벼워지고 막힐 듯하던 숨은 풀린다. 그리하여 봄은 봄다운 감촉을 비로소 받게 된다.

— 한인택, 『조광』, 1938년 4월.

「새로 낙성된 오층루 화신백화점 구경기」

개관 첫날 이른 아침부터 귀부인, 유한마담에서부터 룸펜에 이르기까지 장안 사람들은 물밀듯이 화신 문전에로 몰려들어 온다. …… 한 가지 눈에 띄는 것은 시골풍의 사람이 많이 보이는 것이다. 거리로 다니는 사람들은 그렇게 많음을 볼 수 없으나, 이 안에 들어온 사람의 3분지 1은 시골 사람들과 같이 보이는 것으로 미루어 아마 서울에 올라온 시골 사람들은 기어이 이 '화신' 을 구경하고 간다는 생각에서 몰려든 모양이다.

— 『삼천리』, 1935년 9월호.

옛날 백화점도 요즘처럼 세일, 사은품 제공 같은 판매 전략을 썼나요?

백화점은 늘 사람들의 눈길을 모으고 흥미를 이끌어 내려 했습니다. 사람들은 뭔가를 사려고 백화점에 가는 것이 아니라, 백화점에 들어가면서 비로소 갖고 싶은 무언가를 찾아내곤 했습니다.

유행은 사람들의 구매 의욕을 돋우고 소비를 이끌어 내지요. 유행 상품을 만들어 내는 데 큰 몫을 한 것 가운데 하나가 광고입니다. 백화점마다 일찍부터 광고에 힘을 기울였습니다. 성수기가 돌아오면 백화점들은 일간신문에 '전면광고'를 싣곤 했지요. 광고비가 백화점 매출액의 6퍼센트에 이르렀습니다. 백화점은 제비뽑기 등 경품 행사로 손님을 끌었습니다. 화신백화점은 주식회사 창립과 건물 증축을 기념하여 20일 동안 경품 행사를 벌였는데 1등 한 명에게 주는 경품이 20평짜리 기와집 한 채였습니다. 일본과 마찬가지로 조선 백화점도 손님을 불러들이려고 미술 전람회, 사진 전람회, 명산물 소개, 생활 개선 전시회 같은 기획 행사를 자주 열었습니다.

백화점에서는 어떤 사람들이 일했습니까?

백화점이 새로운 시대를 상징하는 공간으로 떠오르면서 그곳에서 일하는 여자 점원들에 대한 호기심도 커졌습니다. 백화점에서 일하는 여성들은 대개 15~25세로 보통학교 또는 그보다 상급학교를 졸업한

1931년 화신백화점 창립 기념 대매출 행사에 몰려든 사람들(위)과 경품 행사를 알리는 광고(아래). 1원 넘게 물건을 산 고객을 대상으로 한 경품 행사에 소 한 마리를 걸었다. 그때에도 지금과 마찬가지로 갖가지 판매 전략을 세워 사람들의 구매 의욕을 돋우고 소비를 이끌어 냈다.

'용모 단정한' 여성들이었습니다. 그러다 보니 결혼 상대를 찾는 청년들이 백화점을 찾았고, 이들에 얽힌 연애 이야기도 심심치 않게 잡지에 실렸습니다.

요즘 백화점 노동자들은 '고객 감동'을 실천하느라 엄청난 스트레스를 받습니다. 형편없는 손님이 거칠게 나와도 웃음을 잃지 말아야 하는 '감정 노동'의 고통이 크다고 합니다. 식민지시대 백화점 여직원들도 크게 다르지 않았습니다. 백화점에서 하는 일은 꽤 힘들었고 임금도 다른 직업보다 많지 않았습니다. 1934년 하루 평균 12시간 일하고 하루 50~60전 받았으며, 1935년에는 70~80전 받았습니다. 그 무렵 공장에서 일하던 조선인 여성 노동자 평균 임금인 하루 50전보다 조금 나은 수준이었지요. 교육 수준이 꽤 높고 하루 12시간 넘게 서서 일한다는 것을 생각하면, 백화점 여자 점원들의 임금은 그다지 많지 않았습니다. 그래서 백화점 여성 점원들은 자신을 상품, 인조인간, 기계에 비유하기도 했습니다.

백화점을 찾는 여성 고객을 바라보는 눈이 곱지 않았다면서요?

백화점은 여성이 당당하게 드나들 수 있는 몇 안 되는 곳이었기 때문에, 물건을 사고 유행을 즐기고 새로운 문화를 만나려는 여성이 백화점의 고객이 되었습니다. 그러나 이들을 바라보는 시선은 차가웠습니다. 백화점을 드나드는 여성은 겉멋만 든 '신여성'이거나 유한계급의 첩, 기생들이라는 소문까지 나돌았지요. 심지어 자기 수준에 걸맞지 않게 백화점에서 "미쳐 날뛰는 아낙네"들이 있다며, 이런 여성을 게걸스럽다 못해 제정신이 아니라고 비꼬기도 했습니다. 이러한 비웃음은 소비를 부추기는 것이 자본이 아니라 여성의 허영과 사치라고 몰아붙이는 잘못된 것이었습니다.

거의 모두 일본 백화점이었던 큰 백화점들은 해방 뒤 어떻게 되었습니까?

미쓰코시백화점은 1945년 9월 10일 김봉조가 초대 관리인으로 임명된 뒤 9월 15일 백화점 이름을 동화백화점으로 바꾸었습니다. 귀속재산으로 미군정에 귀속되면서 1945년부터 1950년까지 네 명의 관리인이 교체되었고, 전쟁이 한창일 때인 1951년에는 주한미군을 위한 PX로 바뀝니다. 귀속재산인 동화백화점은 1958년 동방생명에게 불하되었고, 1963년 삼성그룹이 인수하여 지금의 신세계백화점이 되었습니다.

조지야백화점은 해방 뒤 종업원 대표가 이름을 중앙백화점으로 바꿉니다. 동화백화점과 마찬가지로 조지야백화점에 남아 있던 종업원들도 남은 상품으로만 영업을 했습니다. 그 뒤 미군정청이 중앙백화점을 '적의 재산'으로 접수하고 1948년 미군 전용 PX로 바꾸었습니다. 군정청이 중앙백화점을 접수했을 때 중앙백화점에 남아 있던 모든 상품과 종업원은 동화백화점으로 흡수됩니다. 1954년 중앙백화점은 미도파백화점이라는 이름으로 다시 문을 열었습니다.

충무로에 있던 미나카이백화점은 적산敵産으로 커다란 이권의 대상이었습니다. 대한민국 수립 뒤 해군 본부로 쓰다가 원호처가 소유합니다.

이들 백화점 종업원들은 자치위원회나 노동조합을 만들어 '최저생활 보장', '체불임금 지급', '노동조건 개선'을 내걸며 친일 사업주나 미군정 관리인과 맞서 싸우기도 했습니다. 해방 뒤에 이름뿐인 백화점이 곳곳에 많이 생겼습니다.

한 뼘 생각

오늘날 백화점은 들뜬 발걸음을 옮기는 사람들로 북적입니다. 마치 축제를 여는 것처럼 보입니다. 유행을 좇는 사람들이 불나비처럼 백화점으로 달려듭니다. "백화점 세일 때마다 'SALE'을 '살레'로 잘못 읽은 사람들이 물건을 사려고 아우성이다."는 썰렁한 이야기도 있습니다. '인공낙원' 백화점에 가면 모든 것이 다 있습니다. 그러나 그 낙원으로 가려면 꼭 필요한 것이 있습니다. 바로 돈입니다. 쇼윈도 상품 뒤에서 화폐가 우리 삶을 옥죄고 있습니다.

한꺼번에 많이 생산한 상품이 팔리지 않으면 공황이 옵니다. 그것을 막으려면 사람이 물건을 많이 사야겠죠. 그래서 새로 만든 것이 백화점입니다. 백화점은 "소비가 아름답다."는 소비 자본주의가 무엇인지 보여 줍니다. 그렇다고 '소비'가 곧 넉넉함을 보여 주는 것은 아닙니다. 한쪽에서는 물건이 넘쳐 나도 다른 쪽에서는 기본 생필품마저 없어 힘든 삶을 사는 사람이 많습니다.

가장 잘산다는 미국 사람처럼 모든 사람이 지구 자원을 마구 쓰는 것이 넉넉한 지구의 모습일까요? 그렇다면 지구 환경은 곧 끝장날 것입니다. 올바른 소비란 무엇인지 고민해야 합니다. 환경에 좋고, 가난한 사람도 함께 나누어 가질 수 있는 소비문화의 텃밭을 이 땅에서 일구었으면 좋겠습니다. 그런 소비문화가 진짜 우리를 넉넉한 삶으로 이끌어 주는 것은 아닐까요? 풍요는 '눈부신 경제 발전'과 화려한 백화점에 있는 것이 아니라, 민주주의와 평화·평등 속에, 그리고 함께 나누는 삶 속에 있는 것은 아닐까요?

11

활동사진, 사람의 눈길을 붙들다

생각 열기

서양인이 찍은 19세기 끝 무렵 사진을 보면 선조들은 하나같이 잔뜩 긴장한 모습입니다. 카메라를 보는 그들의 눈길에는 의심이 가득합니다. "사진에 찍히면 사람 정신이 다 빠져서 다시는 아무것도 못 한다."는 흉흉한 소문이 심심찮게 떠돌아다니던 때 찍은 것이라서 그럴지도 모르겠습니다.

이제 막 사진이 낯설지 않게 되었을 무렵, 움직이는 '활동사진'이 갑작스레 들어왔습니다. 영화는 이 땅이 근대로 들어가는 첫 무렵에 아주 놀라운 과학 문명을 많은 사람에게 보여 주었습니다. 영화는 근대 기술의 상징이었습니다. 수입품 영화는 신기한 볼거리를 주었을 뿐만 아니라, '근대'와 세계로 사람들의 눈길을 모아 갔습니다.

영화는 그저 셀룰로이드 필름에 움직이는 사람과 풍경을 담은 것만은 아니었습니다. 영화는 만든 사람과 유통시키는 사람, 그리고 보는 사람과 영화를 검열하는 사람에 이르기까지 여러 집단과 개인의 욕망과 해석이 담겨 있는 한 편의 역사입니다. 근대에 들어서면서 이 땅의 사람들은 어떻게 영화를 경험했고, 영화에는 무엇이 담겨 있었으며, '꿈의 공간'인 극장에는 어떤 역사가 숨어 있을까요?

영화를 처음 만든 것은 언제이고, 우리나라 사람이 영화를 처음 본 것은 언제인가요?

● ● ●

서구에서는 1895년을 영화 탄생의 해로 칩니다. 이해에 프랑스의 뤼미에르 형제가 처음 만든 영화는 오늘날 영화와는 많이 달랐습니다. 처음 영화들은 소리가 나지 않는 이른바 '무성영화' 였고, 사진을 잇달아 돌려 움직임을 보여 주는 그야말로 '활동사진' 이었습니다. 활동사진은 눈 깜짝할 사이에 세계로 퍼집니다.

이 땅에서 영화를 상영했음을 보여 주는 자료는 1903년 6월 23일자 『황성신문』 광고입니다. 이 광고는 동대문 전기상회의 기계창에서 국내와 서양 여러 나라의 풍경을 찍은 활동사진을 상영하며 입장료가 10원이라고 알렸습니다. 그러나 증언이나 다른 기록에 따르면, 1897~1898년 무렵 이 땅에서도 활동사진을 대중에게 상영했을 가능성이 높습니다. 우리나라 사람들은 영화를 처음 보았을 때 "귀신이 조화를 부리는 듯하다."고 했답니다.

'근대의 자식'인 영화와 함께 '꿈의 공간' 인 극장도 들어섰겠죠?

● ● ●

1906년에 한미전기회사 마당에 임시 극장을 만들어 날마다 활동사진을 상영하여 꽤 많은 사람이 모여듭니다. 경성에서 주로 일본 사람이 살던 남촌에는 어성좌·명치좌·경성좌 등 일본식 이름을 가진 극장이 들어섰고, 주로 조선 사람이 살던 북촌에는 단성사(1907)·장안사(1908) 등이 문을 엽니다.

1910년 이전 한국인 극장들은 대부분 전통 연희나 신파극을 올렸습니다. 때때로 활동사진을 상영했지만 다른 공연 중간에 틀어 주는 것에 지나지 않았습니다. 그나마 극영화는 드물고 도시나 풍경을 그대로 찍은 것이거나 코미디물이 많았습니다. 영화만 상영하는 전용관은 1910년이 지나서야 나타납니다. 1910년 일본인이 만든 경성고등연예관이 경성에 처음 들어선 상설 영화관입니다. 1913년 뒤부터 경성 중심가에 활동사진을 상영하는 극장이 크게 늘어나면서 본격적인 극영화를 상영하기 시작했습니다.

소리가 들리지 않는 '무성영화' 시절, 사람들은 어떻게 영화 내용을 알았을까요?

'변사'가 배우들의 대사를 대신 이야기해 줄 뿐만 아니라, 줄거리가 어떻게 진행되는지 설명해 주었습다. 서양에서도 처음 무성영화가 나왔을 때는 해설자가 있었지만, 차츰 자막이나 중간제목으로 내용을 설명하고, 극장에는 피아노 반주자만 두는 일이 많았습니다. 그러나 일본이나 한국에서는 변사가 매우 중요한 역할을 했습니다. 일본은 전통예능인 가부키·노能·분라쿠 등에서 해설자가 있었고, 우리나라도 판소리나 소설 읽어 주는 사람처럼 한 사람이 이야기를 끌고

활동사진 구경할 때

— 키스하는 장면이 나올지라도 결코 흥분하지 마시오.
배우들은 키스한 뒤에 반드시 양치질을 한답니다.

— 굉장한 건물이나 화려한 실내가 나오더라도 결코 놀라지 마시오.
사실은 책상 위에 만들어 놓은 조그만 장난감이랍니다.

— 여배우나 남배우에게 속없이 미치지 마시오.
그네들은 아들 딸 손자까지도 있고 본얼굴은 주근깨투성이랍니다.

— 자막의 영어를 열심히 읽지 마시오. 영어문법에 낙제점수 당하십니다.

—『학생』, 1929년 3월호.

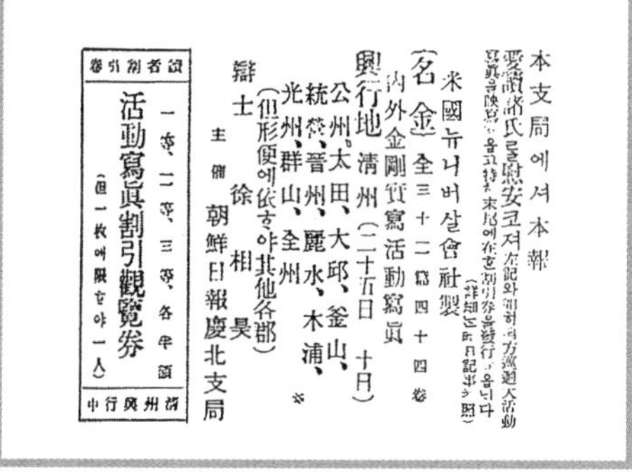

本支局에서本報
愛讀諸氏를慰安코저左記와如히地方巡廻大活動
寫眞을映寫하옵고特히末尾에在한割引券을發行하옵니다
（詳細는後日記事參照）
米國뉴니버살會社製
〔名金〕全三十二篇四十四卷
內外金剛實寫活動寫眞
興行地 淸州（二十五日 十月）
公州、太田、大邱、釜山、
統營、晉州、麗水、木浦、
光州、群山、全州
（但形便에依하야其他各郡）
辯士 徐相昊
主催 朝鮮日報慶北支局

讀者割引券
活動寫眞割引觀覽券
一等、二等、三等、各半額
（但一枚에限하야一人）
淸州興行中

1920년 7월 20일자 『조선일보』에 실린 지방순회 활동사진 상영 공고. 미국 유니버셜사 영화 〈명금〉을 지방을 돌며 상영한다는 내용이다. 변사 서상호의 이름을 볼 수 있다.

나가는 공연 전통이 강했기 때문에 변사가 큰 역할을 했던 것이지요.

무성영화에서 변사는 웬만한 배우보다 더 중요한 역할을 했습니다. 무성영화 관객은 눈앞에 펼쳐지는 활동사진 이미지와 변사의 목소리를 결합해서 영화를 즐겼습니다. 변사는 영화에서 으뜸가는 스타였습니다. 변사는 목소리 연기를 통해 대사와 줄거리를 전달하고, 영화를 자기 나름대로 해석하여 해설하기도 했습니다. 변사는 신파면 신파, 활극이면 활극, 희극이면 희극 등 잘하는 장르가 따로 있었습니다. 그러다 보니 비극적인 신파 전문 변사가 코믹물을 맡아 슬프게 해설하고, 희극 전문 변사가 신파물을 맡아 코믹하게 해설하는 일도 생겼습니다.

우리나라 맨 처음 극영화는 무엇입니까?

여러 이야기가 엇갈립니다. 1923년 1월에 만든 〈국경〉을 꼽는 사람도 있지만, 이 영화는 한국인이 출연하기는 해도 제작 · 감독 · 촬영을 일본인이 맡은 일본 쇼치쿠松竹 영화사 작품이므로 우리나라 영화로 볼 수 없다는 견해가 많습니다. 한국인 감독과 배우, 그리고 한국 자본으로 만든 첫 극영화는 1923년 윤백남 감독이 만든 저축 계몽영화 〈월하月下의 맹서盟誓〉입니다. 비록 조선총독부가 저축을 장려하려고 이 극영화를 후원했지만, 각본과 감독을 윤백남이라는 조선 사람이 맡았고 이월화라는 스타를 탄생시킵니다. 〈월하의 맹서〉는

이 땅에서 만든 첫 영화, 〈의리적 구토 義理的 仇討〉

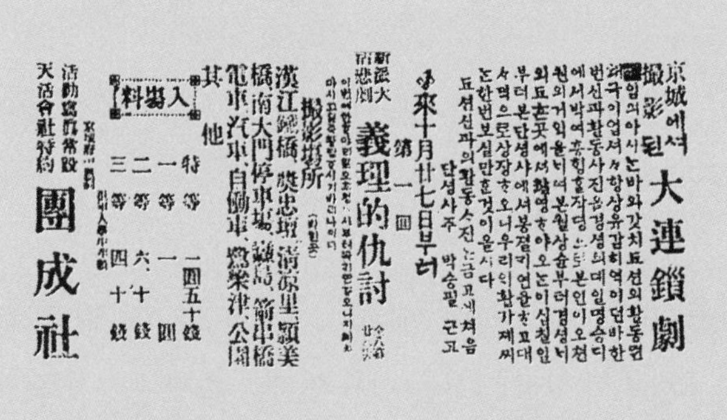
京城에서 撮影된 大連鎖劇
來十月廿七日부터
第一回
新派大活悲劇 義理的仇討
단셩사주 박승필 근고
撮影場所
漢江鐵橋、奬忠壇、淸凉里、南大門停車場、電車、汽車、自働車、鷺梁津、公園 其他
入場料
特等 一圓五十錢
一等 一圓
二等 六十錢
三等 四十錢
活動寫眞常設 天活會社特約
團成社

단성사에서 상영된 〈의리적 구토〉 광고. 한강철교, 장충단 등 촬영장소를 일일이 눈에 띄게 밝혀 놓았다.

필름이 남아 있지 않아 분명하지 않지만, 이 땅에서 만든 첫 영화는 1919년에 만든 〈의리적 구토〉로 봅니다. 그러나 〈의리적 구토〉는 완전한 영화가 아니라, 연극 사이에 서울의 명승을 배경으로 배우들이 찍은 영화 화면을 집어넣은 이른바 '연쇄극'이었습니다. 단성사 사장 박승필이 돈을 들여 명월관·청량리·홍릉 부근·장충단·한강철교 등을 찍게 한 뒤, 단성사에서 공연하는 연극 사이사이에 끼워 넣은 것이지요. 연쇄극은 영화라기보다는 연극에 활동사진을 활용한 것으로 보아야 한다는 의견도 있습니다. 연쇄극 속의 활동사진 장면은 대부분 일본인 기술진이 촬영했습니다.

그다지 좋은 평을 받지도 못하고, 오래 상영하지도 못합니다. 달빛 아래에서 맹세하는 것이 기껏해야 열심히 저축하자는 것이었으니 오죽했겠습니까.

'신파극'이 큰 인기를 끌었다면서요?

원래 '신파극'은 옛 연극이 아니라 '새로운 물결의 연극'이라는 뜻입니다. 1920년대 한국 영화는 신파 연극의 소재나 형식을 빌려 썼습니다. 이수일과 심순애로 더 잘 알려진 〈장한몽〉이 가장 좋은 보기입니다. '장한몽'은 원작부터가 『금색야차金色夜叉』라는 일본 신파소설입니다. 우리 전통 이야기를 신파 방식으로 촬영한 〈심청전〉, 〈운영전〉 따위도 있었지요.

회칠을 한 듯한 분장과 과장된 연기와 대사, 그리고 무엇보다 권선징악이거나 아니면 단순한 눈물의 감상만을 호소하는 이야기 구조가 특징입니다.

1920년대 한국 영화사에서 기념비 같은 작품 〈아리랑〉은 어떤 영화였나요?

나운규가 주연, 각본, 감독을 모두 맡아 1926년 상반기에만 관객 110만

명을 모은 〈아리랑〉의 줄거리는 이렇습니다. 서울에서 유학하다 정신병에 걸려 고향으로 돌아온 주인공 영진(나운규 분)은 아버지와 동생 영희(신일선 분)와 함께 살았습니다. 제정신이 아닌 영진이지만 유독 마을을 지배하는 마름 오기호(주인규 분)와는 온갖 갈등을 겪습니다. 영진의 친구인 현구(남궁운 분)가 내려와서 몰락한 그를 보고 마음 아파합니다. 그런 가운데 현구와 영희 사이에 사랑이 싹틉니다. 농악제가 벌어지던 날 오기호가 영희를 겁탈하려 하자, 현구가 이를 막으면서 격투가 벌어집니다. 친구와 마름이 싸우는 것을 지켜보던 영진은 사막에서 목말라 죽어 가는 남녀를 사막의 부자 상인이 괴롭히는 환상을 보게 되고, 이 환상 속에서 마름을 살해합니다.

〈아리랑〉은 여러모로 새로웠습니다. 이전의 한국영화가 거의 다 고대전설이나 문예작품을 밑바탕으로 하여 만들었던 것에 견주어 〈아리랑〉은 지주, 마름, 소작인, 일제의 하수인, 지식인, 그리고 가난과 성희롱에 희생당하는 여성 등 조선의 현실에 뿌리를 둔 인물을 등장시켰습니다. 식민지 조선의 농촌 마을을 무대로 하여 벌어지는 사회문제를 다루면서, 민중이 현실의 억압을 체념하고 비탄에 빠지는 것이 아니라 그를 거부하고 저항하는 모습을 보여 주었습니다. 〈아리랑〉은 표현 기법도 매우 수준 높은, 뛰어난 예술성을 지닌 작품입니다.

1920년대에 〈아리랑〉이 있었다면, 1930년대를 대표하는 작품으로는 어떤 것이 있을까요?

1930년대 대표 작품으로는, 근대화 속에 희생되는 조선 민중의 모습을 그린 이규환 감독의 〈임자 없는 나룻배〉를 들 수 있습니다. 농촌 고향 마을에서 밀려나 서울로 가서 인력거를 끌며 목숨을 이어 가던 주인공 춘삼(나운규 분)은, 아내(김연실 분) 입원비를 마련하려고 돈을 훔치다 감옥에 가게 됩니다. 감옥을 나온 춘삼은 아내가 이미 다른 남자와 살고 있다는 사실을 알고 실의에 빠져 딸(문예봉 분)을 데리고 고향으로 돌아와 나룻배 사공이 됩니다. 그러나 강에 철교가 생기면서 생계를 위협받게 되고, 춘삼은 행패를 부리던 공사 감독을 죽이고 뛰쳐나가 도끼로 철로를 부수다가 달려오던 기차에 치여 죽습니다. 춘삼이가 뛰쳐나가면서 등잔불을 넘어뜨려 생긴 화재로 딸마저 목숨을 잃습니다. 강나루에 임자 없는 나룻배만 흔들리는 모습으로 영화는 끝납니다. 〈임자 없는 나룻배〉는 "조선 영화계에서 일찍이 보지 못했던 새로운 감독과 명쾌한 촬영으로 된 영화"라는 평가를 받으며 〈아리랑〉, 〈장화홍련전〉과 함께 3대 명화로 꼽힙니다.

식민지 시기에 영화를 만들려면 어려움이 많았겠죠?

자금을 모으기도 어려웠고 장비도 구하기 힘들었습니다. 1920년대

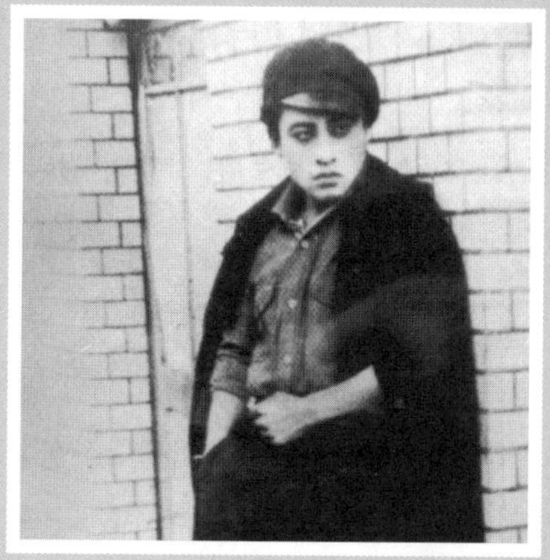

나운규. 한국 영화사의 기념비적 작품으로 일컬어지는 〈아리랑〉을 비롯하여 〈벙어리 삼룡〉, 〈오몽녀五夢女〉 등의 영화를 제작했다. 〈풍운아〉, 〈임자 없는 나룻배〉에는 주연 배우로 출연했다.

1930년대 대표작인 〈임자 없는 나룻배〉. 근대화 속에 희생되는 조선 민중의 모습을 그려 낸 빼어난 작품으로 평가받는다.

장비로는 야간 촬영을 할 수 없었고, 날씨가 흐리기만 해도 화면의 선명도가 떨어졌습니다. 그러다 보니 8월 삼복더위에 촬영하는 일이 많았고, 배우와 스태프의 고생이 이만저만이 아니었지요.

그러나 무엇보다 가장 큰 걸림돌은 일제의 검열이었습니다. 일제는 1926년 '활동사진 필름 검열규칙'을 발표합니다. 일제의 사전 검열을 거치지 않은 필름은 아예 상영할 수 없고, 검열한 뒤에도 관청은 "공안, 풍속, 보건"에 문제가 있다고 판단하면 언제든지 상영을 못 하게 하거나 필름을 삭제할 수 있었습니다. 사회주의 성향을 띠는 작품은 검열 과정에서 심각하게 훼손되어, 필름의 3분의 2가 잘려 나가기도 했습니다. '두만강을 건너서'(나운규 감독)는 제목이 불온하다고 '사랑을 찾아서'가 되었고, '어둠에서 어둠으로'(심훈 감독)는 '먼동이 틀 때'로 바꾸어야 했습니다.

할리우드 영화는 언제 들어왔나요?

1910년대부터 미국 영화가 조선 사람들의 넋을 잃게 했습니다. 이때는 모험활극이나 코믹물이 인기를 끌었고, 1910년 후반부터 대작·명작영화가 들어왔습니다. 이어 1920년대 '유나이티드'나 '폭스' 영화사가 만든 할리우드 영화가 들어옵니다. 이 무렵에는 연애물이 많았습니다. 영화의 주된 관객은 중등학교 이상의 학생과 젊은 지식 청년이었습니다. "월사금은 못 내서 정학을 당할지언정 활동사진 구경은 꼭 간다."고 쓴 잡지 기사처럼 영화가 크게 유행했습니다. 영화 같은 '연애'를 꿈꾸는 학생도 많아졌지요.

발성영화는 언제 만듭니까?

1930년대로 접어들면서 영화가 소리를 갖게 됩니다. 워너브라더스 사가 1927년 첫 발성영화 〈재즈 싱어〉를 내놓은 뒤부터 소리 나는 영화가 큰 관심을 끕니다. 조선에서도 1930년부터 발성영화를 수입하여 상영했고, 1935년 첫 번째 발성영화 〈춘향전〉을 만듭니다. 이 영화는 평단에서는 그리 좋은 평가를 받지 못했지만, 대중은 아주 좋아해서 일반 무성영화보다 두 배나 비싼 입장료에도 많은 사람이 몰려듭니다. 1936년에는 영화 가운데 절반이 발성영화였고, 이때 첫 음악영화인 〈노래조선〉도 만들었습니다.

발성영화는 배우들의 세대 교체를 부추겼습니다. 노재신·이종철·문예봉·한일송 등 목소리가 좋은 연극배우들이 영화계로 나아갔고, 새로운 감독이 나타납니다. 발성영화는 무성영화보다 훨씬 많은 자본과 기술이 필요했기 때문에, 식민지의 영세한 영화 자본으로는 당해 내기 힘들어 일본 회사와 합작하는 일이 많아집니다.

1937년 중일전쟁이 터지고 일제의 탄압이 심했는데, 영화는 어땠나요?

● ● ●

중일전쟁이 시작되면서 영화계에도 찬바람이 불기 시작합니다. 일제는 1940년 1월 '조선영화령'을 만들어 민간에서 스스로 영화를 만들 수 없게 합니다. 1941년에는 영화 배급회사들이 '조선영화배급회사'로 강제로 통합되고, 1942년에는 제작사들이 '조선영화제작주식회사'로 통합됩니다. 1942년 뒤부터는 일제가 우리말을 쓰는 영화를 만들지 못하게 해서 일본어로만 영화를 만들어야 했습니다.

조선영화제작주식회사에 소속된 많은 배우와 감독은 총독부 기획에 따라 선전영화를 만들었습니다. 이들 가운데 일부는 일본인 감독을 도와 일제의 전쟁 선전영화를 만드는 데 참여하기도 했지요. 일제는 영화를 통해 내선일체, 전쟁 지원병, 전쟁 영웅 따위를 선전합니다.

일제의 사슬에서 벗어나 '해방'이 되면서 영화가 발전할 터전이 생겼겠죠?

● ● ●

'해방' 뒤 영화 제작 환경은 오히려 더 어려워집니다. 이미 2차 세계대전 때부터 구하기 힘든 필름이나 카메라, 녹음시설은 거의 없어집니다. 35㎜ 필름을 구할 수 없어 16㎜ 무성영화 필름에 영화를 찍을 수밖에 없었고, 사라졌던 무성영화들이 다시 모습을 드러냅니다. 〈검사와 여선생〉(윤대룡 감독, 1948), 〈죄 없는 죄인〉(최인규 감독, 1948) 등이 모두 16㎜ 무성영화입니다. 심지어 연쇄극까지 나타납니다. 권일청의 〈홍길동전〉이 5막 10장의 연쇄극이었습니다. 그러는 한편, 미군 기자재를 써서 35㎜ 흑백영화를 만들거나, 1949년 최초의 컬러영화 〈여성일기〉도 만들었습니다.

이렇게 한국영화를 만들기 어렵다 보니 할리우드 영화가 많이 들어올 수밖에 없었습니다. 극장에서 우리 영화를 상영하는 비중은 아주 적었고 대부분 2차 세계대전 때 만들어 들여오지 못했던 할리우드 대작영화를 가져와 상영했습니다. 이런 영화를 보고 자란 이른바 '할리우드 키드' 들이 생겨나게 된 것이지요. 그러나 〈자유만세〉나 〈검사와 여선생〉 등의 한국영화는 나름대로 인기가 있었습니다.

한 뼘 생각

영화 〈매트릭스〉를 보셨나요? 서기 2199년 인공지능 기계가 인류를 정복하여 자신의 에너지를 공급하는 물건으로 만들었습니다. 인간은 달걀처럼 생긴 컨테이너에서 죽처럼 만든 음식을 먹으며 죽은 사람처럼 목숨을 이어 갑니다. 인간이 인간을 먹으면서 컴퓨터의 배터리가 되었습니다. 그러나 인간들은 그 사실을 까맣게 모릅니다. 인공지능 기계가 1999년의 세계를 똑같이 본뜬 가상현실, 곧 '매트릭스'를 만들었기 때문입니다. 매트릭스 세계에서 사람들은 기계의 배터리로 살면서도 '행복하게' 살아갑니다.

컴퓨터에 맞서 싸우는 모피어스가 새로 싸움에 참여할 주인공 네오에게 말합니다. "매트릭스는 사방에 있네. 우리를 전부 둘러싸고 있지. 심지어 이 방 안에서도 창문이나 텔레비전을 통해서 볼 수 있지, 일하러 갈 때나 교회 갈 때, 세금을 내러 갈 때도 느낄 수 있어. 매트릭스는 진실을 볼 수 없도록 우리 눈을 가려 온 세계라네." 이 말에는 깊은 속뜻이 있어 보입니다. 그러나 그보다 다음 대사가 더 마음에 듭니다. "사람들이 매트릭스에 너무 길들여져, 매트릭스를 지키려 해." 영화 〈매트릭스〉의 몇몇 장면과 대사가 오래오래 기억에 남습니다.

"대중의 의식을 지배하는 사람이 현대사회를 지배한다."고 했습니다. 신문과 텔레비전을 비롯한 온갖 매체가 대중의 의식을 지배하려

합니다. 영화도 그에 못지않습니다. 영화마다 빠짐없이 성조기를 보여 주는 미국 영화가 문화제국주의를 이 땅에 뿌려 대고 있다고 말하는 사람이 많습니다. 한국 영화계가 '한류' 상표로 아시아 시장을 '정복' 하겠다고 나서고 있습니다. 미국 영화가 커다란 '문화제국주의' 라면, '한류' 는 중국이나 베트남 사람들에게 '꼬마 문화제국주의' 가 될 수도 있지 않을까요?

12

유성기, 새 사람을 노래하다

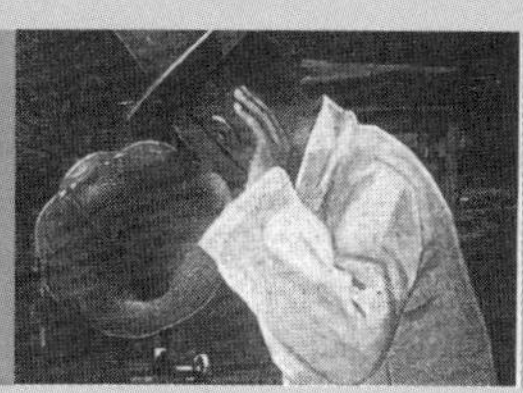

생각 열기

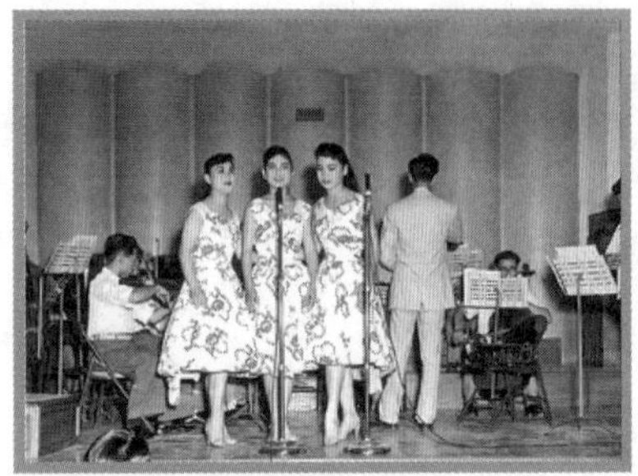
1957년 KBS 공개홀 개관 기념 행사.

이 세상에 부모 마음 다 같은 마음입니다. 아들 딸 잘되라고 행복하라고 빌어 주는 마음입니다. 나이 지긋한 아빠를 비웃지 마시기 바랍니다. 아빠에게도 청춘이 있습니다.(〈아빠의 청춘〉) 궂은비 내리는 날 그야말로 옛날식 다방에 앉아 왠지 한 곳이 비어 있는 가슴을 쓸어안고 계시지만, (〈낭만에 대하여〉) 아빠에게도 젊은 날의 낭만이 있습니다. 오솔길에서 똑똑똑 구두 소리를 내며 걸어가는 빨간 구두 아가씨가 있었죠. 그녀가 한 번쯤 뒤돌아보면 무언가 인연을 만들었을 텐데, 그녀는 앞만 보고 걸어 헛꿈이 되었답니다.(〈빨간 구두 아가씨〉) 긴 머리에 짧은 치마를 입은 그녀를 보면 무슨 말을 해야 할지 멍하지만, 그녀를 만날 토요일 밤을 기다리곤 했습니다.(〈토요일 밤에〉) 조개껍질 묶어 그녀의 목에 걸고 물가에 마주 앉아 밤새 속삭였던 젊은 날이 있었습니다.(〈조개껍질 묶어〉) 사춘기 때에는 "개울 건너 작은 집에 사는 긴 머리 소녀"를 그리워했습니다.(〈긴 머리 소녀〉) 아빠에게도 "기억하지 않아도 잊혀지지 않는 얼굴"이 있고, "웃고 있어도 눈물이 나는" 사연이 있습니다.

요즈음 젊은이들이 잘 모르는 흘러간 대중가요 가사를 엮어 보았습니다. 젊은이들은 피식 웃으며 "뭐 이런 사랑이 다 있어?" 할지 모르겠습니다. 그러나 사랑을 노래한 대중가요를 가만히 듣고 있으면 그 시대의 연애 풍속이 머리에 저절로 그려집니다. 여러 예술 분야 가운데 노래는 사람의 감정과 뜻을 간절하게 전하는 기능이 있습니다. 그래서일까요? 근대 대중음악 가사에는 삶의 기쁨과 고달픔 같은 온갖 사람살이가 담겨 있습니다. 근대 대중음악의 역사를 보면 역사의 숨결이 있고 시대의 환희와 아픔이 녹아 있습니다. 비록 노래는 직접 들을 수 없지만, 대중가요에서 지난날을 들어 보시기 바랍니다.

조선시대에는 어떤 음악을 즐겼나요?

조선 유교 사회에서 음악은 인격을 닦고 사회를 묶어 내는 도구였습니다. 여러 사람을 유교로 교화시키려면 예禮와 악樂이 기본 뼈대를 이루어야 한다고 생각한 것이지요. 이런 생각을 가장 잘 보여 주는 것이 아악雅樂입니다. 지금까지 전하는 종묘제례악에서 보듯이, 아악은 감정을 억누르고 마음을 닦는 것을 중요하게 여겼습니다. 따라서 슬픔이나 기쁨 같은 감정의 변화를 멀리했지요. 아악은 음의 영역도 제한하고 리듬도 아주 느려 실제로 사람들이 편하게 듣고 즐기는 음악은 아니었습니다.

사대부나 잘사는 중인들은 정가正歌, 다시 말하면 '바른 노래'라 하여 가곡歌曲·가사歌詞·시조창을 즐겼습니다. '시조창'은 시조를 반주 없이 또는 장구 반주에만 맞추어 노래하는 것입니다. '가곡'은 시조를 노랫말로 삼아 피리·가야금·거문고·해금 따위의 관현악 반주에 맞춰 부르는 것을 일컫습니다. 가곡을 정가 가운데 가장 격조 높은 것으로 쳤습니다. '가사'는 〈어부사漁父詞〉나 〈상사별곡相思別曲〉 같은 긴 사설을 일정한 음률에 맞춰 노래로 부르는 것을 말합니다. 상류 계급은 가사가 가곡보다 품격이 떨어진다고 여겼습니다.

평민이 좋아하는 음악도 있었을 텐데요?

민중은 자신의 슬픔과 기쁨, 사랑과 분노 등 삶의 감정을 숨김없이 드러내는 노래를 좋아했습니다. 이런 노래를 흔히 민요나 잡가雜歌라고 합니다. 이 가운데 일하면서 부르는 노동요 같은 민요는 민중 사이에 두루 퍼져 오늘까지 전합니다. 기생이나 광대 등 공연을 직업으로 하는 사람들이 여러 방식으로 잡가를 불렀습니다. 이런 노래는 곳에 따라 노래 풍이 달라졌으므로 '서도소리', '경기소리' 등으로 나누기도 합니다.

전통음악 하면 곧바로 떠올리는 판소리는 18세기 초에 생겨나 18세기 중엽에 완성되었습니다. 19세기가 되면 우춘대, **권삼득*** 등 이름난 소리꾼이 나타납니다. 판소리는 민중이 즐기는 음악에서 출발했지만, 19세기에 전성기를 누릴 때는 주된 관객이 양반층이었고 궁중에서도 즐겼습니다. 판소리는 고종 때 명인 신재효에 이르러 틀을 잡았습니다.

권삼득 權三得 (1772~1841)
판소리 8명창 가운데 한 사람. 타고난 성대로 듣는 사람을 황홀하게 했다고 전한다. 〈흥보가〉를 잘 불렀고, 특히 제비 후리러 나가는 대목이 뛰어났다고 한다.

근대 음악은 어떤 모습이었나요?

개항 뒤에 서양 음악이 들어오면서 전통음악과 아주 다른 새로운 서양식 노래가 나타납니다. 이런 노래를 창가唱歌라고 했습니다. 사람들이 듣고 부른 맨 처음 창가는 교회의 찬송가입니다. 1880년대 중반부터 교회에서 찬송가를 부르기 시작했지만, 처음 찬송가를 듣고 부른 교인들은 음악이라기보다는 종교 의식 가운데 하나로 받아들였습니다.

창가를 비롯한 새로운 음악이 들어오면서 전통음악이 곧 힘을 잃었을 것 같지만, 1920년대까지도 판소리·민요·잡가 등 옛부터 민중이 즐기던 속요가 크게 힘을 떨칩니다. 그 무렵 조선에서 팔았던 유성기 음반은 거의 모두 판소리나 민요, 잡가였습니다. 1930년대 들어 트로트나 재즈송이 나타났지만, 여전히 음반 시장에서 판소리와 잡가는 큰 비중을 차지합니다. 판소리 명창들은 음반을 냄으로써 온 나라에 이름을 떨쳐 오히려 더 큰 인기를 누리기도 했지요. 트로트 가수 가운데 많은 사람은 전통음악으로 훈련된 사람이었습니다. 트로트도 이런 전통음악과 교류하면서 번성한 것입니다.

근대 음악을 이야기할 때 빼놓을 수 없는 유성기는 언제 이 땅에 들어옵니까?

● ● ●

유성기留聲機 또는 축음기蓄音機란 미리 홈을 새겨 놓은 음반을 돌리고 진동을 증폭하여 스피커로 소리를 재생하는 것입니다. 1877년 토머스 에디슨이 발명한 이 기계가 서양에서 사람들에게 음악을 들려주는 쓰임새로 대중에게 퍼진 것은 1890년대 들어서입니다. 이 신기한 기계는 얼마 되지 않아 이 땅에 들어옵니다. 대한제국에서 1899년 맨 처음 유성기 시청회를 열어 노래와 피리, 생황, 거문고 소리를 재생하여 들려주었지요. 첫 음반은 1907년에 녹음했습니다. 미국 컬럼비아 레코드 사가 악공 한인오와 관기官妓 최홍매 등 여러 사람을 일본 오사카로 불러들여 음반을 만들었습니다.

유성기가 보급되면서 어떤 변화가 일어났나요?

● ● ●

유성기가 들어왔다는 것은 대중음악을 대규모로 생산하고 소비하는 사회가 되었음을 뜻합니다. 전통사회에서 연주자는 특별한 청중 앞에서 그들이 좋아하는 노래나 악곡을 연주했습니다. 기생이나 광대가 양반들 앞에서 공연하는 식이어서 청중은 연주자보다 높은 신분이었습니다. 이와 달리 음반을 녹음할 때 연주자는 눈에 보이지 않는 대중을 상대로 합니다. 음악을 생산하고 판매하는 자본이 연주자들

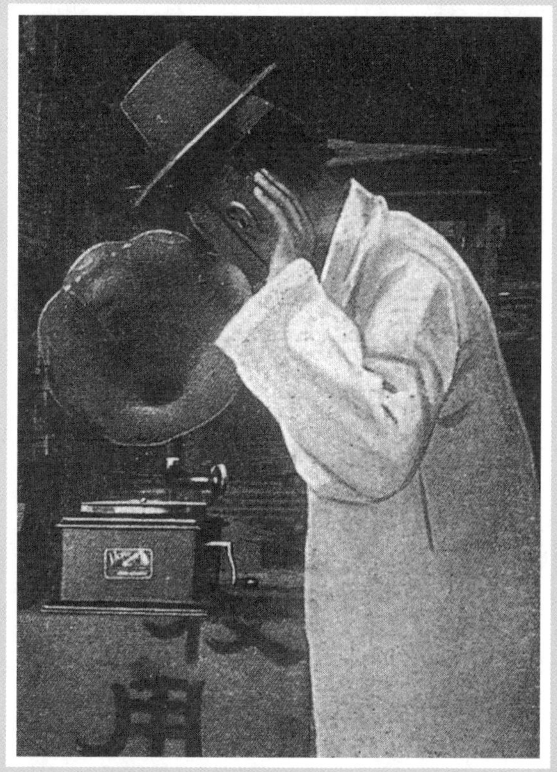

갓 쓴 남자가 신기한 듯 유성기에 귀를 대고 있는 모습. 1930년대 들어 유성기가 빠르게 보급되면서 '레코드의 홍수'가 밀려온다. 음반이 150만 장 넘게 팔렸다.

을 조직하고 통제하는 것이지요. 연주자는 자본과 시장의 논리에 따라야 했으며, 음반을 살 대중의 취향에 민감하게 반응할 수밖에 없게 됩니다.

유성기가 널리 보급되면서 유성기 음악 전성시대가 열립니다. 1929년 전기식 녹음으로 음질이 크게 좋아졌고, 1930년대 들어 유성기가 빠르게 보급됩니다. 여러 회사가 앞 다투어 음반을 내놓아 '레코드의 홍수'가 밀려옵니다. 음반이 150만 장 넘게 팔렸습니다. 그 가운데 3분의 1인 40~50만 장은 조선 사람이 만들고 부른 것이었습니다. 조선의 레코드 사들은 일본 본사의 지점이나 영업소였습니다.

대중가요는 그 기원을 어디서 찾아야 할까요?

대중가요란 "근대 뒤부터 대중매체가 전달하는 그 나름의 작품 관행을 지닌 서민들의 노래"를 말합니다. 대중가요 기원에 대해서는 두 가지 설이 있습니다. 일본 음악의 영향을 받았다는 설과 잡가 같은 전통적인 노래가 대중가요의 속성을 강하게 지니고 있었다는 설이 맞서고 있지요. 어느 하나에서 비롯되었다기보다는 전통적인 노래 부르기, 그리고 서구나 일본에서 들어온 창법과 음악 형식 등이 서로 영향을 주고받았다고 보아야 할 것입니다.

대중가요 가운데 지금도 널리 부르는 트로트는 언제 나타났습니까?

'트로트'는 대체로 '레'와 '솔'이 없는 5음계를 써서 '쿵' 하는 낮은음과 '짝' 하는 높은음이 엇갈리면서 풀어 가는 4박자 노래를 일컫습니다. '트로트'라는 말이 어디에서 비롯되었는지 분명하지 않지만, 우리 트로트가 일본 '엔카演歌'의 영향을 크게 받았다는 것은 부정할 수 없습니다. 1920년대부터 일본의 엔카를 번안한 노래가 나왔고, 1931년 채규엽蔡奎燁이 엔카 〈술이란 눈물이냐 한숨이냐〉를 번안하여 취입한 것이 큰 인기를 끌었습니다. 우리나라 사람이 엔카 형식을 빌려 작사·작곡한 첫 트로트 곡은, 1932년 이애리수가 부른 〈황성의 적蹟〉입니다. "황성 옛터에 밤이 되니 월색만 고요해라"로 시작하는 이 노래는 흔히 〈황성 옛터〉로 알려져 있습니다.

이른바 '뽕짝'이니 '왜색'이니 하는 비난도 있지만, 트로트는 20세기 들어 우리나라 사람들이 아주 좋아하는 노래 형식이 되었습니다. 트로트가 엔카의 형식을 빌려 오기는 했지만, 트로트 역사를 아예 부정하고 '왜색'이라고 몰아붙이는 것은 올바르지 않습니다. 〈황성의 적〉도 엔카의 음조를 따왔지만, 우리의 전통적인 3박자를 써서 사람들에게 친숙하게 다가갈 수 있었습니다.

트로트는 그때로서는 가장 앞선 작곡과 연주 기법을 쓰고 전통 창법을 결합했기 때문에, 사람들에게 큰 인기를 끌었습니다. 트로트는 대중의 감성에 호소하는 사랑과 이별을 소재로 삼아 가사를 만들었습니다. 그래서 지나치게 슬픈 노래가 많았다는 비판도 있지요. 억지로 슬프게 만들어 음반을 많이 팔려 했던 것도 사실이지만 세상살이에 지친 사람들의 응어리를 씻어 내는 역할도 했습니다.

식민지 시기에 새로운 대중가요가 나왔다는데, 어떤 노래인가요?

예부터 부르던 민요를 염두에 두고 그 형식을 빌려 만든 '신민요'가 있습니다. 민요 형식에 맞춰 향토색 짙은 새로운 노래를 창작한 것이지요. 신민요는 예전의 민요와는 달리 작사자와 작곡자, 가수가 있었습니다. 오늘날 우리가 민요라고 여기고 있는 것 가운데에도 1920~1930년대 창작한 신민요가 있습니다. "노들강변 봄버들 휘늘어진 가지에다"로 시작하는 〈노들강변〉도 유명한 만담가 신불출申不出이 작사하고 문호월이 곡을 만든 것입니다. 그러나 트로트가 계속 생명력을 가지고 변화했던 것에 견주어 신민요는 명맥을 이어 가지 못합니다.

'만요'라는 낯선 노래도 있었습니다. 만담 같은 우스운 이야기를 노래로 만든 것이지요. '만요'는 도시의 새로운 풍경과 여기에 적응해야 하는 사람들의 모습을 해학의 대상으로 삼았습니다. 보기를 들면, 유종섭이 부른 〈뚱딴지 서울〉이 있습니다. 이 노래는 겉으로만 최신 유행을 따라가려 했던 '모던 보이'를 이렇게 꼬집었습니다. "집에선 비지밥에 꼬리 치면서 / 나가선 양식에 게트림하고 / 티룸과 카페로만 순회를 하며 / 금붕어 새끼처럼 물만 마시네 / 뚱딴지 서울 꼴불견 많다."

대중가요 첫 히트곡, 윤심덕 〈사의 찬미〉

〈사의 찬미〉를 부른 윤심덕.

전통소리가 아닌 새로운 노래 가운데 대중의 인기를 끈 첫 사례는 윤심덕이 부른 〈사의 찬미〉입니다. 윤심덕은 일본 음악학교에서 근대적인 성악교육을 받은 첫 여성 성악가로 자못 이름이 높았습니다. 〈사의 찬미〉는 이바노비치의 〈도나우 강의 잔물결〉에 우리말 가사만 붙인 노래로, 제대로 된 대중가요는 아니었습니다. 윤심덕이 이 음반 녹음을 마치고 돌아오는 길에 애인 김우진과 함께 현해탄에 몸을 던져 목숨을 끊은 뒤 더 큰 관심을 끌었습니다. 첫 창작 대중가요인 〈낙화유수〉는 1927년에 만들어집니다.

식민지 시기에 유행했다는 '재즈송'은 지금 우리가 알고 있는 재즈와 같은 것인가요?

1940년대까지 '재즈송'이라 해서 부른 노래는, 지금 우리가 알고 있는 재즈jazz가 아닙니다. 재즈를 포함해서 서양 대중가요 형식을 가진 노래를 모두 재즈송이라고 불렀습니다. 그러니까 진짜 재즈는 말할 것도 없고 미국 팝송, 프랑스 샹송이나 라틴 음악도 모두 재즈송이 되었던 셈이지요. 유명한 무용가 최승희도 재즈송 〈이태리의 정원〉을 불러 큰 인기를 끌었습니다. 이 노래는 탱고곡 〈A Garden in Italy〉에 우리말 가사를 붙인 것으로, 원곡은 무척 빠른 춤곡이지만 최승희는 원곡보다 느리고 부드럽게 불러 큰 인기를 얻었습니다.

도시 일부 지역에 한정되어 있던 재즈 문화는 "본바닥 놀이는 꿈도 못 꾸고 수박 거죽 핥듯이 겉멋에 떠서 엉덩이 춤이나 추고 있다."는 식으로 비판을 많이 받았습니다.

가수는 어떤 사람이 되었나요?

채규엽·이규남·윤건영처럼 일본에서 정규 성악교육을 받고 대중가수로 활동한 사람도 있고, 고복수처럼 선발대회에서 가수가 된 사람도 있습니다. 남일연처럼 음반회사 오디션으로 가수가 되기도 했습니다. 여자 가수들은 남자 가수보다 더 여러 길을 통해 무대에 섰습니다. 극단의 배우 가운데 노래에 소질이 있는 여배우가 공연 중간에 노래를 부르다 음반을 취입하기도 했습니다. 이애리수가 대표적인 보기입니다. 또 기생 출신으로 가수를 하거나 기생과 가수를 함께 하는 사람도 있었습니다. 왕수복·선우일선·김복희 등이 그랬고, 박향림 같은 사람은 오디션을 통해 가수가 되었습니다.

인기 있는 가수들은 한 달에 편지를 수백 통씩 받았고 직접 찾아오는 팬도 많았습니다. 이른바 '오빠부대'의 원조인 셈이지요. 음반 회사 사이에 뜨거운 가수 쟁탈전이 벌어지기도 했습니다.

해방과 한국전쟁은 대중가요에 어떤 영향을 주었나요?

대중가요만큼 사회 모습을 빠르게 반영하는 것도 드뭅니다. 일제가 이 땅에서 물러나자 희망찬 노래가 나타나기도 했으나, 한국전쟁의 기억 속에서 가슴 아픈 이별 노래가 유행합니다. 〈가거라 삼팔선〉, 〈단장의 미아리 고개〉, 〈굳세어라 금순아〉, 〈이별의 부산 정거장〉 등은 전쟁에서 비롯된 이별과 삶의 고통을 노래했습니다. 또 전쟁은 대중가요에 반공 이데올로기 영향을 깊게 새겨 넣었습니다. 〈굳세어라 금순아〉 가운데 3절은 "철의 장막 모진 설움"을 굳세게 견뎌, "북진통일"의 그날 만나자고 노래합니다. "전우의 시체를 넘고 넘어, 피에 맺힌 적군을 무찌르자."는 〈전우야 잘 자라〉도 마찬가지지요.

1950년대 대중가요들은 얼토당토않은 이국 정서로 현실을 피해 보

〈총후의 기원〉

이기고 돌아오라 나라를 위해
손잡고 돌아 주는 남아의 의기
내일은 동양평화 짐을 졌으니
우렁찬 나팔소리 걸음을 맞춰

(후렴) 나가라 나아가라 사적을 물리치러
아 - 하늘 높이 정의에 번득이는 저 깃발
치라 나아가라 적진을 향해

천 사람 바늘 꿰어 비는 정성에
탄알을 헤쳐 가며 돌진하는 양
총후엔 남녀노소 거국일치에
가슴에 젊은 피가 끓어오른다

— 이하윤 작사, 손목인 작곡, 박세환 · 정찬주 노래.

1937년에 만든 〈총후의 기원〉은 전형적인 군국가요입니다. 1937년 중일전쟁이 터지면서, 사회가 온통 전쟁 분위기에 휩쓸릴 때 '애국가', '시국가', '시국가요' 따위의 군국가요, 다시 말하면 친일가요가 나타나기 시작합니다. 일본이 전쟁에서 이기기를 기원하고 조선인에게 전쟁에 적극 협력하고 참여할 것을 권유하는 노래들이지요. 일제는 1942년 뒤부터 거의 모든 가수와 작사 · 작곡가를 동원하여 '군국가요'를 많이 만듭니다.

려 했습니다. 할리우드 서부영화의 이미지를 아무 생각 없이 연결하여 “저 멀리 인디안의 북소리 들려오면 / 고개 너머 주막집에 아가씨가 그리워 / 달려라 역마야 아리조나 카우보이”라고 노래한 〈아리조나 카우보이〉 같은 노래가 좋은 보기입니다.

한 뼘 생각

지금 내 곁에 사랑스런 님이 있다면 달콤한 발라드를 함께 들으면 어떨까요? '님'을 위한 노래는 아무래도 잔잔한 것이 제격일 듯싶은데, 뜻밖에도 장엄한 행진곡이 있습니다.

사랑도 명예도 이름도 남김없이
한평생 나가자던 뜨거운 맹세
동지는 간데없고 깃발만 나부껴
새날이 올 때까지 흔들리지 말자
세월은 흘러가도 산천은 안다
깨어나서 외치는 뜨거운 함성
앞서서 나가니 산 자여 따르라
앞서서 나가니 산 자여 따르라

이 노래가 〈님을 위한 행진곡〉입니다. 1980년 광주민중항쟁 때 시민군 대변인을 하다 계엄군 총탄에 숨을 거둔 윤상원과 노동자 야학운동을 하다 먼저 세상을 떠난 박기순 열사가 1982년 '영혼 결혼식'을 했습니다. 이때 그들에게 바친 노래입니다. 지금도 "이 땅의 민주화를 위해 산화하신 분"을 위한 자리이거나, 어떤 행사에서 '민중의

례'를 할 때면 꼭 이 노래를 부릅니다.

한쪽에서는 노동가요와 민중가요를 부르며 투쟁의식을 북돋우는 사람들이 있는가 하면, 다른 쪽에서는 차분한 발라드나 신나는 댄스, 힙합 등을 따라 부르며 그들만의 즐거움을 찾기도 합니다. 우리는 지금 어떤 대중음악에 젖어 또다시 고단한 하루를 넘기고 있나요. 또 지금 우리가 듣는 음악에는 어떤 시대정신과 삶의 모습이 담겨 있을까요?

13

기차, 사람을 바꾸고 도시를 만들다

생각 열기

시속 300킬로미터로 고속철도가 달립니다. 예전 같으면 서울에서 부산까지 몇 달 며칠을 걸어야 했던 먼 길을 세 시간 안에 다다를 수 있습니다. 요즘은 어린아이들도 예사로 보는 기차지만 자동차는 말할 것도 없고 자전거도 흔치 않았던 때에 기차는 어른들마저 도망치게 할 만큼 놀라운 것이었습니다. 기차가 산을 뚫고 들판을 달릴 때 사람들은 호기심과 두려움이 뒤섞인 눈으로 기차를 보았습니다. 지맥地脈을 끊어 버린 철로공사에 불만을 터뜨리는 사람도 있었습니다. 강철 바퀴를 달고 칙칙폭폭 칙칙폭폭 달리는 기차가 땅을 흔들어 땅의 혼령이 놀랄 것을 걱정하는 사람도 있었습니다. 기찻길 옆 오막살이 사람들은 불안했습니다.

'시커먼 괴물' 처럼 보였던 기차는 근현대사에 많은 변화를 일으켰습니다. 어떤 변화가 생겼을까요?

기차는 이 땅에 언제 모습을 드러냈나요?

사람이나 동물의 힘을 빌려 움직이던 이전의 교통수단과 달리 증기기관으로 움직이는 기차는 사람들을 크게 놀라게 했습니다. 1876년 일본에 수신사*로 갔던 김기수는 그곳에서 기차를 처음 타 보고 "번개처럼 달리고 바람처럼 날뛴다."고 했습니다. 미국과 유럽을 방문하고 돌아온 유길준은 『서유견문』에서 기차를 '증기차'라 부르며 "이 차에 한 번 타기만 하면, 바람을 타고 가거나 구름 위로 솟아오르는 황홀한 느낌을 받는다."고 했지요. 1899년 9월 18일 노량진에서 경인철도 개통식이 열리고 이 땅에서 첫 증기기관차가 노량진과 제물포 사이의 33킬로미터 구간을 달렸습니다. 평균 운행 속도는 시속 20킬로미터 남짓 했습니다.

수신사 修信使

1876년 일본에 파견한 외교 사절. 강화도조약 뒤에 일본이 초대 형식으로 사신 파견을 요청하자, 조선 정부는 예조참의 김기수金綺秀를 정사正使로 한 수신사를 파견했다. 수신사 일행 76명은 2개월 남짓 일본에 머물며 근대화된 시설을 돌아보았다. 이들의 활동은 고종과 명성황후, 그리고 조선 정부가 근대화에 관심을 기울이고, 국제 정세에 눈을 뜨는 계기가 되었다.

계층에 따라 기차를 보는 눈이 달랐다면서요?

기차는 진보의 상징이면서 제국주의가 식민지를 지배하는 데 꼭 필요한 시설이기도 했습니다. 개화기에 상층 지식인들은 근대 문명의 빛에 눈이 부셔서 기차가 가진 제국주의적 성격을 보지 못했습니다. 그러나 민중은 기차를 보면서 호기심과 함께 왠지 모를 두려움과 불안을 느꼈습니다. 그러한 민중의 마음은 아주 근거 없는 것은 아니었습니다. 제국주의 열강이 이권 침탈을 일삼던 조선에서 철도는 제국주의 국가의 상품과 군대가 들어오고 원료와 식량을 빼 가는 노릇을 했기 때문입니다.

일제 강점기 철도는 그 목적이 따로 있었죠?

조선총독부는 조선 철도를 만주와 일본을 잇는 중간고리로 삼았습니다. 드넓은 소비 시장이자 물산의 공급지인 만주를 일본과 연결시키는 것이 조선 철도의 첫째 사명이었고, 조선 안에서 사람을 실어 나르고 물자를 유통시키는 것은 그 다음이었지요. 서울을 중심으로 한반도 곳곳으로 뻗어 나간 경인선·경부선·호남선·경원선·함경선·중앙선 등은 종착역이 대개 항구나 국경도시였습니다. 일본과 만주를 얼마나 빨리 연결시키느냐에 초점을 맞춘 노선이었던 것입니다.

철도를 놓는 과정에서 일제가 만행을 저질렀다면서요?

일본은 자신들을 위한 철도를 이 땅에, 그것도 이 나라 사람들을 동원해 만들었습니다. 철도가 지나는 곳마다 땅을 빼앗기고 노동력을 수탈당한 조선 민중의 고통과 신음 소리가 터져 나왔습니다. 일제는 경부선·경의선 등을 놓으면서 수많은 사람을 억지로 동원하고 땅을 아주 싼값으로 또는 거저 빼앗아 갔습니다. 절반도 안 되는 건설비로 철도망을 완공합니다. 철도에 불만을 품는 사람도 많았습니다. 1906년 『대한매일신보』에 "철도가 지나는 곳은 온전한 땅이 없고 기력이 남아 있는 사람이 없으며 열 집에 아홉 집은 텅 비었고, 천 리 길에 닭과 돼지가 멸종하였다."는 기사가 실릴 정도였습니다. 민중은 철길

'시커먼 괴물'이 달린다, 첫 열차 운행

경인철도 개통식 광경.

1899년 이 땅에서 증기기관차가 첫 기적을 울리며 운행을 시작했습니다. 첫 열차는 노량진에서 제물포까지 33킬로미터를 평균 시속 20킬로미터로 달렸습니다. 많은 사람의 관심 속에서 열차가 개통되었지만, 손님은 많지 않았다고 합니다. 당황한 철도 회사에서 대대적인 계몽에 나설 정도였다고 하는군요. 열차 홍보에 나선 사람들은 "신으면 눈 깜짝 새에 천 리를 난다는 귀신 미투리요." "귀신들을 거느리며 몇 만 리씩 날아다니는 한나라 비장방의 조선 출도요." 라고 외쳤다 합니다.

시장에는 이런 광고문도 나붙었습니다.

"차내는 삼등 구분이 있으되 유리창이 바람을 막고 교의는 안좌에 편하고 대소변까지 별방을 차려 보게 했으니 일단 문 열고 차 속에 들면 눈비 큰바람은 오불관이라. 유유히 안좌하야 사방 광경을 보면서 담소지간에 와 닿는 곳이 인천이니라." "노량진 철교를 타면 무지개를 타는 느낌이오." 하는 식으로 온갖 미사여구를 읊었다고 합니다.

위에 돌을 놓는 등 크고 작은 방법으로 일제에 불만을 드러냅니다. 일제는 철도가 지나는 곳에 일본 군율을 적용하고, 공사나 운행을 방해하는 사람을 잔인하게 처벌했습니다. 1904년 용산에서 군용 철도에 해를 입혔다는 혐의로 한국인 3명을 총살하기도 했습니다.

민중의 저항이 만만치 않았을 텐데요. 일제는 어떻게 대응했습니까?

"서양 귀신은 화륜선을 타고 오고, 일본 귀신은 철차 타고 온다."는 동요가 나올 만큼 철도는 일제 침략의 상징처럼 되었습니다. 기차에 대한 두려움과 호기심은 고통과 증오로 바뀌었고, 민중은 불만을 행동으로 옮겼습니다. 의병 부대가 때때로 기차 정거장을 공격한 것이 좋은 보기입니다. 1907년 9월 하순 천안과 조치원 사이에 있는 소정리역에 40명 남짓한 의병이 들이닥쳐 역사를 습격하고 불을 질렀습니다. 같은 해 10월 말에는 전북에 뿌리를 둔 의병 20명 남짓이 대전과 영동 사이에 있는 이원역 건물에 총을 쏜 뒤 수입금을 가져가기도 했습니다.

이런 일이 생기자 일본군은 철도 주변을 물 샐 틈 없이 감시합니다. 수원과 대전 정거장에 군사령부의 출장소를 설치하고, 헌병이 머물지 않는 역의 관리인을 무장시켰습니다. 또 철도 주변 주민을 강제로 동원해 철도 주변을 순찰하게 했지요. 철도가 피해를 입으면 철도 주변에 사는 사람들에게 연대 책임을 지웠습니다.

조선 사람이 기차를 이용할 때 별다른 불편은 없었나요?

● ● ●

한반도를 달리는 기차였지만, 일본이 철도를 소유했습니다. 철도 당국은 같은 돈을 내고 타더라도 조선 사람을 천대하는 일이 많았지요. 한국인은 기차에 타는 순간부터 짐짝처럼 다루어지며 '2등 국민' 임을 몸으로 느꼈습니다. 초창기 철도는 일본 사람과 조선 사람이 타는 칸이 따로 나뉘어 있었습니다. 이광수는 일본인 역무원이 "그곳은 조선인이 타는 칸이니 양복 입은 당신은 일본 사람 타는 데로 가라."는 말을 듣고 민족 차별을 느꼈다고 썼습니다. 일본 신문 『시사신보』도 "일본인보다 오히려 조선인을 단골로 하는 철도가 조선인을 화물로 취급하는 것은 잘못"이라고 지적할 만큼 조선인은 민족 차별을 받았습니다.

'남녀칠세부동석'이 통하던 때인데 여자 칸과 남자 칸도 나뉘어 있었습니까?

● ● ●

기차는 '남녀가 유별' 하던 전통사회의 '내외법' 을 흔들었습니다. 기차에는 남자 칸, 여자 칸이 따로 없었습니다. 장옷을 입은 여인과 갓을 쓴 남자가 같은 의자에 앉아 있기도 했습니다. 그래서 "기차놈 빠르기는 하다마는 내외법을 모르는 상놈이구나!"는 말도 생겨났습니다. 한동안 양반집 부인이나 처녀들은 기차 타기를 꺼렸습니다. 열차가 개통된 뒤 20년 동안 여자 승객은 남자 승객의 10분의 1도 되지 않았지만, '승객'이라는 이름 속에서 신분의 장벽이 허물어지고 남녀노소 구별이 사라지는 흐름을 멈출 수는 없었습니다.

철도 위로 '쇠로 만든 송아지'가 달리면서 기존 상권에도 변화가 생겼겠죠?

• • •

그렇습니다. 철도는 새로운 운송수단 역할만을 한 것은 아닙니다. 우리나라 지형은 산악이 많고 해안선과 하천이 발달해서 예부터 수로교통이 발달했습니다. 18세기 뒤에 포구를 중심으로 한 해상 교통망과 장시를 중심으로 한 내륙 교통이 연결되면서 전국적인 시장권이 형성됩니다. 한강이 전국 해상 교통권의 중심지였지요. 그러나 철도가 생기면서 한강 수운이 몰락합니다. 전에 인천이나 부산 상인의 손을 거쳐 들어오던 화물이 차츰 서울 상인들이 직접 거래하는 것으로 바뀝니다. 또 철도가 지나는 곳이 중심으로 자리 잡으면서 육지 상권도 모습을 달리하게 됩니다.

철도는 '근대 도시의 설계자'이기도 합니다. 철도는 어떻게 도시를 바꾸어 갔나요?

철도는 도시의 흥망성쇠에 큰 영향을 끼쳤습니다. 철도가 생기면서 새로운 도시가 생겨나기도 하고 철도가 비켜 감으로써 기존 도시가 갑자기 몰락하기도 합니다. 개항 이전까지 거의 모든 도시는 행정 중심지였고 군사 기능이 강했습니다. 철도가 생기면서 철도 주변 도시가 발달하고, 행정 기능은 철도 주변 신도시로 옮아갔습니다. 일제는 철도역을 고르는 과정에서 기존 중심지를 일부러 제쳐 놓았습니다. 경부선과 경의선이 철저하게 서북-동남 중심축을 지키면서 특정 지역을 차별하는 결과를 낳게 됩니다.

철도가 근대 도시에 어떤 영향을 미쳤는지 가장 잘 보여 주는 곳이 대전과 공주입니다. 기차는 빈 들판을 지나가면서 금산, 논산, 공주 등 전통 도시 체계와 교통 체계를 무시했습니다. 한가한 마을이었던 대전은 경부선과 호남선이 갈라지는 곳이 되면서 새로운 도시로 떠올랐지요. 거꾸로 공주는 몰락했고, 도청도 공주에서 대전으로 옮겨 갑니다. 대전은 '철도가 만든 신흥도시'였습니다.

1930년대 경성 남대문통 출근길. 전차가 줄지어 서 있다. 기차와 전차가 다니면서 사람들은 근대적 시간 관념에 길들여진다. 마침내 경성에도 출근길 붐비는 현상이 나타나고, 사람들은 바삐 움직이기 시작했다.

시간에 맞추어 기차가 오가면서 사람들의 시간관념에도 큰 영향을 주었겠죠?

근대 교통수단은 대중의 시간 감각을 근대화하는 데 큰 영향을 미쳤습니다. 기차는 엄밀하고 표준화한 시간 의식을 지역과 국경을 넘어 세계로 빠르게 퍼뜨렸습니다. 시간에 맞추어 기차를 운행했기 때문이지요. 이 땅에 기차와 전차가 모습을 드러내면서 옛 시간관념이 크게 흔들립니다. 지난 500년 동안 서울 종루에서 치는 종소리, 다시 말하면 바라罷漏와 인경人定에 따라 도성의 4대문과 4소문을 열고 닫던 것도, 전차를 운행하면서 폐지합니다. 해가 뜨면 일어나고 해가 지면 잠을 자던 사람들은 이제 '점심 먹을 쯤' 이라는 식으로 약속을 하던 습관에서 벗어나 시간을 분·초 단위로 쪼개어 일상생활을 맞추기 시작합니다.

기차를 타고 여행하는 사람이 생기면서 여행 풍습이 퍼졌겠군요?

개화기를 지나 일제시대에 이르면서 여행 풍습이 뿌리내리고, 1920년대에 이르면 기차 여행이 자연스러운 것으로 자리 잡습니다. 철도가 한반도 곳곳으로 뻗어 가면서 사람들은 어느 곳이든 여행할 수 있다고 생각하게 됩니다. 식민지배를 받으며 한쪽에서는 삶에 허덕이는 사람이 있는가 하면, 다른 쪽에서는 소비문화가 번져 꽃놀이나 피서

교통지옥의 영등포선 사급대책수립 요망

요새 서울 장안에는 전차나 버스를 타는 것보다 걸어다니는 것이 낫다는 소위 시내 교통지옥의 해소를 요망하는 물의가 비등하고 있지만 차라리 구시내보다 구시내와 영등포를 연결하고 있는 노영선鷺永線 버스의 교통암흑이 더 심하다. …… 아침저녁의 '러시아워'에는 물론 평상시라도 차를 타려면 팔을 걷고 단판 씨름을 하며 남녀노유 간의 염치를 몰각하지 않고는 도저히 탈 수 없고 여간해서 탄다고 하더라도 화물차 이상의 초만원으로 질식할 형편인 고로 일반의 비난은 날로 높아 가고 있는데……

―『동아일보』, 1939년 11월 4일.

기차를 비롯한 대중교통이 발달하면서 통근 · 통학 인구가 늘어납니다. 1920년대 말 전국의 기차 통학생은 1만 명 남짓했습니다. 대중교통을 이용하는 사람이 늘면서 1920년대부터 경성에서는 '교통지옥'이라는 말이 유행하기 시작하지요. 1930년대 말에는 출근할 때 만원 전차를 한두 번 보내고 10분 넘게 기다리는 일이 보통이었습니다.

여행 같은 풍속이 유행했지요. 해변이나 온천, 명산 등이 여행지로 개발되기도 합니다. 인천 월미도가 유원지로 널리 알려진 것은 경인철도 때문입니다. 돈만 있다면 야간 직통 침대 열차를 타고 금강산도 갈 수 있었고, 1930년대 중반에는 스키 열차까지 있었습니다. 끼니를 걱정해야 할 서민들에게는 값싼 꽃 구경이 기다리고 있었지요. 꽃 구경 가는 경성 부민을 위해 경성에서 개성까지 임시 열차를 운행했고, 우이동 벚꽃이 피면 남대문역·용산역에서 창동역까지 임시 열차를 운행하기도 했습니다.

해방이 되고, 일제가 물러간 뒤 철도의 운명은 어떻게 되었습니까?

한반도 철도는 1945년 9월 11일부터 남북 사이의 운행이 멈추면서 남북을 잇는 역할을 하지 못했습니다. 전차는 태평양전쟁 끝 무렵에 시설 투자를 하지 않아 차량과 선로가 낡았고, 해방 뒤에는 자재가 모자라고 여러 혼란까지 겹쳐 운영에 어려움을 겪었습니다. 이런 소용돌이 속에서도 해방의 기쁨을 맘껏 누리려는 서울 시민들은 전차 지붕에까지 올라타고 만세를 부르며 달렸습니다. 해외동포가 돌아오고 남으로 내려온 사람들이 늘어 전차는 날마다 사람들로 꽉 찼습니다.

철도 노동자가 해방 정국에서 큰 역할을 했다는데, 무슨 일이 있었습니까?

철도는 1946년 9월에 일어난 한국 노동운동사에서 가장 규모가 큰 파업인 '9월 총파업'의 무대가 되었습니다. 엄청난 물가 상승과 식량난으로 살기 어려워진 철도 노동자들이 미군정청에게 점심 지급 재개, 월급제 재개, 임금 인상, 식량 배급 등의 요구 조건을 내걸었습니다. 이 요구 조건이 관철되지 않자, 노동자들은 파업으로 맞섰습니다. 9월 23일 부산 철도공장 파업을 시작으로 파업이 전국으로 퍼져 남한의 동맥인 철도가 멈추었습니다. 미군정이 파업을 진압했지만, 파업의 불꽃이 번져 대구를 중심으로 한 '10월 봉기'의 도화선이 되었습니다.

한국전쟁이 터지면서 철도는 어떤 피해를 입었나요?

전쟁 동안 운행한 피난 열차는 말 그대로 북새통이었습니다. "유리창이 달린 객차는 말할 것도 없고, 곳간차와 뚜껑 없는 화차에도 피난민들은 마치 콩나물시루처럼 가득"했고, "까마득히 높은 곳간차 지붕에도 사람들이 촘촘히 앉아" 기차를 타고 전쟁터를 벗어나려 했습니다.

전쟁이 일어나자 철도는 군사시설이나 마찬가지이므로 공격 대상이 되었습니다. 철도는 궤도만 남고 차량·역사·차고·통신시설 등은 엄청난 피해를 입었지요. 철도를 소재로 한 소설에서는 폭격으로 파괴된 용산역의 모습을 "엿가락같이 구부러진 레일, 무슨 괴물의 시체처럼 바퀴들을 하늘로 뻗고 자빠져 있는 차량들"이 있는 곳으로 그렸습니다.

현재 경기도 파주시 민통선 안에 있는 장단역에 '녹슨 철마'가 있습니다. 철마는 기관차만 덩그러니 남은 채 남북 분단의 아픔을 상징적으로 보여 주고 있습니다.

한 뼘 생각

기차 시간표는 사람들을 시간에 길들여 가기 시작했습니다. 기차는 신분의 높낮이나 남녀를 가리지 않고 모든 사람을 태움으로써 평등 사상을 전파하고, 관광과 여행을 새로운 풍습으로 자리 잡게 만들었습니다. '시커먼 괴물' 이라며 사람들을 놀라게 했던 기차는 기찻길을 따라 달리며 도시를 바꾸고 사람들을 변화시켰습니다. 기차는 '근대' 를 가로질러 달리며 침략과 약탈의 도구가 되기도 했습니다. 철도는 세계 시장으로 뻗어 나가려는 제국주의 야심을 간직한 것이기도 했습니다. 기차는 단순한 교통수단이라기보다는 '근대' 의 상징이었습니다.

갈수록 빠른 운송수단이 생기고 그에 따라 우리네 삶도 덩달아 바빠지는 것, 이것이 근대 자본주의의 한 측면입니다. 모든 사람이 언제든 기차에 몸을 싣고 낯선 곳을 찾아 여행을 다닐 수 있는 여유로운 사회를 그려 봅니다.

제 3부

근대의 사람과 사람

내외담을 밀치고 세상에 나선 여성 | 어린이, 천사의 날개를 달다 | 젊은 그대, 잠깨어 오라 | 저기 출세의 길이 있다지만 | 살아도 사는 것이 아닌 삶, 노동자 | 권력과 손잡은 자본, 시장을 거머쥐다 | 낯선 땅에 뿌리내린 '부평초'

14

내외담을 밀치고 세상에 나선 여성

생각 열기

조선시대 사대부 집을 보면 집 안에 또 담을 두른 내외담이 있습니다. "남자는 바깥에 살고 여자는 안쪽에 머물러 문단속을 철저히 한다."는 성리학의 내외법에 따라 만든 것이죠. 신분이 높고 잘사는 집에서는 내외담을 두르고 사람이 드나들 수 있는 중문도 두었습니다. 달랑 집 한 채인 초가삼간은 어떠했을까요? 그 집에서는 툇마루에 벽을 만든 내외벽이라도 두어야 마음을 놓을 수 있었답니다. 이처럼 집 안에 담이나 벽을 만든 것은 바깥사람들이 안채에 머무는 여인들을 볼 수 없게 만들려는 것이었습니다.

안채에 머물러야만 했던 여인들, 장옷이나 쓰개치마를 두르고서야 바깥에 나갈 수 있었던 조선 여인들은 '근대'를 맞이하여 어떻게 사회로 나와 어떤 모습을 보여 주었을까요?

여성이 자기 이름을 갖게 된 것은 언제부터입니까?

근대 이전에는 여성을 이름 대신 누구 딸이라든가 누구 아내라든가 하는 식으로 많이 불렀습니다. 근대 이전에는 여성들이 흔히 자신을 드러낼 때 '누구누구의 처 아무개 씨', 과부일 때는 '과녀 아무개 씨'라고 했습니다. 양반 가문 부인들이 저술 활동이나 예술 활동을 할 때에는 당(堂,閤)호를 썼으며, 신분이 낮을 때는 '씨' 대신 '소사召史'를 쓰기도 했습니다. 어렸을 때는 '간난이', '섭섭이', '이쁜이' 정도로 부르다가 결혼한 뒤에는 '영광댁', '안성댁' 따위로 불렀지요.

이렇게 이름을 갖지 못했던 여성들이 1909년 **민적법***을 시행하자 자기 이름을 신고해야 했습니다. 여성들이 자신의 이름을 갖게 된 것은 개화기에 여성이 사회활동에 나서고 여성 교육이 이루어지면서부터였습니다. 이때 남녀평등의 한 방법으로 여성도 이름을 갖게 됩니다. 개화기에 활동했던 여성들의 이름을 보면 '마리아'나 '에스터', '앨리스' 같은 서양식 이름이 많지요. 그 까닭은 세례명을 그대로 썼기 때문입니다. 2·8 독립선언식에 참여하고 애국부인회를 만든 김마리아, 우리나라에서 맨 처음 여의사가 된 박에스터 등이 두드러진 보기입니다.

민적법 民籍法

1909년 3월 법률 제8호로 제정, 공포된 호적에 관한 법률. 사람의 가족·신분 관계를 법률로 명확히 하고, 전국의 호구 수를 정확히 파악할 목적으로 만들었다. 현행 호적법의 효시로서, 일제식 근대 호적을 들여온 것이다. 호주가 출생·사망·호주 변경·혼인·이혼·양자·파양·분가·일가 창립 등이 일어난 날로부터 10일 안에 본적지의 관할 면장에게 신고하도록 규정했다. 이 법을 실시하면서 모든 사람이 가家 단위로 호적에 올랐다.

근대 이전 여성은 자기 목소리를 낼 수 없었겠군요?

근대 여성과 전근대 여성의 가장 커다란 차이는 그녀들을 어떻게 불렀는가입니다. 호칭은 사회적 위치나 지위를 담고 있습니다. 여성을 '부녀'로 부르는가 '여성'으로 부르는가는 큰 차이가 있지요. 부녀

쓰개치마를 쓴 여성과 여자 아이. 전근대 여성은 결혼하지 않은 계집아이와 결혼한 부인을 뜻하는 '부녀'로만 불렸다. 결혼과 상관없이 여성 주체를 드러낼 용어가 없었다. 집 밖을 나갈 때 쓰개치마 따위로 온몸을 가려야 했던 사진 속 여성의 모습은, 전근대 여성의 현실을 보여 준다.

는 결혼한 여성만을 말하고 여성 주체를 드러낼 수 없습니다. 그러나 여성이라는 용어는 결혼했는지 안 했는지 가리지 않고, 나이와 지위에 관계없이 여성 그 자체를 드러낼 수 있습니다.

부녀라고 불렀던 전근대 여성들은 결혼하지 않은 계집아이와 결혼한 부인만 있었습니다. 결혼은 여성의 정체성과 삶을 지배했고 다른 방식의 삶은 생각할 수 없었습니다. 기생이나 특별한 여성을 고려하지 않는다면, 전근대 여성은 '부녀'만 있었을 따름이지요.

개화 바람이 불면서 여성들이 가장 먼저 내놓은 요구 사항은 무엇입니까?

1898년 10월 찬양회원 100명 남짓이 대궐문 앞에 나가 고종황제에게 상소를 올려 관립 여학교를 세워 줄 것을 청원했습니다. 찬양회원은 여성 교육을 내세웠지만, 그들의 첫 요구는 자유로운 문밖 출입권이었습니다. 조선시대 '내외법'에 묶여 있던 여성들이 문밖을 자유롭게 드나들 수 있는 권리를 얻는다는 것은, 곧 "학문이 없고", "남자들이 벌어 주는 것만 먹고", "죄인모양 권리 없는" 봉건 여성의 처지를 깨뜨리는 첫걸음이었습니다. 찬양회원들이 여러 번 상소를 올리자 정부는 여학교 설립 운영비를 내각회의에서 논의했지만, 큰 성과가 없었습니다. 그래서 찬양회는 스스로 힘을 모아 1899년 2월 **순성여학교***를 세웁니다. 승동에 있었던 이 여학교는 민간인이 세운 첫

순성여학교

관립 여학교가 정식 설립될 때까지라는 조건 아래 여학생 30명으로 개교했다. 학생들은 7~8세에서 12~13세 연령층으로, 『천자문』, 『동몽선습』, 『소학』 등을 배우고, 역사와 재봉틀을 사용하는 실기 교육을 받았다. 1899년 후반기부터 찬양회 활동이 약화되어 도움을 받지 못했다. 교장 김양현당金養賢堂이 1903년 3월 병으로 죽을 때까지 개인 재산으로 겨우 운영했으나, 그 뒤 몇 개월을 버티지 못하고 문을 닫았다.

여학교였습니다.

순성여학교 뒤에 우리들이 잘 알고 있는 이화, 숙명, 진명 등 여학교가 이 무렵 문을 엽니다. 왕실·개화파·선교사 등이 후원하여 여성을 위한 교육기관을 세우지요. 공식 집계한 것만도 전국에 170개 남짓 되었습니다.

근대 여성운동사에서 국채보상운동이 큰 의미가 있다고 하죠. 그 까닭은 무엇입니까?

국채보상운동은 1907년 무렵 "일본에 진 나라 빚을 갚아 독립국을 이루자."는 운동입니다. 이 운동이 근대 여성사에서 중요한 까닭은 첫째, 처음에 여성교육운동을 벌인 여성들은 대체로 양반층과 지역 유지 부인들이었으나, 국채보상운동에서는 사대부 부인부터 평민층이나 기생에 이르기까지 신분을 뛰어넘어 참여했습니다.

둘째, 국채보상운동에 참여한 여성단체의 선언문을 보면 "나라를 위하는 마음이 남녀가 따로 없다."는 내용이 나와 남녀평등이라는 권리의식이 보입니다. 여성도 국민의 의무를 다하면 남녀평등권을 찾을 것이라는 기대를 갖고 있었습니다. 이러한 의식이 바로 국채보상운동을 자극한 측면도 있습니다. 국채보상부인회 같은 조직은 알

맨 처음 여권선언, 「여학교 설시 통문」

혹자 신체와 수족과 이목이 남녀가 다름이 있는가. 어찌하여 병신모양으로 사나이의 벌어 주는 것만 먹고 평생을 심규*에 처하여 그 절제만 받으리오. …… 어찌하여 신체 수족 이목이 남자와 다름없는 한 가지 사람으로 심규에 처하여 다만 밥과 술이나 지으리오.

우리도…… 타국과 같이 여학교를 설시하고 각각 여아들을 보내어 각항 재주와 규칙과 행세하는 도리를 배워 이후에 남녀가 일반 사람이 되게 하려고 장차 여학교를 설시하오니 뜻있는 우리 동포형제 여러 부녀 중 영웅호걸님네들은 각각 분발한 마음을 내어 우리 학교 회원에 드시려 하시거든 꼭 착명하시기를 바라옵나이다.

—『독립신문』, 1898년 9월 28일.

여성단체인 찬양회를 만들 때 발표한 「여학교 설시 통문」은 이 땅의 첫 여권선언입니다. 한국 여성들이 주체가 되어 여성교육기관을 세우려는 목적으로 발표한 것이지요. 찬양회는 여학교 설립을 꾸준히 요구했지만 별 성과가 없자, 스스로 힘을 모아 1899년 순성여학교를 세웁니다. 순성여학교는 민간인이 세운 첫 여학교입니다.

*심규深閨 여자가 사는 깊이 들어앉은 집이나 방.

려진 것만 해도 전국에 30여 개에 이르렀습니다.

여성들은 개인으로 또는 단체를 만들어서 국채보상운동에 참여했습니다. 일가나 마을 단위 또는 같은 직업인들, 보기를 들면 기생·선생·학생 등이 모여 집단으로 모금운동에 나서기도 했습니다. 여성들은 반지나 비녀 같은 패물을 모으거나, 반찬이나 밥 등의 식량을 줄여 모으거나 현금을 모으기도 했습니다. 부인급수보상회에서는 그동안 물장수에게 받아 쓰던 물을 부인들이 직접 길어 와 돈을 모아 국채 보상금으로 내자고 결의하기도 했습니다.

시대가 바뀌면서 나타난 '신여성'은 옛 여성과 무엇이 어떻게 달랐습니까?

1876년 개항 뒤 새로운 문물이 들어오면서 여러 경험을 하고 독립된 인격을 가진 여성이 나타나기 시작합니다. 여성을 위한 학교가 들어서고 초등교육과 중등교육을 받은 여성이 나타나면서 변화가 시작되었지요. 또 공장이나 상점, 카페, 백화점 따위에서 일을 하는 직업 여성이 생기고, 여러 여성단체가 만들어지면서 눈에 띄게 옛 여성이 바뀌어 갑니다.

예전처럼 계집아이와 부녀만이 아닌 여학생·직업 여성·사회운동가 등으로 불러야 할 여성들이 나타났고, 바야흐로 여성을 독립된 인격체로 바라보아야 할 계기가 생겼습니다. 이른바 '신여성'은 이러한 변화를 가장 잘 보여 줍니다.

'신여성' 이라는 말은 언제 어떻게 생겨났나요?

'신여성'은 영국의 'New Women'에서 비롯되었습니다. 'New Women'은 반半남장 차림으로 '여성의 투표권'을 요구하거나 담배 피우는 모습으로 상징되었습니다. 유럽에서 비롯한 'New Women'을 일본에서 신부인, 신여성, 신여자 따위로 번역해서 썼습니다. 이 땅에서는 일본에 유학한 학생들을 중심으로 1910년대부터 '신여성'이란 말을 조금씩 쓰기 시작해서, 1920년대가 되면 도시의 지식인 사회에서 일반적인 용어가 되고, 신문과 잡지에 신여성 관련 기사나 글이 많이 실립니다.

1920년대 신여성은 뭇사람의 관심을 끌었습니다. 그 까닭은 무엇보다 그들의 겉모습이 달랐기 때문이지요. 뾰족구두, 양장, 양산, 모자, 어깨에 두른 숄, 안경, 단발 등이 신여성의 상징입니다. 양장을 하거나 개량한복을 입고 구두를 신고 거리를 힘차게 다니는 여성의 모습은 전근대 사회에서는 찾아볼 수 없는 모습이었습니다.

겉모습이 다른 것 말고도 신여성들은 새로운 사상과 생각을 갖고 있었지요?

● ● ●

신여성의 여러 경험을 단순화하는 위험도 있지만 크게 보면 세 부류로 나눌 수 있습니다. 첫째, 급진적 자유주의를 내세우는 신여성이 있습니다. 나혜석, 김명순, 김일엽 등입니다. 이들은 자유연애, 정조 문제, 섹슈얼리티 문제를 제기했습니다. 이들은 모성보다 여성의 정체성과 섹슈얼리티를 중요하게 여겼습니다. 나혜석은 "정조는 도덕도 법률도 아무것도 아니요, 오직 취미다. 밥 먹고 싶을 때 밥 먹고, 떡 먹고 싶을 때 떡 먹는 것과 같은 것"이라고 선언합니다.

둘째, 마르크스주의를 내세우는 신여성이 있었습니다. 허정숙, 주세죽, 정칠성 등입니다. 이들은 "계급이 있는 한 참 연애는 없다."고 주장하며 반봉건 계급투쟁에 훨씬 더 무게를 실었습니다. 이들은 여성 그 자체보다는 민족과 계급을 앞세웠습니다. 여성이 해방되려면 계급해방이 되어야 한다고 생각했던 것이지요.

셋째, 기독교 계열 신여성이 있습니다. 김활란, 황신덕 등입니다. 기독교 계몽 교육의 영향을 받은 이들은 가부장적인 기독교 윤리를 받아들였습니다. 일부일처제를 강조하고 순결을 강조한 기독교는 축첩제도라는 봉건 전통을 비판하면서도 유교적 가부장제의 정절론, 모성론과는 뜻을 같이했습니다.

신여성의 옷차림을 풍자한 만화. "공부가 너무 골똘하여 차리고 나온 꼴이 앞머리 깡동 자르고 저고리 주책없이 길고 굽 높은 구두로 쓰러질 듯한 걸음걸이"라고 비꼬았다. 이런 옷차림과 머리모양을 하고 거리를 걷는 여성들은 사람들의 호기심을 자극했다.

신여성은 기존 질서와 부딪치지 않았습니까?

왜 충돌이 없었겠습니까. 사상의 충돌은 말할 것도 없고, 신여성의 차림새마저 온갖 따가운 눈총을 받았습니다. 오늘날 짚신을 신고 옛 한복을 입고 거리를 거닌다고 생각해 보십시오. 온갖 눈길이 쏟아져 일도 제대로 못할 것입니다. 신여성들이 그랬습니다. 그때 잡지에서는 이미 단발했던 경험이 있는 여성들이 단발을 하면 얼마나 고단한지 말하고 있습니다. 뭇사람들의 시선 때문에 일을 할 수 없으니, 앞으로 신여성은 단발하지 말라고 충고하는 사람도 있었습니다.

신여성은 결혼과 가정생활을 어떻게 생각했습니까?

신여성은 겉모습뿐만 아니라 의식과 행동으로 가부장의 권력에서 벗어나려 했지만, 현모양처로 살면서 단란한 가정을 이루는 것을 꿈꾸기도 했습니다. 신여성이 꿈꾼 단란한 가정은 "때로는 아버지가 어린 아들을 안고 어머니는 오르간을 타고, 일요일이면 아이들의 손목을 이끌고 가까운 벌로 산보도 하고, 때로는 집안끼리 모여 앉아 트럼프도 하는" 핵가족이었습니다.

이러한 '단란한 가정'의 모습은, 1937년 일제가 중일전쟁을 일으키고 전시체제로 바꾸면서 금이 가기 시작합니다. 전시 동원체제에서 일제는 국가에 충성하고 전쟁터에 나갈 충성스런 2세를 길러야 한

「남녀토론－여자 단발이 가한가 부한가」

요사이 남녀평등을 주장하고 여성해방을 부르짖는 신사상에 젖고 신풍조에 물든 신여성 여러분께 시비를 듣더라도 충고하고 싶습니다. 외국문화가 배울 것이 많고 외국풍조에 본뜰 것이 많으나 이 단발만은 아직 그만두십시오. …… 아무리 남녀평등이 되었다고 여자가 남자가 되는 것은 아니지요! 그러면 여자는 여자로서의 본분이 있고 남자는 남자로서의 본분을 지켜야 하는 것 아닙니까. 단발을 하고 직접 무슨 운동의 전선에 나섰다고 큰소리를 마시오.

—김병준, 『별건곤』, 1929년 1월호.

「미스코리아여 단발하시오」

나는 차라리 우리들의 첫 삼십 년은 단발시대라고 부르렵니다. ‘보브’(단발의 일종)는 ‘노라’로써 대표되는 여성의 가두 진출과 해방의 최고 상징입니다. …… 지금 당신이 단발했다고 하는 것은 몇 천 년 동안 당신이 얽매여 있던 ‘하렘’에 아주 작별을 고하고 푸른 하늘 아래 나왔다는 표적입니다.

—『동광』, 1932년 8월호.

다는 모성애 논리를 강조합니다. 또 일제는 여성 노동력을 동원해야 할 필요를 느껴, 아들을 전쟁터에 보내는 '군국의 어머니'를 올바른 여성으로 떠받들었습니다. 몇몇 조선의 지식인 여성들은 이 땅의 여성에게 '군국의 어머니'가 되어 남편과 아들을 전쟁터로 보내라고 부추기기도 했습니다.

신여성을 말할 때 근우회를 빼놓을 수 없죠. 근우회는 어떤 단체였나요?

1927년 민족해방운동에 중요한 움직임이 생깁니다. 이념과 사상을 달리하는 사람이라 할지라도 일제와 맞서 싸우려면 힘을 합쳐야 한다는 민족통일전선운동이 일어난 것이지요. 근우회는 바로 이러한 영향으로 1927년 5월에 창립했습니다. 1929년 근우회가 만든 행동 강령은 '봉건적 인습 타파', '여성에 대한 일체의 차별 철폐' 등의 과제와 함께 부인 노동자의 임금 차별 철폐, 산전·산후 휴양, 부인 농민의 경제적 이익을 옹호하는 요구도 담고 있었습니다. 근우회 지회는 1930년 60개 남짓 결성했으며 회원은 6,000여 명에 이르렀습니다.

근우회 말고도 많은 여성단체가 있었지만, 특별히 근우회가 여성운동의 수준을 끌어올렸다는 평가를 받는 데에는 몇 가지 까닭이 있습니다. 첫째, 근우회는 민족주의계와 사회주의계 여성운동가들이 함께 모여 만든 대중조직이었습니다. 둘째, 전국적인 조직이었으며 셋째, 여성의 권익을 위한 구체적 강령을 갖춤으로써 여성운동 수준을 한 단계 끌어올렸습니다. 넷째, 지회 활동을 통해서 여성 대중을 조직했습니다.

근우회는 여학생운동에도 적극 개입하여 1930년 1월 광주학생운동을 지원하여 서울 여학생 시위를 벌입니다. 그러나 이 시위에서 근우회에서 활동하던 사회주의계 여성들이 검거되면서 근우회의 주도권이 민족주의계 여성들의 손으로 넘어갑니다. 이들은 근우회를 계몽운동 중심으로 바꾸고 일반 여성들이 참여하고 있던 '반'을 규약에서 빼 버립니다. 그 뒤 대중적 기반이 약해진 근우회를 해소해야 한다는 논의가 나오면서 활동이 흐지부지해졌습니다.

해방 뒤 여성운동은 어떤 모습이었는지 궁금합니다.

해방이 되자 수많은 사람이 거리로 쏟아져 나왔고 수많은 정당과 단체가 조직됩니다. 여성운동가들도 1945년 8월 17일 건국부녀동맹을 만들었습니다. 건국부녀동맹은 1945년 12월 조선부녀총동맹으로 개편됩니다. 조선부녀총동맹은 "남녀평등의 선거권, 피선거권을 획득하자." "친일파, 민족 반역자, 국수주의자를 뺀 민족통일전선 결성에 적극 참여하자." "남녀 임금 차별제도를 폐지하자."는 등의 행동 강령을 내걸었습니다. 이는 여성이 진보적인 민주국가 건설에 참여하고 여성 문제를 해결하려는 의지를 내비친 것이었지요. 그러나 조선

학병으로 끌려가는 아들의 손을 잡은 어머니. 중일전쟁 뒤 일제는 아들을 전쟁터에 보내는 '군국의 어머니'를 올바른 여성이라고 떠받든다. 몇몇 여성 지식인들은 일제의 이런 선동에 발맞추어 아들들을 전쟁터로 보내라고 앞장서 외쳤다.

부녀총동맹은 미군정의 탄압을 받아 1947년 2월 남조선민주여성동맹으로 개편된 뒤 다시 남로당 부녀부로 움츠러들었습니다.

우익 계열 여성들은 처음에는 건국부녀동맹에 참여했다가 탈퇴하고, 임영신을 중심으로 여자국민당을 조직하고 한국애국부인회를 만듭니다. 이들은 우익이 반탁운동을 펼칠 때 본격적으로 활동을 합니다. 이들은 반탁운동을 더욱 조직적이고 강력하게 벌인다는 목적으로 1946년에 독립촉성부인단을 만듭니다. 이렇게 이데올로기에 따라 여성단체가 좌익과 우익으로 나뉘어 활동했습니다.

한 뼘 생각

머리채를 잘라 단발을 하고 치마저고리 대신 양장을 했다고 '신여성'이 되는 것은 아니었습니다. 여성들이 겉모습뿐만 아니라 새로운 의식을 가지고 사회 실천을 했기 때문에 자신의 지위와 권리를 찾아갈 수 있었습니다.

요즈음, 우리 사회는 '현모양처'이며 일터에서 열심히 일해 출세한 '슈퍼우먼'을 칭찬합니다. 자본주의 경쟁에서 우뚝 살아남은 '슈퍼우먼'만이 성공한 여인일까요? 값싼 임금에 비정규직으로 일하면서 힘들게 가정을 꾸리는 여인들, 그리고 아직도 가부장제에 억눌려 사회의 그늘 속에 숨죽여 살고 있는 여인들의 삶은 어찌해야 할까요?

15

어린이, 천사의 날개를 달다

생각 열기

어린이 하면, 천사처럼 해맑은 모습이 떠오르십니까? 아니면 공공장소에서 마구 헤집고 다니며 눈치 없이 구는 '덩치 작은 사람'이 생각나시나요? 사람들이 예전부터 어린이를 '성스러운 아이, 천진난만한 아이, 영혼의 상징'으로 여긴 것은 아닙니다. 동서양 가릴 것 없이 그저 어린이란 아직 어른과 같은 인격을 갖지 못한 존재라고 생각했을 따름입니다.

어린이는 늘 어린이였지만, 역사 속 어린이는 때에 따라 모습을 달리합니다. 어린이를 바라보는 어른들의 사상과 시각이 변화한 것이지요. 근대에 들어와서야 어른들은 비로소 새로운 '어린이'를 발견합니다. 오늘날 우리가 머리에 그려 보는 어린이 모습에는 근대가 똬리를 틀고 있습니다. 근대에 '어린이'를 어떻게 발견하게 되었을까요?

근대 이전에 우리나라에는 어린이라는 말조차 없었다면서요?

근대 이전에는 나이 어린 사람을 가리키는 말로 '아兒'와 '동童', '유幼'를 주로 썼습니다. 이 가운데 '아'와 '동'은 아직 성인이 되었음을 알리는 관례冠禮를 치르지 않았거나 혼인하지 않은 사람을 일컫는 말이었습니다. '유'는 그저 나이가 어리고 연약하다는 뜻이었지요.

이처럼 전근대 사회에서는 관례와 혼례 같은 통과의례가 사람의 삶을 가름하는 중요한 지표였습니다. 아동의 개념도 여기에 따랐습니다.

그렇다면 근대 이전 사람들은 어린이를 어떤 존재로 보았을까요? 요즈음처럼 어린이가 맑고 밝고 독립된, 모든 가능성을 담고 있는 존재가 아니라 '아직 어른답지 않은', 어른을 잘 받들면서 어른이 되어 가는 존재로 생각했습니다. 아동은 그저 '작은 어른' 또는 '축소된 성인'이었을 따름이지요.

'어린이'라는 말을 언제부터 썼나요?

개화기를 거치면서 '아'와 '동'이 하나로 합쳐진 '아동'이라는 단어와 '소년'이라는 단어를 썼습니다. '아동'은 일본에서 들어온 말입니다. 1910년대까지만 해도 '소년'과 '아해'라는 단어는 같은 잡지, 심지어 하나의 글에서 함께 쓸 만큼 그 뜻에 큰 차이가 없었습니다. 그러다 1920년대 들어 방정환이 '어린이'라는 말을 뿌리내리게 하면서 비로소 '소년'이 아닌 '어린이'를 널리 쓰기 시작합니다. 그리고 1920년대 후반에 들어서면서 어린이는 오늘날 흔히 쓰는 것처럼 유치원과 초등학교에 다니는 또래의 아이들을 가리키는 말이 되었습니다.

방정환은 '어린이'를 때 묻지 않고 자연에 가장 가까운 존재로 보았습니다. 어린이는 한울님과 같으며 정직한 존재라는 것이지요. 이 점에서 어린이는 천사와 같습니다. 방정환은 어린이라는 말을 예전의 '아' 나 '동' 이라는 말처럼 그저 세대를 구분하는 뜻으로만 쓰지 않았습니다. 어린이라는 집단이 어떠한 속성을 가지고 있는지를 밝히고, 그 속성을 드러내 보이려 했습니다.

방정환과 어린이운동을 하던 사람들은 어떤 활동을 했습니까?

● ● ●

첫째, '어린이' 가 읽을 잡지를 냅니다. 잡지에는 어린이에 대한 개념이나 옛이야기, 수수께끼, 새로운 소식 등을 실었습니다. 둘째, 어린이에 대한 강연회를 열었습니다. 셋째, 어린이 감성 개발과 계몽을 위한 동화, 동요, 그림 보급 운동을 했습니다. 그 가운데 동화 구연회는 아주 인기가 높았습니다. 넷째, 어린이날을 만들고 홍보하는 활동을 합니다. 다섯째, 여러 어린이 단체를 만들어 활발하게 활동했습니다.

처음 어린이운동을 할 때 천도교의 영향이 컸다고 하는데, 어떤 사상이 반영되었나요?

● ● ●

조선 후기 천도교의 "사람이 곧 하늘이다." 는 인내천人乃天 사상과 평등주의적 인간관은 많은 사람에게 호소력을 가졌습니다. 모든 인간이 평등하고 존중받아야 한다는 천도교의 사상 속에서 아이의 권리에 대한 요구도 생겨날 수 있었지요. 아이를 때리는 것은 곧 한울

"어린이는 한울님이다." 첫 어린이 잡지 『어린이』

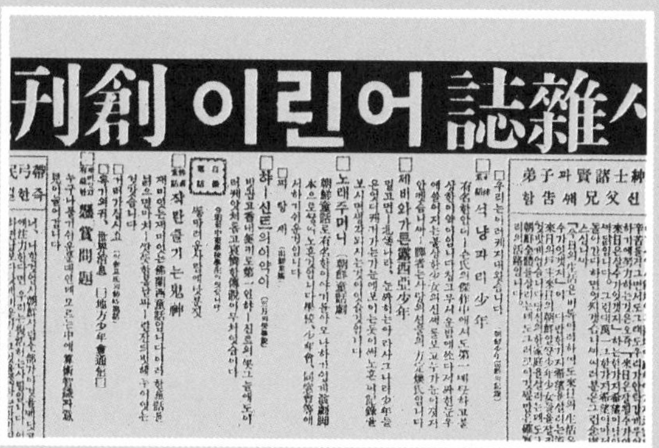
雜誌 어린이 創刊

1923년 2월 10일자 『동아일보』에 실린 『어린이』 창간호 광고.

『어린이』는 방정환이 1923년에 만든 첫 어린이 잡지입니다. 『어린이』 창간호 권두언은 어린이의 모습을 다음과 같이 적었습니다.

> 꽃과 같이 앵두같이 어린 입술로, 천진난만하게 부르는 노래, 그것은 그대로 자연의 소리이며 그대로 한울의 소리입니다. 비둘기와 같이 토끼와 같이 부드러운 머리를 바람에 날리면서 뛰노는 모양, 그대로가 자연의 소리이고, 그대로가 한울의 그림자입니다. …… 죄 없고 허물없는 평화롭고 자유로운 한울나라! 그것은 우리 어린이의 나라입니다. 우리는 어느 때까지든지 이 한울나라를 더럽히지 말아야 할 것이며 …… 새와 같이 꽃과 같이 이 세상에 사는 사람 사람이 모두 이 깨끗한 나라에서 살게 되도록 우리의 나라를 넓혀 가야 할 것입니다.
>
> —『어린이』, 1923년 창간호.

님을 때리는 것이므로 아이를 소중히 다루어야 한다는 생각은, 아이를 부모 소유로 보고 인권조차 부모가 마음대로 할 수 있다고 생각했던 그때까지의 아동관과 크게 달랐습니다.

어린이를 '인내천의 천사'로 바라본 방정환의 어린이 개념도 천도교 영향입니다. 방정환은 천도교 제3대 교주였던 손병희의 사위로 천도교가 주관하던 개벽사의 여러 출판 활동에 관여했습니다. 방정환은 개벽사에서 월간지 『어린이』를 10년 남짓 발행합니다. 1921년 4월 천도교청년회 안에 유소년부를 만들고, 이어 1921년 5월 1일 천도교소년회를 만드는 데도 방정환이 적극 나섰습니다.

방정환처럼 어린이운동을 하는 것에 대한 비판은 없었나요?

방정환이 생각한 어린이는 티 없이 맑고 순수하며 마음껏 놀고 걱정 없이 지내는 모습이지만, 불행하게도 그때 이 땅에 살던 사람들은 일제에 나라를 빼앗기고 힘든 삶을 살아가고 있었습니다. 의무교육을 하지 않아 교육을 받는 어린이도 많지 않았고, 거의 모든 어린이는 일찍부터 농업 노동을 하거나 도시로 나가 일을 배우거나 공장에 들어가서 일했습니다. 방정환의 '어린이'와 식민지를 살아가는 '어린이'의 현실이 크게 달랐던 것이지요.

1920년대 방정환은 천도교를 중심으로 어린이 개념을 확립하고 나름대로 사회에서 인정을 얻어 갔지만, 이를 비판하는 세력이 나타납니다. 그들은 어린이가 아닌 무산無産 소년, 근로 소년을 새로운 소년 운동의 주체로 내세웁니다. 그 첫 움직임이 1923년 3월 이원규, 고장환, 정홍교 등이 만든 '반도소년회' 입니다. 이 단체는 무산소년운동 단체로서 "소년은 미래의 주인임을 알라, 항상 수양하며 쾌활한 조선의 어린 사람이 되자."는 표어를 내세웠습니다. 1925년 5월에는 반도소년회, 천도교소년회, 불교소년회, 새벗회, 명진소년회, 선명소년회, 중앙기독소년부 등이 나서서 상설 소년운동 기관인 오월회를 만들었습니다. 오월회를 만들면서부터 소년운동 안에서 사회주의 경향이 차츰 짙어집니다.

이미 있던 어린이운동과 새로 모습을 드러낸 사회주의 계열 소년운동은 어떤 차이가 있나요?

오월회는 1926년 6월 잡지 『별나라』를 창간합니다. 그들은 그저 재미만 있는 이야기는 거의 다 현실을 벗어난 이야기라고 생각했습니다. 동화도 "기이한 신비를 떠나서 자기 계급에 대한 현실적"인 이야기를 담아야 한다는 것이지요. 아동문학도 계급의 현실을 그려야 한다고 주장했습니다. 새롭게 나타난 소년운동은 무산자 아동의 교양에 힘을 쏟고, 학교에 가지 못하는 소년을 대상으로 한 강습소 설치, 농촌 소년 야학 설치, 도시 노동야학 설치 등을 주요 활동 목표로 삼았습니다.

어린이 운동을 하는 사람들이 동화에 관심을 가진 까닭은 무엇입니까?

지금 우리가 어린이라는 말을 쓰고 그 개념을 정확히 알고 있는 것은, 그때 어린이라는 말과 인식을 잘 퍼뜨렸기 때문입니다. 특히 동화를 이용한 계몽운동이 큰 효과가 있었다고 합니다. 민담이나 옛날이야기는 어린이뿐만 아니라 모든 사람을 대상으로 합니다. 이와 달리 동화는 처음부터 독자를 어린이로 테두리지어 이야기를 만듭니다. 그들의 감성을 키워 갈 수 있는 이야깃거리인 것이죠. 어린이 계몽을 하는 데 가장 알맞은 수단이 바로 동화였습니다.

방정환은 동화를 재미있게 들려주는 것으로 유명했습니다. 동화구연회를 알리는 간판에 동화의 내용보다 "방정환 선생님 오십니다."라고 내걸면 사람들이 서로 들으려 했다 합니다. 세계에서 유명한 동화 10편을 모아 만든 방정환의 번안동화집 『사랑의 선물』은 1922년 초판 발행부터 1927년 10판까지 20만 부나 팔렸습니다.

1920년대 초에 '어린이날'을 만들었다죠?

'천도교소년회'는 1922년 5월 1일을 어린이날로 선포하고 기념식을 했습니다. 이듬해 5월 1일 첫 어린이날 행사를 조선소년운동협회가 주최하여 천도교당에서 연 뒤, 어린이날은 전국적인 기념행사로 발전합니다.

「동아일보」가 1천 호 기념호에 전국 독자들로부터 3세 이하 어린이 사진을 받아 몽타주하여 실은 것이다. 그야말로 '어린이의 발견'이다.

첫 번째 어린이날 행사가 열린 1923년 5월 1일, 행사장에 새로운 어린이의 개념을 적은 선전 삐라를 나누어 주었습니다. 이 선언문은 장유유서에 찌든 윤리적 압박 해소, 어린이 노동으로 대표되는 경제적 압박 해소, 배우고 놀 수 있는 권리를 주장했습니다. 이 선언문은 일반적인 인권선언과 비슷합니다. 그만큼 어린이운동도 식민지시대 다른 사회운동과 마찬가지로 뚜렷하게 민족주의의 목표를 추구했던 것이지요.

어린이날 행사는 근대적인 어린이 개념을 대중에게 알리는 계기가 되었습니다. 어린이날 행사는 어린이에게 경어를 쓸 것, 어린이와 자주 이야기 나누고 칭찬을 할 것 등 어른들이 어린이를 존중해 주는 태도를 알리는 기회가 됩니다. 어린이날임을 알리는 포스터를 찍어 내고 간판을 만들어 사람들에게 알렸습니다.

지금은 어린이날이 5월 1일이 아니라 5월 5일입니다. 날짜를 바꾼 특별한 까닭이 있나요?

처음 어린이날은 "새싹이 돋아난다."는 뜻으로 새싹이 돋아나는 5월 1일로 정하여 기념행사를 했습니다. 그러다 보니 노동절인 메이데이와 날짜가 겹쳤지요. 일제는 어린이날 행사가 해가 갈수록 규모가 커지자 메이데이와 겹친다며 행사를 막았습니다. 학교에서는 어린이날에 수업을 하여 학생들이 어린이날 행사에 참여하지 못하게 했습니다. 1927년에 만든 '조선소년연합회'는 어린이날을 5월의 첫 공휴일로 바꿉니다. 일제는 1937년 전시체제로 바꾸면서 소년운동 단체를 해산하고 어린이날 행사를 못하게 했습니다. 이해를 끝으로 어린이날 행사는 더 이어지지 못합니다. 해방 뒤 첫 어린이날인 1946년 첫 번째 일요일이 5일이었기에 때문에, 그 뒤부터 어린이날은 요일에 관계없이 5월 5일로 정한 것이 오늘에 이르렀습니다.

일제는 왜 어린이날 행사를 못하게 하고 어린이운동을 탄압했나요?

식민지시대 어린이운동은 어린이를 깨우치고 그들에게 권리를 주어서, 민족의 현실을 깨닫고 찬란한 미래를 이룩할 주체로서 길러 내는 것이 중요한 목표 가운데 하나였습니다. 오월회를 중심으로 한 소년운동은 무산소년운동을 주장했습니다. 오월회는 소년운동협회와 '조선소년총동맹'을 만들고 농촌이나 도시의 노동자 소년을 대상으로 야학이나 강습회 활동을 했습니다. 민족의 주체로서 어린이·소년을 강조하는 이러한 활동이, 일제가 어린이운동을 탄압하게 된 계기가 됩니다.

1930년대에 일제는 어린이운동의 주도권을 빼앗으려고 여러 방법을 썼습니다. 일제 경찰이 원고 내용이 불온하다는 이유로 동화 대회를 막거나, 어린이날 행사 계획과 관련하여 행사 기획자를 붙잡아 가는 등 드러내 놓고 운동을 방해합니다. 마침내 일제는 1937년 전시체제로 뛰어들면서 소년운동 단체를 해산하고 어린이날 행사를 못하게 했습니다.

어린이운동의 주도권이 일제로 넘어가면서 어떤 변화가 생겼습니까?

일제는 어린이날 대신 '유유아乳幼兒애호주간'을 만들어 선전 삐라, 선전탑과 라디오를 통해 행사를 알리고 점포마다 유아용품을 진열했습니다. 또 유아·아동·임산부의 건강 상담이나 아동의 기생충 무료 검사를 하고, 운동회를 열거나 창경원 관람을 우대하는 따위의 정책을 펼칩니다. 그러나 거의 모든 '유유아애호주간' 행사는 일제의 아동 구호사업을 선전하는 것이었고, 아동의 건강 증진을 위한 실속 있는 사업은 많지 않았습니다.

우량아 선발대회도 열었다면서요?

우량아 선발대회는 해방 뒤까지 이어집니다. 체중, 크기 등을 기준으로 우량아를 뽑아 상품도 주고, 뽑힌 아기는 광고에 나가기도 했습니다. 일제가 시작한 이 행사에는 나름의 속뜻이 담겨 있었습니다.

근대가 되면 새로운 양육법이 많이 나타납니다. 주로 전통적 양육법이 위생이나 신체 발육에 얼마나 해로운지 설명하는 식이었지요.

이 땅에서도 서구의 새로운 양육법을 들여와 아이를 기를 어머니를 '계몽' 하는 사업이 벌어집니다. "전통적인 육아는 야만이고 새로운 육아가 문명이다."는 식의 계몽 사업이었지요.

"어떻게 하면 아이를 건강하게 기를 수 있나, 지금까지 잘못 기른 것을 어떻게 개선할 것인가."를 중심으로 위생과 질병, 영양에 대한 갖가지 정보가 갑자기 늘어납니다. 새로운 양육법은 위생 의식을 높이고 질병을 물리치자는 것으로 그치지 않았습니다. 그것은 전문가들이 만들어 놓은 일정한 '표준'을 추구하는 행위였고, 그 표준을 수치로 환산했습니다.

우량아는 "법규대로 길러 표준으로 건강하게 자란 아이"를 홍보하는 주요한 수단이 됩니다. 일제는 1931년부터 시행한 유유아애호사업으로 그동안 조선 사람이 이끌던 어린이운동의 주도권을 빼앗아 갑니다. 어린이를 대상으로 하는 사회운동의 주도권이 차츰 일제로 넘어가면서, 어린이 권리보다는 건강을 더욱 강조하는 분위기가 생깁니다.

중일전쟁 뒤에 일제의 어린이 정책도 달라졌을 텐데요?

일제는 1937년 중일전쟁을 일으키면서 어린이의 육체보다는 병사로 데려다 쓸 수 있는 청년들에게 더 큰 관심을 보입니다. 어린이를 어린이가 아니라 앞으로 병사가 될 사람으로 본 것이지요.

일제는 "아동은 제2국민으로서, 전시체제에서 국가의 미래를 책임질 존재가 되어야 하기 때문에 그들에 대한 교육이 중요하다."며 아동의 속마음까지 철저하게 군국주의 교육의 대상으로 삼습니다. '반도의 아동'은 스스로 일본 정신을 가슴에 새기고 훌륭한 황국신민이 되어야 할 사람이었던 것입니다. 일제는 앞으로 군인이 되어야 할 사람으로서만 어린이를 중요하게 여겼습니다. 조선의 아동은 자라서 충실한 천황의 군인이 될 사람이기 때문에 강한 체력과 굳센 정신력이 필요했습니다. 학교 교육은 체육과 교련을 합친 '체련 과목'을 통해 이를 교육하고 '국민정신'을 드높이려 했습니다. 두드러진 보기를 들면, 일제는 소학교 또는 보통학교를 황국신민학교라는 뜻을 가진 '국민학교'로 바꿉니다.

일제에게 주도권을 빼앗겼던 소년운동은 해방 뒤에 어떤 모습으로 거듭나나요?

해방 때의 소년운동은 봉건잔재 청산과 일제잔재 청산, 그리고 문맹퇴치와 한글 보급을 목표로 삼았습니다. 이때 낸 여러 어린이 잡지는 교양, 교훈물, 동요 글짓기법 등을 통해 한글 보급에 앞장서고, 과학과 역사 지식이 중요하다는 것을 강조했습니다. 잡지에는 한글로 쓴 동화를 실어 어린이의 주체의식을 키워 주려 했고, 일제 찌꺼기인 일본 말투 어법을 우리말로 바르게 고쳐 주는 '우리말 도로 찾기' 등을

"대동아 공영권의 지도자로 길러 내자"

바야흐로 대동아전쟁이 터졌다. 자녀를 둔 부모나 교편을 잡은 교육자의 일대 각성을 요청하는 중대한 시국이다. 현하의 소국민을 단지 제2세 국민교육이라는 재래 관념에서 한 걸음 떠나서 적어도 대동아공영권의 맹주로서 또는 지도자로서의 교육이 요구된다. 여기에는 아동을 좀 더 명랑하고 결백하게, 또는 협동적이요 독창적이요 건설적이요 결단적이요 진취적인 아동으로 길러야 하는 일대 각성이 필요하다.

—『아이생활』, 1943년 1월.

전쟁 분위기가 물씬 풍기는 1939년판 『아동연감』.

실었습니다.

'해방' 뒤에 어린이를 바라보는 시각도 바뀝니다. "해방의 기쁨을 어린이에게로"라는 표어에서 알 수 있듯이, 어린이를 제국주의와 봉건주의라는 이중의 속박을 받아 온 존재로 보았습니다. 이제 '해방'이 되었으니, 어린이도 새나라 건설 과정에서 '한몫' 할 수 있다는 생각을 가진 것이지요. 어린이를 아무것도 모르는 존재가 아니라 어른들의 행동과 사회 분위기를 스스로 느끼고 행동할 능력을 가진 존재로 여겼습니다. 어른들은 어린이가 '해방'의 새로운 터전에서 자라 '새나라의 일꾼'이 되기를 바랐습니다.

한 뼘 생각

일제 식민지를 지나고 거친 역사를 달려오는 동안 이 땅의 어린이는 천사 대접은커녕 온갖 어려움을 겪었습니다. 오늘날 대한민국 어린이들은 어떤가요? 보드라운 땅을 밟아 보지 못한 '아스팔트의 아이들'은 치열한 생존경쟁에서 살아남는 훈련을 미리 받으며 갖가지 '공부'에 시달리고 있습니다. 부모들은 때로 아이들에게 온갖 비위를 맞추기도 하지만, 경쟁에 휘둘린 어른의 삶을 강요하기도 합니다. 어린이를 독립적인 인격체로 여겨 그들의 감성과 이성을 존중하는 사람이 아직도 드뭅니다. 어려운 처지에 놓인 아이들을 보살피는 사회의 배려도 아주 적습니다. 어디 그뿐입니까. 이 지구에 굶주림과 전쟁에 시달리는 어린이가 얼마나 많습니까. 어린이가 행복한 세상, 그곳이 참세상입니다. 언제쯤 참세상이 올까요?

16

젊은 그대, 잠 깨어 오라

생각 열기

나이 든 분들이 "인생이 덧없다."고 하시면서, "화려한 청춘은 가고, 어느덧 귀밑머리가 희끗해졌다."는 말을 심심찮게 하십니다. 모든 사람이 젊음을 부러워하고, 푸르른 날의 한때를 그리워합니다.

말만 들어도 가슴이 설렌다는 청춘. 청년이 새로운 사회의 흐름을 만들어 내고 그들이 사회를 이끌어 갈 주인공이 될 것이라고 생각하는 사람이 많습니다. 그러나 옛날에도 그렇게 생각했을까요? 청년은 누구이고 젊은이를 바라보는 사회의 눈길은 어떻게 바뀌었을까요?

전통사회에서는 젊은이를 어떻게 바라보았나요?

요즘 사람들은 '젊음'을 부러워합니다. '젊음'과 '청년'에 대한 이런 인식이 생긴 것은 그다지 오래된 일이 아닙니다. 전통사회에서는 젊다는 기준이 오늘과 달랐습니다. 지금처럼 나이를 기준으로 삼는 것이 아니라, 상황과 조건에 따라 여러 잣대로 젊음을 쟀습니다. 보기를 들면, 어떤 이에게 '들돌'을 들게 하여 한 사람 몫을 할 수 있는지 가늠하기도 하고, 관례를 치렀는지 또는 결혼을 했는지 따위로 나누기도 했습니다. 옛 농경 중심 문화에서는 연륜과 경험을 중요하게 여겼습니다. 따라서 젊다는 것은 아직 경험이 모자라고, 어딘지 어린 티를 벗지 못했음을 뜻했습니다.

청년, 그러니까 젊은이를 부르는 말도 지금과 달랐겠죠?

청년이라는 말이 전통시대에 아예 없었던 것은 아닙니다. 그러나 청년이라는 말을 쓰는 일은 아주 드물었습니다. 그나마 젊은 사람이나 젊은 세대라는 뜻이 아니라 형용사처럼 썼습니다. 보기를 들면, 젊은 과부를 '청년과부'로 불렀습니다. 젊은이를 가리키는 말은 시대마다 달랐습니다. 젊다 또는 어리다는 뜻을 가진 한자로는 '약弱'이나 '소少'가 있지요. 그래서 젊은이를 일컬을 때, '약년'이니 '소년'이니 하는 말을 많이 썼습니다. 소년이라는 말은 10대 후반부터 20대에 이르는 젊은이를 가리키는 말이었습니다.

그렇다면 '청년'이라는 말은 언제부터 썼나요?

일본에서 'Young Man'을 청년이라고 번역했습니다. 1880년 고자키 히로키치小崎弘道가 'YMCA'를 '기독교청년회'로 번역한 뒤부터 일본에서 뿌리를 내립니다. 우리나라 사람들이 이 번역 말을 들여와 1896~1897년 무렵부터 청년이라는 말을 쓰기 시작합니다. 1896년 도교에 유학하고 있던 우리나라 관비 유학생들이 '대조선 유학생친목회'를 만들고 『친목회 회보』를 내면서 청년이라는 말을 썼습니다. 국내에서는 1897년 기독교회가 청년회를 만들면서 처음 청년이라는 말을 썼습니다. 그러나 청년이란 말은 아직 낯설었고, 개화파들이나 쓰는 말이었지요. 1904년 무렵까지 이런 상태가 이어집니다.

그러다 1905년 을사조약으로 우리나라가 이른바 '보호국'이 된 뒤에 비로소 '청년'이라는 말이 널리 퍼집니다. 이때 애국계몽운동이 중요한 계기가 되었습니다. 1905년 무렵, 뜻있는 사람들이 학교를 세우고 '청년'을 교육하여 나라를 구해야 한다는 취지에서 펼친 교육구국운동이 절정에 다다랐습니다. 이런 애국계몽운동이 번지면서 '청년학생', '청년자제' 등이 젊은이를 가리키는 말로 널리 퍼진 것이지요. 그러나 애국계몽 운동가들에게 청년은 아직 교육을 받아야 할 학생일 따름이었습니다. 아직 청년을 근대적 개혁의 주체로 인정하지는 않은 것이지요.

일제가 한국을 강점한 1910년대는 어떠했습니까?

일제가 이 땅을 강점한 뒤로 애국계몽운동도 사라집니다. 1910년대에 들어서면, 청년이 역사의 중심이 되어야 한다고 주장하는 청년들이 나타나기 시작합니다. 이광수가 대표적인 인물입니다. 그는 근대화에 실패한 우리 사회의 선배 세대들은 "앎도 없고 함도 없으니" 청년들

世文明의諸國을排거되다만中等教域에銳意를執ᄒ
야目을注ᄒ고決心을激ᄒ야手를發ᄒ나何者오大凡
中等人은國民의多數되ᄂ靑年者를養ᄒ이니靑年者
ᄂ則破壞的運動場의卒先이오進步的追擊隊의旗頭
라夫國家ᄂ此等의人으로부터主宰ᄒᄂ故로中等의
教育은國家를主宰ᄒᄂ國民을製造ᄒᄂ機關이라

'청년'을 본격적으로 사용한 논설.(『친목회 회보』 5권, 1897)
'청년'이라는 말이 지금처럼 '젊은이'를 가리키는 말로 쓰이기 시작한 것은 그리 오래되지 않았다. 1905년 을사조약 뒤에 '청년'이라는 말이 퍼지기 시작했다. '청년'이 사회 발전과 개조의 주역으로 떠오른 것은 3·1 운동 뒤부터이다.

이 "선조도 없는 사람, 부모도 없는 사람"처럼 사회의 모든 근대 개혁을 직접 이끌어야 한다고 주장합니다. 1910년대까지는 유학파 지식인이 청년의 책임과 역할을 강조하는 것에 그치지만, 1920년대 들어 그러한 인식이 실제 사회운동으로 크게 번지기 시작합니다.

'청년'을 바라보는 세상의 눈이 바뀌는 계기가 있었나요?

역사의 분수령이라는 1919년 3·1 민족해방운동은 우리 사회와 구성원들의 의식에 큰 영향을 미쳤습니다. 청년도 3·1운동 뒤에 새로운 모습으로 다시 태어납니다. 1920년대부터 청년이 사회 변화에서 중요한 역할을 합니다. 3·1운동에서 민중의 힘을 보고 느낀 청년들은 민족이 나아갈 길을 새롭게 찾기 시작합니다. 전국 곳곳에 청년회를 만들고 활동하여 1922년에는 전국의 청년회 수가 2,000개를 넘어섰습니다. 그야말로 '청년의 시대'라고 할 만했지요. 여러 신문과 잡지마다 청년에 대한 이야기가 넘쳐 납니다. 그러면서 "사회 개조와 발전과 활로가 청년의 손안에 있다." "청년은 사회의 생명이요, 사회의 동력이다."는 인식이 널리 퍼집니다.

'청년의 시대'가 왔을 때 새로운 청년론을 앞장서 이끈 이들은 누구입니까?

문화운동론자들이 청년을 새로운 역사의 주역으로 삼기 시작했습니다. 문화운동이란 1920년대 초반, 민족주의 지식인들이 벌인 운동입니다. 그들은 문화 영역에서 계몽운동을 벌여 조선 사회를 '문명화, 근대화' 해야 한다고 주장했습니다.

그들은 청년 세대를 주체로 내세워 계급과 계층의 차이를 넘어 민족 전체를 아우르려 했습니다. 그들이 생각한 청년이란 조선을 '문명화, 근대화' 하기 위해 여러 사람을 계몽할 수 있는 힘을 가진 젊은이였습니다. 이런 자질을 갖추려면 청년은 꽤 높은 수준의 교양, 지식, 도덕이 있어야 했지요. 그러려면 교육을 받아야 하는데, 그때 농민이나 노동자의 상황에 비추어 본다면 이런 청년상은 현실과 동떨어진 것이었습니다. 거의 모든 젊은이가 빈곤과 일제의 차별 속에서 제대로 교육받지 못했으니까요. 따라서 문화운동론자들에게는 '유식 계급의 청년'이나 '지방 부호와 명문거족의 자제들'이 청년 가운데 청년, 진정한 청년일 수밖에 없었습니다. 1920년대 초반 청년회에서는 나이가 젊다 해서 다 청년이 아니며 나이가 많다 하더라도 청년의 정신과 기상을 가진 사람은 일흔에도 청년이 될 수 있다는 논리를 대며, 40~50대 '유지층'이 임원직을 맡는 일도 많았습니다.

「청년의 활동」

옳다 그렇다 청년의 대활동
가는 곳마다 대환영 받았다.
사회의 개조와 종교의 혁신
대활동이 아니고 무엇이더냐

—김용, 「동아일보」, 1920년 6월 30일.

청년의 기개가 어떠함이오
—무의無意의 삶보다는 편안히 유의有意할 죽음을 취할지어다

청년은 사회의 생명이요 사회의 동력이라. 청년의 진취적 기상과 희생적 정신에 충실하고 풍부하면 그 사회는 장차 번영과 광영에 눈부신 광채를 발할 것이오. …… 조선 민중 억만대의 광영을 위하여 우리의 고난과 박해와 기아와 추위가 필요하다면, 아! 우리의 안일을 버리는 것이, 우리의 따뜻하고 배부름을 버리는 것이, 우리의 구구한 애정을 버리는 것이, 헌신짝 버리는 것과 다른 바 있으리오.

—「동아일보」, 1922년 1월 9일.

식민지시대 실제 청년의 모습은 어떠했습니까?

같은 청년이라 해도 계급에 따라 큰 차이가 있었습니다. 1930년대 초반만 하더라도, 같은 또래 청년 가운데 약 2.5~3퍼센트만이 중등학교에 갈 수 있었습니다. 그들은 모두 지주나 자본가, 부유한 중산층과 부농의 자제였지요. 나머지 젊은이들은 노동자나 농민으로 생산현장에서 일해야 했습니다. 1930년 통계에 따르면, 전국의 산업 종사자 가운데 38.6퍼센트가 15~29세의 청년 노동력이었습니다. 거의 모든 청년이 교육받을 기회가 없었을 뿐만 아니라, 가족을 돌볼 책임까지 지고 있었습니다. 1930년대까지도 남성은 24세 이전, 여성은 19세 이전에 결혼하는 것이 보통이었기 때문입니다.

이런 식민지 청년의 현실에 비추어 본다면, 문화운동론자들이 내세운 청년상은 한계를 드러낼 수밖에 없었습니다. 사회주의자들이 문화운동론자들을 비판하고 나섭니다.

사회주의자들은 어떻게 청년을 바라보고, 어떤 운동을 펼쳤나요?

1920년대 초반, 식민지 사회에서 사회주의운동이 널리 퍼집니다. 그들은 "청년이란 혁명운동의 본진이며 별동대의 핵심이 되고 지도자여야 한다."고 생각했습니다. 10대 후반부터 20대까지는 가장 순수하고 열렬한 시기이며, 순수한 청년이야말로 가장 빼어나게 혁명을 이룩할 수 있다고 본 것이지요. 따라서 사회주의자들은 문화운동론자들과는 반대로 나이를 기준으로 청년회를 혁신할 것을 주장합니다. 사회주의자들은 청년회에서 유지층을 제치고 조직의 주도권을 갖기 시작합니다.

노동자와 농민을 중심으로 하는 일반적인 사회주의운동의 원리에서 본다면 청년을 지나치게 강조한 것이 좀 색다릅니다. 이들이 청년운동에 힘을 기울인 까닭이 있습니다. 1920년대 초반에는 근대적 노동계급이 아직 다 형성되지 않았습니다. 농민운동의 경험도 짜임새 있게 이어지지 못했지요. 그러나 청년운동은 아주 활발했습니다. 따라서 사회주의자들은 청년을 밑바탕 삼아 조직을 만들고 이론을 퍼뜨리려 했습니다. 사회주의자들은 "청년을 빼놓고 도저히 계급적, 혁명적 무산자를 구할 수 없다."고 인식했습니다.

이처럼 청년의 역할과 임무를 부풀려 강조하는 경향은 1920년대 후반쯤 사라집니다. 1920년대 후반에 들어서면서 파업투쟁과 소작쟁의 등 노동자·농민투쟁이 활발하게 일어나면서, 청년이 민족해방운동에 앞장서야 한다는 생각이 사라지게 됩니다. 사회주의자들은 노동자 · 농민을 중심으로 한 당을 만들어야 하며, 공장과 광산과 농촌에서 노동자와 농민을 조직해야 한다고 생각했습니다. 사회주의자들은 자본과 노동, 지주와 소작인 등의 계급 문제에 더욱 신경을 썼고, 청년 문제를 계급의 틀 안에서 해결하려 했습니다.

일제는 조선 청년을 어떻게 자기 쪽으로 끌어들이고 통제하려 했나요?

1920년대 말~1930년대 초반 조선총독부는 농촌 젊은이들을 체제 안으로 끌어들이려는 정책을 개발하기 시작합니다. 먼저 1928년 보통학교 졸업생을 대상으로 '졸업생 지도'를 하고, 이른바 농촌진흥운동을 펼치며 그 운동을 이끌어 갈 '중견 인물'을 키우려 했습니다. 곳곳에 관제 청년단을 만들고, 1936년에는 전국 청년단을 하나로 묶어 '조선연합청년단'을 결성하기도 하지요.

일제는 자신들의 입맛에 맞는 청년을 길러 내려 한 것입니다. 1930년대 뒤부터 일제는 농촌 사회를 통제하고 사람들을 동원하는 핵심으로 청년을 조직하는 데 발 벗고 나섭니다. 농촌 젊은이 가운데 일부 엘리트 층을 골라 뒷받침하고 통제하여 자신들의 뜻대로 움직이게 만들려 한 것이지요. 넉넉한 집안 출신으로 교육을 받은 젊은이를 '중견 청년'으로 뽑아 지원을 하고, 강연이나 훈화 또는 교사나 관료들과 만나게 하는 등의 방법을 써서 일제 정책에 고분고분 따르게 만들려 했습니다.

중일전쟁으로 전쟁 바람이 휘몰아치면서 조선 청년들도 고통받았을 텐데요?

일제는 '말 잘 듣는 순한 청년'보다는 '전쟁터에 나설 청년'이 필요했습니다. 일제가 전시체제로 탈바꿈하면서 조선총독부는 청년들에게 전시정책을 일반인에게 전달하는 노릇을 하도록 했을 뿐만 아니라, 공공사업이나 노역사업에 청년을 강제 동원합니다. 전쟁이 일본에게 불리해지면서, 일제는 식민지 청년을 전쟁에 직접 동원합니다. 처음에는 지원병이라는 이름으로 청년을 전쟁터로 끌고 갔지만, 학병은 강제 징병이나 마찬가지였습니다. 그러나 조선 청년을 일본 군인으로 만들려면 먼저 일본어를 말하고 써야 했으며, 일본인의 생활 습관까지 몸에 익혀야 했습니다. 일제는 청년이란 모름지기 국가를 위해 목숨을 바쳐야 한다고 교육하고, 또 그렇게 청년을 만들려 합니다. 일제는 일본 제국주의를 위해 기꺼이 목숨을 바치는 군인이 될 집단으로 청년을 정의했습니다.

조선 청년이 일본에 몸과 마음을 바쳐 충성해야 한다는 생각을 받아들일 까닭이 없지요. 그러나 대중의 인식 속에 국가를 위해 모든 것을 바치고 국가와 하나가 되어야 한다는 전체주의 청년의 모습은 강하게 남습니다. 이러한 생각이 해방 뒤 국수주의 청년운동에서 되살아납니다.

1945년 해방이 되고 청년들에게 새로운 기회가 왔겠죠?

청년에게 '해방'이란 자신들이 주인공이 되어 새 나라를 건설할 기회였습니다. '해방' 되자 마자 **건국준비위원회***가 치안을 맡으면서

징병제 실시를 알리는 시가행진 모습. 중일전쟁을 일으킨 일제는 전황이 불리해지자, 조선 청년을 전쟁터로 끌어들이기 시작했다. '지원병'이라는 이름을 내걸었지만 사실상 강제 징병이나 마찬가지였다.

많은 청년과 학생이 스스로 치안 유지 활동에 참여합니다. 식민지시대에 비합법 활동을 하던 청년과 일제에 강제 동원되었다가 돌아온 젊은이들이 적극 앞장섰습니다. 이때 사회주의나 중도 좌파 성향의 청년들이 주도권을 손에 넣었습니다.

건국준비위원회
1945년 8·15 '해방' 뒤 여운형呂運亨이 중심이 되어 만든 맨 처음의 건국 준비 단체다. 줄여 '건준建準'이라고도 한다.

그러다 1945년 12월 말 '모스크바 3상회의 결정'을 계기로 청년 세력은 좌익과 우익이 분명하게 나뉘어 서로 맞서게 됩니다. 좌익은 '모스크바 3상회의의 결정'을 '임시 민주정부 수립'이라고 해석하여 적극 지지했지만, 우익은 식민통치의 연장인 신탁통치에 지나지 않는다며 크게 반대합니다. 청년단체도 좌익과 우익으로 나뉘어 서로 갈등을 일으켰습니다. 특히 서북청년단 같은 일부 극우 청년단체는 드러내 놓고 폭력을 휘둘러 공포의 대상이 되었습니다.

분단이 확실해지면서 남한에서는 우익 청년단체가 전성기를 맞이했겠군요?

● ● ●

1948년 12월 여러 우익 청년단체가 통합하여 대한청년단을 만듭니다. 대한청년단 강령에는 "우리는 총재 이승만 박사의 명령에 절대 복종한다." "민족과 국가를 파괴하는 공산주의 무리를 남김 없이 말살한다."는 내용이 들어 있습니다. 이 두 가지를 합쳐 보면, 이승만을 반대하는 사람은 곧 공산주의자이고 그 사람들을 말살해야 한다는 것이지요. 여기에는 이승만이 청년들을 조직하여 한 손에 틀어쥐고, 그들을 정치에 동원하려는 뜻이 담겨 있습니다.

대한청년단은 한국전쟁이 일어나자 청년방위대로 이름을 바꾸어 청년들을 전투에 동원하기도 했습니다. 청년방위대는 1950년 12월 '국민방위군 설치령'에 따라 국민방위군으로 개편합니다. 국민방위군은 전국 곳곳에서 50만 명에 이르는 청년들을 마구잡이로 징집했습니다.

한국전쟁이 끝난 뒤에 또다시 청년의 모습이 바뀌었겠죠?

전쟁이 끝난 다음 남북한은 커다란 두 개의 병영국가를 만들었다고 할 수 있을 만큼 군부의 영향력이 커졌습니다. 모든 젊은이가 오랫동안 군대에 가야 했죠. 지난날의 전쟁 경험과 군대 문화는 청년이 수직적 위계와 상명하복의 문화, 그리고 권력의 폭력적 개입을 몸에 익히게 만들었습니다. 반제국주의나 사회 진보를 상징하던 민주주의 청년의 모습은 분단과 전쟁 과정에서 크게 힘을 잃고, 현존 체제와 국가에 무턱대고 복종하는 파시즘 청년의 모습이 큰 흐름을 이룹니다. 1950년대 한국 사회에서도 이런 경향은 사라지지 않았습니다. 그러나 1960년 4·19 혁명은 청년들이 민주주의를 실천하는 주체로 다시 모습을 드러내는 중요한 계기가 됩니다.

한 뼘 생각

젊은 사람이 어려운 일에 맞닥뜨리면 "아직 젊기 때문에 미래는 활짝 열려 있다."고 말하곤 합니다. 그럴 수도 있고 아닐 수도 있습니다. 젊기에 일을 새로 시작할 수는 있지만, 반드시 괜찮은 미래가 그를 기다리는 것만은 아닙니다.

청년은 때에 따라 다른 모습을 보입니다. 지난날 '청년학도'는 새 사회를 만들어 갈 희망으로 비쳐졌지만, 요즈음은 '청년 실업'이라는 말에서 보듯, 청년이 문제가 되었습니다.

청년이라고 다 같은 청년이 아닙니다. 어떤 미래를 꿈꾸는지에 따라 청년의 모습은 달라집니다. 식민지시대에 독립운동가를 체포하여 일제에게 상을 받은 청년을 칭찬할 수는 없는 노릇입니다. 흉측한 독재자를 떠받드는 청년이 있다면, 그저 젊다는 것만으로 그를 예찬할 수는 없겠지요. 그들이 꿈꾸는 미래는 너무 어두우니까요.

17

저기 출세의 길이 있다지만

생각 열기

'입신양명'이라는 말이 있습니다. 지금은 세상에 이름을 떨칠 수 있는 길이 여럿 있습니다만, 전근대 사회에서는 학문을 하거나 관료가 되는 길밖에 없었습니다. 특히 사람들은 국가 관료가 되기를 바랐습니다. 관료가 된다면 부와 권력을 함께 가질 수 있었기 때문이죠. 그러나 예전에는 관료가 되려면 신분이 높아야만 했습니다.

근대 사회로 들어서면서 누가, 어떻게 관료가 되었고, 또 그들은 어떤 생각을 하고 있었을까요? 모름지기 관료라면 깨끗하고 곧은 성품을 가져서 국가와 민중에 보탬이 되는 사람이어야 합니다. 근·현대 지배층의 한 자락을 차지했던 관료들이 그랬을까요?

조선시대 관료는 어떤 사람이었나요?

관료란 행정을 맡은 국가 공무원을 말합니다. 조선시대 관료는 사회에서 높은 지위를 차지하고 있었을 뿐만 아니라 특권 계층이었습니다. 조선시대 신분을 이야기할 때 간편하게 사농공상士農工商이라고 하죠. 이때 선비를 높게 여긴 것은 그저 학문을 했다는 것보다는 관리로 올라갈 수 있는 계층이었기 때문입니다. 선비를 '예비 관료'로 여긴 것이지요. 그때 관료는 문무 양반과 중앙·지방의 관직을 모두 더해 5,000자리 남짓이었습니다. 그 가운데 실제 중요한 자리는 수백 자리 정도였지요. 이 때문에 과거시험은 치열했고, 시험에 붙은 뒤에도 좋은 자리를 둘러싼 경쟁도 많았습니다.

경쟁이 치열했던 만큼 부정도 많았겠군요?

예전에도 과거시험을 볼 때 부정행위가 많았습니다. 가장 흔한 일은 책을 감추고 들어와 베끼고, 글 잘 짓고 글씨 잘 쓰는 사람을 데리고 들어와 대신 짓고 쓰게 하는 일이었습니다. 좋은 곳을 차지하려고 다투기도 하고, 때로는 시험관과 짜고 답안지를 확인할 수 있도록 내용이나 번호를 알려 줘서 채점 때 알아볼 수 있도록 했습니다. 많은 사람이 과거 시험장으로 들어오는 바람에 혼란이 일어나고 밟히고 다치는 사고가 잇따랐습니다.

당쟁도 서로 좋은 직위를 차지하려고 일으킨 것이라고 볼 수 있지요. 성호 이익은 과거에 합격해도 관직 수가 적기 때문에 당쟁이 일어난다고 지적하며 과거제를 개혁해야 한다고 강조했습니다. 『목민심서』로 유명한 다산 정약용은 『여유당전서』에서 "인재 가운데 80~90퍼센트를 버리고 있다."며 조선시대 관료제를 비판했습니다.

조선 말기 관리. 신분제를 바탕으로 한 조선의 관료제도는 근대 사회로 들어서면서 새로운 변화를 겪는다. 1894년 갑오개혁에도, 사색당론과 문벌 반상 등급 타파, 귀천에 관계없는 인재 등용 등의 관료제도 개혁 방안이 포함되었다.

관료 등용에 문제가 많았다면 1876년 개항 뒤에는 어떻게 바뀌었나요?

하루아침에 모든 것을 곧바로 바꾼 것은 아닙니다. 그러나 신분제가 차츰 해체되었을 뿐만 아니라, 열강과 통상조약을 맺어 근대화 정책을 펼치면서 새로운 관료층이 필요해지지요. 따라서 옛 방법과는 다르게 관료를 뽑기 시작합니다. 정부는 지역을 차별하지 않고 중인 신분도 관료로 뽑겠다는 뜻을 밝히기도 합니다.

조선 사회를 근대 사회로 변화시키려는 움직임이 있었던 것이지요. 1894년에 일어난 갑오개혁에도 관료제도 개혁 방안을 담고 있습니다. 사색당론을 없애고 두루 인재를 쓰며, 문벌 반상 등급을 없애고 귀천에 관계없이 인재를 쓰겠다고 했습니다. 또 문무文武의 차별을 없앨 것을 내세우기도 했지요. 이러한 내용을 제도로 만든 선거조례를 만들어 관료제도 개혁에 나섰습니다. 또 조선시대 관료제의 뿌리가 된 과거제·음서제*를 없애고 새로운 관리 임용제도를 세웠습니다. 이제 신분이 아니라 재능에 따라 관리를 뽑겠다는 뜻입니다. 임용시험 과목으로 국문, 한문, 산술, 내국정략內國政略, 외국 사정 등 신학문과 현실적인 교양을 중요하게 여겼습니다. 그러나 지역별로 천거하게 해서 연줄이 없으면 추천을 받을 수 없다는 한계가 있었습니다.

음서제蔭敍制

고려·조선시대 아버지나 할아버지가 관직 생활을 했거나 국가에 공훈을 세웠을 때, 그 자손을 과거를 통하지 않고 특별히 관리로 뽑는 제도.

갑오개혁 뒤에 새롭게 바뀐 관리 임용제도에서 주로 어떤 사람들을 관료로 뽑았습니까?

● ● ●

문무 차별을 폐지하면서 관료 가운데 무과 합격자가 많아졌습니다. 외국어 학교 등 근대식 학교, 외국 유학생 출신을 관리로 많이 뽑았습니다. 한말의 교육제도는 관료를 길러 내는 것이 주요 목표였으므로 근대식 학교를 통해 관료를 충원하는 비중이 높을 수밖에 없었습니다. 이 무렵 유학생은 대부분 일본 유학생이었습니다. 유학생을 관료로 많이 뽑은 까닭은 그들이 새로운 지식을 가진 사람이었고, 또 외국과의 관계를 고려했기 때문입니다.

신분에 관계없이 여러 방법으로 관리를 임용하게 되었다지만, 출신 가문이나 학벌 등에 따른 차별까지 사라지긴 힘들었습니다. 중앙정부의 핵심 관직은 전과 같이 일부 문벌가문, 황제의 측근 세력이 차지했습니다. 실무 능력에 따라 등용한 인물도 황제에 충성하여 출세하려는 사람이 많았기 때문에, 아직 근대국가의 전문 관료로 볼 수는 없었습니다. 그렇지만 옛날과 견주어 보면 많이 바뀐 것도 있습니다. 중인, 서자, 또는 보부상 출신이 고위 관료로 출세한 일도 여럿 있습니다.

일제가 이 땅을 강점한 뒤 관료 구성과 제도가 크게 바뀌었죠?

● ● ●

일제는 식민지배를 위한 가장 중요한 자원으로 관료를 이용하려 합니다. 일제는 '합병' 전부터 이미 친일 관료층을 길러 내기 시작합니다. 일본이 1907년 한일신협약(정미7조약)을 강제로 체결한 뒤 관료 인사권을 빼앗아 간 것도 그 때문이지요. 일본인을 관료로 임명하거나 외국인을 불러들이기도 했습니다. 한일신협약 뒤에 70명 남짓한 지방 군수를 한꺼번에 바꾸었습니다. 새로 임명한 군수는 모두 일진회 계통의 친일파였습니다.

일제는 '합병' 뒤에 통감부 기구를 계승하고 대한제국 정부 소속 관청도 일부 줄여 흡수했습니다. 1910년 조선총독부 직원 1만 8,496명 가운데 조선 사람이 60퍼센트 남짓이었지만, 중요한 자리는 거의 모두 일본 사람이 차지했습니다. 중앙 행정기관에서는 말단인 판임관 등에 조선 사람을 임용했습니다. 지방에서는 민중을 통치하는 말단 행정기구인 면장과 탄압기관 가운데 말단인 순사보, 헌병 보조원 등을 모두 조선 사람으로 썼습니다.

일제가 말단 관리에 조선 사람을 쓴 데에는 까닭이 있습니다. 일제는 식민통치에 필요한 관료를 충원하고 식민지 권력과 민중이 직접 부딪치는 부분에 조선 사람을 써서 조선 민중을 간접 지배하려 한 것입니다. 나아가 식민지배에 협조하는 친일 관료를 길러 내고, 조선 사람도 식민통치에 잘 협조하면 얼마든지 출세할 수 있다는 환상을 심어 주려는 뜻이었죠.

조선인 관료들은 여러 차별 대우를 받았습니다. 그러나 일제에 빌붙어 자신의 부와 권력만을 생각하고 드러내 놓고 친일의 길로 들어선 사람 가운데 높은 자리에 오른 사람도 꽤 있습니다. 그래서 친일

"조선인 관리는 울화통을 억누르고 참아야…"

조선인 군수는 일본인 서무과장에게 머리를 올릴 수 없고, 만약 올렸다가는 그것이 마지막이다. 그러므로 울화통을 억누르고 참고 있다. 조선인은 지사까지가 등용문의 최대 한도이다. 그것도 석조전(덕수궁)에 백 번이나 왕복하든가, 아니면 하료*가 시키는 대로 하지 않으면 안 된다. 울화통을 억누르고 관리가 되었다 해도 크게 성공할 수 없고, 그렇다고 해서 민간에 내려와도 반대자로 취급당하므로 공중에 뜬 자가 되고 만다.

—『조선일보』, 1927년 6월 7일.

한국인 관료는 일본인 관료에 견주어 차별 대우를 받았습니다. 윤치호는 "(조선인은) 시간이 갈수록 모든 공직에서, 심지어는 면장 자리에서조차 쫓겨난다. 그리고 월급 면에서도 차별 대우를 받는다."(1920년 7월 20일 일기)고 했습니다. 같은 관등이라도 급료는 일본인보다 훨씬 낮았고, 승진에서도 차별 대우를 받았습니다. 윤치호에 따르면, 1934년 식민지 조선의 모든 관공서에서 일하는 한국인은 약 35퍼센트인데, 그들이 받는 봉급은 전체 관료 봉급의 21퍼센트에 지나지 않았습니다.

* **하료**下僚 일본인 하급관료.

파 관료들을 밝혀내는 것이 '과거사 청산'에서 중요한 것이지요.

일제는 관리를 어떻게 뽑았나요?

'특별 임용'한 일도 있지만, 자격시험을 치러 관리를 뽑았습니다. 중견 관료를 뽑는 시험은 보통문관시험입니다. 보통문관시험은 학력에 관계없이 판임관으로 임용될 수 있는 자격시험이었습니다. 순사, 간수, 면서기, 관청의 용인 등 하급 관리가 승진하려면 반드시 보통문관시험을 거쳐야 했습니다. 또 안정된 직장으로 관리를 선택한 사람이나 다른 시험을 치르는 통과 절차로 보통문관시험을 보는 사람도 있었습니다.

처음에는 주로 일본 사람이 이 시험을 보았지만, 한국인 응시자 수가 차츰 늘어납니다. 일제 지배가 이어지면서, 관리에 대한 저항감이 무뎌진 것으로 보입니다. 보통문관시험 과목은 업무를 보는 데 필요한 산술, 행정법을 비롯한 여러 법률, 경제학 등이었습니다. 일본어를 말하고 쓸 수 있는 사람을 뽑았으며, 일제 식민정책을 찬양하는 답을 요구했습니다.

주임관보다 높은 관료가 되려면 고등문관시험을 치러야 했습니다. 고등문관시험은 1년에 한 번 도쿄에서 치렀습니다. 그러나 시험에 합격했다 해서 모두 관리가 되는 것은 아니었습니다. 고등문관시험은 자격시험과 같은 것이었기 때문에 합격한 뒤 엄격한 심사와 선발 과정을 거쳐야 했지요. 일제는 합격자가 어떤 사상을 가지고 있는지를 중요하게 여겼습니다.

식민지시대 높은 관료는 거의 모두 '사상범 색출', 일제 수탈정책 앞잡이 등의 반민족 행위를 하거나 친일의 길을 걸었습니다. 따라서 고등문관시험을 준비하는 사람들은 따가운 눈총을 받았습니다. 그러나 차츰 응시자가 늘고 시험은 치열해집니다. 고등문관시험에 합격하면 문중의 자랑, 고향의 자랑, '한국 청년의 자랑'으로 떠받들었습니다. 일제는 관료제를 통해 친일의 씨앗을 뿌리고 키웠던 셈이지요.

일제 관료였던 사람들은 해방 뒤에 어떻게 됩니까?

일제시대 친일 관료들은 1945년 8월 '해방'이 되자 곧바로 모습을 감추었지만, 1945년 9월 8일 미군이 이 땅에 들어와 미군정을 실시하며 총독부 관료 유임 명령을 내리자 다시 관직으로 돌아왔습니다. 이들은 단순한 기술 관료 집단이 아니라, 일제 식민정책에 봉사했던 지난날 경력 때문에 친일파 처단과 식민 잔재 청산에 반대하는 일에 한목소리를 냅니다.

일제 때 입법·사법·행정 등 모든 권력을 한 손에 거머쥐고 있던 총독의 권한도, 미 주둔군 사령관에게 넘어갑니다. 미군정은 영어를 잘하고 미국 유학 경험이 있는 사람들, 또 식민지 때 관료 경력을 가진 사람들을 썼습니다. 일본인 관료가 물러나고 군정 행정기구가 커

1924년 『동아일보』에 실린 순사 · 간수시험 준비서 광고. 일제 지배가 이어지면서 젊은이들이 일제의 관리가 되는 것에 그리 큰 저항감을 느끼지 않게 된다. 순사시험을 준비하는 수험생이 많았기에 이렇게 신문에 광고도 실렸다.

지면서 식민지시대 하급 관직에서 일했던 사람들이 중간급 관리직으로 빠르게 승진했습니다. 더욱이 고등문관시험 출신 관료는 출세가 빨랐습니다. 이들 일제 친일 관료 출신 인사들은 자신들의 친일 행적을 숨기려고 반공 이데올로기를 앞세워 '애국자'로 변신합니다.

그 밖에도 미군정은 우익 정당인 한민당(한국민주당)계 인물들을 관료기구의 핵심 지위에 앉혔습니다. 한 자료에 따르면, 미군정은 1945년 8월부터 1945년 말까지 3개월 동안 약 7만 5,000명의 한국인 관리를 유임 또는 신규 임용했는데, 공개 채용 방식으로 뽑은 것이 아니라 추천으로 임명했습니다. 이러한 임명 방식은 친미 우익 세력을 키우는 데 아주 효과가 컸지요. 경찰·사법부와 함께 행정기구가 한민당의 정치수단이 될 만큼, 한민당계 인사들이 관료가 되는 일이 많았습니다.

미군정 때에도 친일 관료가 많을 수밖에 없었겠군요?

●●●

미군정은 일제 관료기구를 빠르게 되살리고 이에 기대어 군정을 하려 했습니다. 미군정은 일제 식민 통치기구를 활용하여 국가기구를 다시 만들려 했지요. 이때 친일 관료들은 친일에서 친미로 옷을 바꾸어 입으며 자신들의 친일 활동을 덮으려 합니다. 경찰과 군대에 그런 인물이 더욱 많았지요. 친일 출신 관료들은 미군정 시기에 이어 이승만 정권에서도 그대로 그 자리를 이어 갑니다.

자유당 정권 뒤에도 수많은 친일 출신 관료가 정부 요직에 앉았습니다. 대한민국 정부 수립 뒤에도 친일파와 반민족 행위자 처벌 문제는 국가 정통성 문제의 핵심 과제로 남았습니다. 그래서 제헌국회에서 만족스럽지 못하나마 '반민족행위처벌법'을 만들지만, 그마저도 제대로 시행하지 못합니다. 이승만과 한민당이 감싸 주었던 친일 세력이 남한을 세우는 데 큰 역할을 했기 때문에 친일파를 처단하지 못했던 것이지요.

한 뼘 생각

지난날 마땅히 처벌받고 역사의 무대에서 사라졌어야 했던 사람들이 대한민국을 이끌어 가는 고위 관료가 된 것은 참으로 안타까운 일입니다. '해방' 뒤에 역사의 물길을 제대로 잡아 민중에게 봉사하는 관리를 길러 내지 못한 것이 가슴 아픕니다.

요즘 공무원시험 바람이 불고 있습니다. '청년 실업'의 어두운 그늘 속에서 불어오는 바람입니다. 직장이라고 들어가 봐야 비정규직이 될 것이고, 운 좋게 정규직 노동자가 되어도 언제 해고될지 모르기 때문에 '철밥통' 공무원이 낫다고 생각하는 사람이 크게 늘었습니다. 그렇기는 해도, 공무원시험을 준비하는 사람 모두가 좋은 관료가 되어 참 세상을 일구는 데 이바지하려는 뜻을 가졌으면 좋겠습니다.

공무원 노동조합을 "철밥통에 밥을 더 달라고 요구하는 욕심쟁이"라고 비난하지 말고, 그들에게 더욱 열심히 활동해서 맑고 깨끗한 관료 사회를 만들어 달라고 요구하는 것은 어떨까요? 또 '철밥통'을 탓하기보다는 우리 모두 깨지지 않는 밥통을 가지고 사는 사회를 빨리 만들어야 합니다.

18

살아도 사는 것이 아닌 삶, 노동자

생각 열기

'노동자'라는 말을 들으면 무엇을 떠올리십니까. 얼핏 단결투쟁, 노동조합 같은 말이 생각나시죠? 그래서일까요? 아직도 '노동자'라는 말을 쓰기를 마다하는 사람이 많습니다. 그들은 '근로자'라는 말을 즐겨 씁니다. 박정희 정권 때부터 노동자라는 말을 쓰지 못하게 했습니다. 노동자라는 말에는 자본에 맞서 싸우는 모습이 담겨 있다고 보았기 때문입니다. 박정희 정권은 식민지 때 일본 사람이 즐겨 쓰던 근로자라는 말을 되살려 놓았습니다. 아직도 공식 방송용어는 노동자가 아니라 근로자입니다.

노동자는 이중의 의미에서 자유로운 사람입니다. 첫째 봉건적 신분제도에서 자유롭고, 둘째 자본가가 가진 생산수단을 갖지 못했다는 측면에서 자유롭습니다. 이 땅에서 노동자는 언제 모습을 드러냈고, 그들은 어떻게 살았을까요?

우리나라에 노동자가 모습을 드러낸 때는 언제인가요?

노동자는 봉건사회 안에서 자본주의가 싹트면서 자본가와 함께 태어났습니다. 이 땅에서는 17세기 초반부터 노동자가 조금씩 모습을 드러내다가, 19세기 말부터 20세기에 들어와 광산과 부두 노동자를 중심으로 근대적인 노동자로 탈바꿈했습니다.

"농사를 짓는 사람이 천하의 근본"이라는 말에서도 알 수 있듯이, 조선 사회는 농업 중심 사회였지요. 따라서 조선 후기부터 1910년대까지의 노동자는 대부분 농업 노동자였습니다. 이들은 신분 예속에서 차츰 벗어나면서 계약에 따라 노동하기 시작합니다. 조선 후기에 농촌 사회가 분해하면서 몰락한 농민이 지주와 부농층에게 노동력을 파는 고용 노동이 생겨납니다. 흔히 머슴으로 알려진 '장기고공'은 예전의 노비 노동을 대신했던 층입니다. 그러나 '단기고공'은 날품팔이의 초기 모습을 보였습니다. 평야지대에서는 일종의 청부 노동 형태인 '고지 노동'도 널리 퍼졌습니다. 일손이 달리는 농가에서 농사철이 시작되기 전에 품삯을 미리 주고 노동력을 확보하는 식이었지요. 농촌에서 밀려 나온 농민들은 농한기에 국가가 벌이는 큰 사업에 자신의 노동력을 팔기도 했습니다.

농업 노동자 말고도 조선 후기에 광산업이나 금속 가공업 등 일부 특수한 생산 부문에서 자본주의적 고용관계가 싹틉니다. 특히 19세기 초 광업은 자본을 대는 '물주'와 광산을 경영하는 '덕대'가 경영을 나누어 맡는 자본주의적 경영을 했고, 이때 임금 노동자를 고용했습니다.

'근대적' 노동자는 언제 모습을 드러내나요?

먼저 1876년 개항 뒤에 노동자의 존재 형태나 구성에 변화가 생깁니다. 인천·부산·원산 등의 항구가 열리면서, 이곳을 중심으로 부두 노동자가 많이 생겼습니다. 부두 노동자들은 대부분 농촌에서 밀려나 반숙련·미숙련 노동자로 일했습니다. 또 제국주의 열강이 광산 이권 침탈을 일삼으면서 광산 노동자도 크게 늘어납니다. 개항 뒤에도 임금 노동자는 거의 모두 농업 노동자였지만, 유기나 솥 공장 같은 공장제 수공업 분야에서 일하는 노동자도 늘었습니다.

그 뒤 일제가 이 땅을 강점한 1910년대에 토지조사사업이나 회사령 등 여러 식민지 경제정책을 펼치면서 또다시 사회 변동이 생겼습니다. 그 과정에서 노동자 계층에도 변화가 일어납니다. 1910년대 토지조사사업으로 땅을 빼앗기고 농촌을 떠나 도시로 몰려드는 사람이 많아졌지요. 그러나 아직 공업이 발달하지 못한 탓에 토목 공사장 등에서 날품팔이 노동자로 살아야 했습니다. 또 1920년대 섬유·고무신 등의 경공업 부문을 중심으로 공장 노동자가 늘었지만, 전체 노동자에서 공장 노동자가 차지하는 비중은 아직 낮았습니다. 그렇기는 해도, 이 무렵부터 차츰 근대적인 모습을 지닌 노동자가 생겨납니다.

1930년대에 일제가 이른바 '식민지 공업화' 정책을 펴면서 노동자 수가 크게 늘어납니다. 전체 노동자 수에서 공장 노동자가 차지하는 비율은 1920년대에 5~8퍼센트에 지나지 않았지만, 1930년대 전반기에는 40~50퍼센트가 되었으며, 예전에 견주어 중화학 공장에서 일하는 노동자 비율이 높아졌습니다.

일제는 여성과 아동도 일터로 끌어들였다면서요?

다른 나라를 보면 산업화 초기에 여성들, 10대들, 아동들이 노동자를 공급하는 저수지 노릇을 했습니다. 일제도 이른바 '식민지 공업화'를 하면서 그들을 일터로 끌어들였지요. 여성들은 가난한 가정 살림에 조그만 보탬이라도 되려고 일터로 나갔습니다. 1930년 무렵부터 전체 노동자 가운데 여성 노동자가 30퍼센트를 웃돌았습니다. 여성 노동자는 주로 방직공장에서 일했고, 그다음으로 화학·식료품 공장, 그리고 기계·금속·광업 부문에서도 적지 않은 여성이 힘겨운 노동을 했습니다. 일제가 전쟁을 치르느라 모자라는 노동력을 여성으로 메웠기 때문이지요. 일제는 기계·화학·방직 공장 등에서 임금을 아끼려고 유년 노동자를 썼으며, 전쟁이 치열해지면서 유년 노동을 많이 동원합니다.

노동자들의 노동 조건은 어땠나요?

일제 강점기에 공장은 늘어 가고 노동자 수도 많아졌지만, 노동자들은 말할 수 없이 혹독한 노동 조건에서 온갖 차별을 받으며 일했습니다. 농토를 빼앗겨 고향에 머무를 수 없었던 사람들은 도시로 몰려들었지만, 도시라 해서 일자리가 있는 것은 아니었습니다. 공장 노동자가 되지 못한 사람들은 입에 풀칠이라도 하려고 남의 집 머슴살이를 하거나 지게꾼이 되었습니다. 일본인 농장에서 일하던 농업 노동자들은 "좁쌀이나 보리, 일본인이 먹다 남은 수박껍질"을 먹는 등 말로 다할 수 없는 비참한 생활을 했습니다. 공장 노동자라 해서 크게 나을 것도 없었습니다. 그들은 낮은 임금, 긴 시간 노동에 시달렸으며 노동 보호시설도 갖추지 않은 아주 나쁜 노동 조건에서 일했습니다.

일제는 조선 노동자들을 제대로 대우하지 않았겠죠?

일제는 조선 노동자에게 낮은 임금을 주고 마구 일을 시켜도 괜찮다는 식으로 생각했습니다. 일본 어용학자들은 조선 노동자가 게으르고 책임감이 없다고 했습니다. 또 이곳저곳 직장을 옮겨 다니는 등 나쁜 습성을 지니고 있으므로, 조선 노동자에게 임금을 낮게 주어야 한다고 억지를 부렸지요. 조선 노동자들은 간편한 생활에 익숙하기 때문에 낮은 임금으로도 잘 살 수 있다고 주장하기도 했습니다. 일제 자본가는 조선 노동자는 생산성이 낮은 노동력이기 때문에 오래 일 시키고 낮은 임금을 주어도 아무런 문제가 없다는 논리를 대며, 조선 노동자를 차별했습니다.

조선 노동자는 일본 노동자보다 1.2~1.5배 더 긴 시간 일하면서도 임금은 절반도 받지 못했습니다. 여성 노동자 임금은 남성 노동자 임금의 절반에 지나지 않았지요. 조선 노동자는 감독 · 십장 등에게 중간 착취를 당하고, 벌금과 강제 저축 따위로 임금을 깎였습니다. "임

면사 공장에서 일하는 여성들. 일제시대 많은 여성이 공장에서 노동자로 일하며 생활을 꾸려 나갔다. 여성 노동자들은 주로 방직 공장에서 많이 일했다. 1930년 무렵부터 여성 노동자 수는 전체 노동자의 30퍼센트를 웃돌았다.

금보다 벌금이 많아 그 다음날 임금에서 깎아야" 하는 일이 적지 않았습니다. 노동자들은 감독에게 인간답지 못한 대우를 받고 맞는 일이 흔했습니다. 일제는 벌금과 폭행 등의 방법으로 노동자에게 규율을 지키라고 다그쳤습니다.

기숙사를 만들어 여성 노동자에게 잠자리를 마련해 준 것은 좋은 일 아닌가요?

● ● ●

그렇지 않습니다. 자본가는 기숙사를 두어 여성 노동자를 확보하고, 그들을 다람쥐 쳇바퀴 도는 듯한 노동에 동원하려 했습니다. 기숙사는 여성 노동자가 쉬거나 잠자는 곳이라기보다는, 그들을 통제하고 감시하는 시설이었습니다. 공장 담을 감옥처럼 높게 둘러치고, 군데군데 망루를 두어 여성 노동자가 도망가는 것을 감시했습니다. 여공에게 공장은 감옥이었습니다. 강경애는 소설 『인간문제』에서 "여공의 장래를 잘 지도하기 위하여 외출을 불허한다는 둥, 일용품을 공장에서 저가로 배급한다는 둥 …… 야학을 한다느니, 또 몸을 튼튼히 하기 위하여 운동을 시킨다는 것도, 그 이상 무엇을 더 빼앗기 위하여 눈 가리고 아웅하는 수작"이라며 방적 공장에서 일어나는 노동통제를 고발했습니다.

일제 강점기 때 조그만 집이나마 가진 노동자가 흔치 않았다면서요?

● ● ●

많은 노동자가 마음 놓고 머무를 집이 없어 제방이나 다리 밑, 산속에 허름한 오두막집이나 토굴을 만들어 살았습니다. 공사장 막일꾼의 경우, 홀몸으로 사는 노동자는 '함바'라는 공사장 부근의 임시 건물에서 살았습니다. 가족을 거느린 노동자 가운데, 자기 집을 가진 노동자는 5퍼센트에 지나지 않았다는 통계도 있습니다. 아직 일자리를 찾지 못한 뜨내기 노동자들은 공장 지대 노동 숙박소에 머물기도 했습니다. 공장 부근에는 통근 노동자들이 사는 하나의 공장촌이 형성됩니다.

먹고 자는 문제 말고 작업 환경도 좋지 않았을 텐데요?

● ● ●

1930년대 중화학 공업이 늘어나면서 갖가지 산업재해와 질병도 늘어납니다. 오로지 이윤만을 목표로 삼는 자본가들이 산업재해를 막고 노동자의 건강을 챙기는 일에 돈을 쓸 까닭이 없지요. 진남포 제련소의 경우, "폐가 문드러지고 막 썩어 들어가는 느낌이 드는 작업 환경 속에서 뼈가 삭는 노동"을 해야 했다고 합니다. 유년 노동자와 미숙련 견습공은 더욱 노동 재해율이 높을 수밖에 없었습니다. "열 살도 안 된 섬약한 유년을 이른바 견습생이라는 핑계"로 하루에 열한 시간 넘게, 많게는 열여덟 시간씩 힘에 부치는 일을 시켰다고 합니다.

1910년대 조선 노동자들은 어떻게 저항했나요.

아주 나쁜 작업 환경 속에서 낮은 임금을 받고, 민족 차별까지 당했던 노동자들은 자연스럽게 일제 자본에 맞섰습니다. 1910년대에는 아직 노동자 수가 적었고 사회적 힘도 약했지만, 억압이 있는 곳에 저항이 뒤따르기 마련이지요. 노동자들은 파업투쟁을 벌이고 초보적인 노동단체를 만들어 싸우면서 조금씩 자기 모습을 드러냈습니다. 1910년대 파업투쟁에서 내건 요구 조건은 임금 인상, 처우 개선 등과 같은 경제적 요구가 많았고, 노동단체도 노동조합 성격보다는 노무공급기관 성격이 짙었습니다.

1920년대를 조직의 시대라고 부른다죠? 이때 노동자들은 어떤 단체를 만들었나요?

1919년 3·1 민족해방운동을 겪은 뒤부터 비로소 근대적인 노동단체가 나타납니다. 1920년대 들어 노동자들은 사회주의 사상의 영향을 받으며 여러 노동단체를 만들어 '단결의 무기'로 삼았습니다. 이 땅에서 노동계급이 근대적 계급으로 형성된 것은 1920년대에 들어서입니다. 노동쟁의와 소작쟁의가 눈에 띄게 늘어나자 그 운동을 전국 차원에서 지도하려는 '노동단체수립운동'이 일어납니다. 이 움직임은 먼저 1920년 4월 노동공제회 창립으로 첫 열매를 맺습니다. 노동공제회는 여러 한계가 있었지만, 우리 역사에서 처음으로 노동자 깃발을 내걸고 어렴풋하게나마 노동자의 단결을 내세웠습니다.

노동조직이 발전하면서 1924년 4월 조선노농총동맹을 만듭니다. 조선노농총동맹은 "노동계급을 해방하여 완전한 신사회를 실현하는 것을 목적으로", "철저하게 자본가계급과 투쟁한다."는 강령을 내걸었습니다. 1927년 노농총동맹은 노동총동맹과 농민총동맹으로 분리하여 조직에서 발전한 모습을 보입니다.

노동조직 발전에 발맞추어 노동운동도 활발하게 일어났겠죠?

1920년대 초반까지도 노동자들의 요구 조건은 임금 인상 등 경제적 요구에 제한되어 있었습니다. 그러나 1920년대 후반으로 갈수록 파업 참가 인원도 많아졌을 뿐만 아니라, 요구 조건도 단체계약권 확립, 8시간 노동제 실시, 일본인 악질 감독 추방, 대우 개선 등과 같이 그 폭을 넓혀 갑니다. 드디어 1929년 원산 총파업에서 노동자들은 자신의 힘을 크게 떨칩니다. 원산 인구 가운데 3분의 1이 참여한 원산 총파업은 3개월 남짓한 투쟁을 벌였지만, 일제와 자본가들의 탄압으로 끝내 실패하고 맙니다.

1924년 4월 열린 조선노농총동맹 창립총회. 자본가계급과 철저히 투쟁한다는 강령을 내건 조선노농총동맹은 노동 문제 · 소작 문제 해결에 앞장섰으며, 민족개량주의 사상을 선전하는 『동아일보』 불매운동을 결의했다.

원산 총파업 뒤에 노동운동은 어떠한 변화를 겪나요?

원산 총파업은 1920년대 노동운동의 결산, 또는 1920년대 노동운동의 봉우리라고 볼 수 있습니다. 1930년대 노동운동이 새롭게 시작함을 알리는 투쟁이었지요. 1930년대 들어 노동자 파업이 크게 늘고 파업전술이 발전했으며 투쟁도 더욱 드세집니다. 공황을 맞이한 일제와 자본가가 '산업 합리화'를 내걸고 임금을 깎거나 노동시간을 늘리자, 노동자들은 이에 맞서 파업투쟁을 벌입니다. 1929년 11월 광주학생운동 뒤에 불어 온 대중투쟁의 열기로 부산 조선방직 파업, 신흥탄광 파업, 평양 고무 공장 동맹파업이 잇달아 일어납니다.

1930년대에 노동조합운동도 활발했겠군요?

1930년대에는 나라 곳곳에서 혁명적 노동조합운동이 활발하게 일어났습니다. 혁명적 노동조합은 혁명적인 노동자들이 만든 비합법 노동조합입니다. 혁명적 노동조합운동은 일제의 대륙 병참기지가 되어가던 흥남·함흥·원산 일대에서 가장 활발했습니다. 1931년에서 1935년에 걸쳐 혁명적 노동조합운동을 하다가 일제 경찰에 체포된 사람이 1,759명이나 됩니다.

혁명적 노동조합 운동가들은 원산 총파업 뒤에 노동자투쟁이 드세지고 있지만 노동단체들이 그 투쟁을 제대로 이끌지 못했다고 판단

했습니다. 따라서 운동가들은 혁명적 노동조합을 만들고, 뒤이어 산업별 노동조합을 만들려 했습니다. 또 노동조합이 없는 곳에서는 새로운 노동조합을 세우려는 목적도 가지고 있었습니다.

일제의 탄압 속에서도 노동자 대중투쟁은 쉽게 잦아들지 않았다죠?

일제가 중일전쟁과 태평양전쟁을 일으킬 때, 혁명적 노동조합운동은 엄청난 탄압을 받았습니다. 그러나 1937년 중일전쟁과 뒤이은 태평양전쟁 때에도 노동자투쟁은 이어집니다. 노동자들은 주로 군수산업 부문에서 파업투쟁을 벌이며 침략전쟁에 미쳐 날뛰는 일제를 괴롭혔습니다. 노동자들은 직접 파업을 벌이기도 했지만, 전시산업의 생산을 흐트러뜨리는 태업·결근·공사 방해 등을 자주 일으키며 일제에 맞섰습니다. 또 일제가 징병·징용으로 노동력을 강제 동원하고 수탈하는 정책을 펴자 수많은 노동자가 도망가는 등 일제의 정책을 방해하는 일을 멈추지 않았습니다. 이름을 남기지 않은 수많은 노동자가 민족해방운동의 주역이었던 것이지요.

해방 뒤에 노동자들의 처지나 생활이 좀 나아졌습니까?

노동자들은 그토록 노동자를 탄압하던 일제 통치기구와 자본이 무너

원산 총파업 모습. 1929년 1월 14일부터 4월 6일까지 3개월 동안 이어졌다. 원산 총파업은 일제시대 노동운동의 큰 봉우리이며 1930년대 노동운동의 시작을 알리는 분수령이었다.

졌으니 노동자의 삶이 나아져야 마땅하다고 생각했습니다, 새 세상이 올 것이라는 벅찬 기대를 품었지요. 노동자들은 식민지 시기에 쌓아 두었던 노동운동의 힘을 떨쳐 50만 노동자가 참여하는 조선노동조합전국평의회(전평)를 만들기도 했습니다. 그러나 노동자들의 생활은 하나도 나아지지 않았습니다. 오히려 미군정이 남한을 통치하는 동안 많은 사람이 실업자로 내몰립니다. 취업 노동자는 엄청난 인플레이션 속에서 실질임금이 자꾸만 깎였습니다.

해방 뒤 노동운동은 어떠했습니까?

일제 때 줄기차게 싸워 왔던 노동자들은 미군정에서도 자신의 처지와 조건을 개선하려고 투쟁을 멈추지 않았습니다. '해방' 뒤 노동자들은 '굶어 죽지 않으려고' 공장 문을 스스로 열거나, "그동안 땀 흘려 일한 공장은 우리 것이기 때문에 우리가 차지해야" 한다면서 공장을 접수하고 관리했습니다. 노동자는 스스로 공장을 운영하며 일제와 친일 자본가를 몰아내고 생산시설을 노동자 손에 넣으려 했습니다. 이러한 노동자 자주관리운동은 미군정의 탄압으로 패배합니다. 그러나 1946년 9월에는 철도 노동자가 중심이 되어 "쌀을 다오!" "일급제 반대!" "임금 인상!" 등의 구호를 외치며 총파업을 벌이기도 했습니다. 그 밖에 크고 작은 노동자투쟁이 줄을 이었으나, 미군정은 곳곳에서 벌어진 파업을 모두 강경하게 진압했으며 전평을

맨 처음 고공농성 벌인 여성 노동자 강주룡

을밀대 위에서 농성하는 강주룡.

> 나는 죽음을 각오하고 이 지붕 위에 올라왔습니다. 나는 평원고무 사장이 이 앞에 와서 임금 감하를 취소치 않으면 나는 …… 근로대중을 대표하여 죽음을 명예로 알 뿐입니다. 그러하고 여러분, 나를 지붕에서 강제로 끌어낼 생각은 마십시오. 누구든지 이 지붕 위에 사다리를 대 놓기만 하면 나는 곧 떨어져 죽을 뿐입니다.
>
> —『동광』, 1931년 7월호.

1931년 5월 평양 을밀대 지붕 위에서 평원 고무 공장 노동자 강주룡은 고공농성을 벌이며 이렇게 외쳤습니다. 강주룡을 비롯한 파업단은 공장주들이 임금을 깎으려는 것을 일단 막아 냅니다. 혁명적 노동조합 활동을 했다는 죄로 경찰에 체포된 강주룡은 1년 남짓 옥중투쟁을 벌이다 병보석으로 풀려난 뒤 1932년 평양 빈민굴에서 숨을 거두었습니다.

탄압하여 무너뜨렸습니다.

미군정은 왜 노동운동을 탄압했나요?

미군정이 노동운동을 탄압한 까닭을 줄여 말하면 "노동운동이란 자본주의 질서를 어지럽히는 것"이라고 여겼기 때문입니다. 미군정은 단체행동과 파업은 모두 불법이라는 법령을 만듭니다. 또 미군정청이 직접 일본인 재산을 접수하고 관리인 제도를 실시함으로써 공장관리운동을 부정합니다. 뿐만 아니라 전평을 타도할 목적으로 우익 진영을 조종하여 반공 어용조직인 대한독립촉성노동총동맹(대한노총)을 만들도록 했습니다. 미군정은 '민주주의적 노동조합'을 장려한다고 공포하고, 나아가 "정치색을 띤 노동조합은 정당한 단체로 인정하지 않겠다."는 담화문을 발표하여 전평을 불법조직으로 내몰았습니다. 이러한 미군정의 노동정책은 남한에 자본주의적 사적 소유체제를 확립하고 반공국가를 세우려는 기본 정책 속에서 나온 것입니다.

직업과 쌀, 나무를 다오

우리 노동자는 생각만 해도 치가 떨리고 몸서리쳐지는 일제의 압박과 착취 속에서 죽음 같은 노동을 해 왔다. 그러므로 1945년 8월 15일 해방을 맞이하여 미칠 듯한 희열의 춤을 너울너울 추었다. 이제부터는 사람다운 대우를 받을 것이고 생활도 안정되고 곧 향상되리라. …… 그러나 다섯 달이 지난 오늘에도 모든 문제가 해결되지 않고 있다. 직장은 문을 닫고 쌀과 나무는 금보다도 더 귀해지고 오직 굶주림에 울며 추위에 떨고 있다.

—노동자 기고, 『해방일보』, 1946년 2월 19일.

조선노동조합전국평의회(전평) 결성식 모습.

한 뼘 생각

노동자들은 노동조합을 만들어 자신의 권리를 조금씩 찾아 가고 있지만, 아직도 나쁜 노동 조건 속에서 터무니없는 차별 대우를 받으며 힘겨운 삶을 사는 비정규직 노동자와 외국인 노동자가 있습니다.

한 사회에 모순이 있으면, 그 모순을 해결하려는 운동이 일어나기 마련입니다. 노동자가 파업에 나서는 것은 그저 임금 몇 푼 올리려는 것이 아니라, '인간 선언'을 하는 것이라는 말이 있습니다. 또 노동자가 파업을 일으키는 것은 우리가 숨을 들이쉬고 내쉬는 것만큼이나 자연스럽고, 누구도 멈출 수 없다는 말이 있습니다.

지난날 숱한 탄압에 맞서 꿋꿋하게 싸웠던 선배 노동자들이 이 땅에 다시 살아난다면 그들은 지금 '신자유주의'가 온 세계를 휩쓰는 현실에 어떻게 맞설까요?

19

권력과 손잡은 자본, 시장을 거머쥐다

생각 열기

우리는 자본주의 사회에 살고 있습니다. 자본주의 정글에서 먹이사슬의 꼭대기는 자본가가 차지하고 있습니다. 자본주의와 함께 태어난 자본가는 생산수단을 차지하고 있으며, 사회의 모든 영역에서 아주 큰 영향을 미칩니다.

자본가는 더 많은 이윤을 얻으려고 활동하며 낮은 비용으로 많은 것을 생산하려 합니다. 한 개인으로 보자면 마음씨 착한 자본가도 있을 겁니다. 그러나 자본주의 정글에서 자본은 사자보다 더 무섭습니다. 사자는 배가 부르면 사냥을 하지 않지만, 자본은 끊임없이 이윤이라는 먹잇감을 찾아 움직입니다. "축적하라! 축적하라! 그러면 복이 있나니." 이것이 자본이 내건 기도문입니다.

자본가란 누구를 일컫는 말입니까?

자본가란 인종이나 민족, 취향, 정치 경향과 관계없이 경제 역할에 따라 정의합니다. 그렇다고 재산이 많은 사람을 자본가라 하지도 않습니다. 보기를 들어, 식민지시대에 아무리 돈이 많더라도 그 돈으로 전부 농사짓는 땅을 사서 농민에게 소작을 시키는 사람은 지주라 하지 자본가라 하지 않습니다. 자본가란 자본주의 생산양식에서 노동자를 고용하여 이윤을 얻는 사람을 일컫습니다.

자본가 하면 으레 노동자가 떠오릅니다. 자본가는 왜 노동자와 서로 맞설까요?

자본가는 기계·토지·공장·생산 원료 등 생산수단을 가지고 있습니다. 생산수단이 없는 노동자들은 자본가에게 임금을 받고 자신의 노동력을 팝니다. 자본가는 될 수 있으면 더 많은 이윤을 얻으려 하지요. 더 낮은 비용으로 더 많이 생산하여 큰 이윤을 얻으려는 자본가가 고를 수 있는 가장 손쉬운 방법이 노동자 임금을 낮추는 것입니다. 그리하여 자본가와 노동자는 끊임없이 서로 맞섭니다.

우리나라에 근대 자본가계급은 언제 나타납니까?

조선 후기에도 광산을 경영하거나 공장을 경영하는 사람들 가운데 자본가라 할 만한 사람들이 있었습니다. 바로 그때 이 땅에서 자본주의의 싹이 튼 것이지요. 그러나 근대 자본가는 근대 공장과 산업기관들이 들어서는 19세기 말부터 나타났습니다.

1880년대까지 주로 국가가 근대 공장과 산업기관을 세우고, 1890년대까지도 현직 관료가 자본가로 참여했습니다. 1905년 뒤부터 지주, 전·현직 관료, 수공업자, 상인 등 여러 계층 사람이 근대 공업에 투자하여 자본가로 모습을 드러냅니다. 1910년대 후반부터 지주나 상인들이 제조업에 진출했습니다. 1920년대에 들어서면 조선인 토착자본이 산업자본으로 전환하기 시작합니다. 양말, 정미, 고무 등의 분야에서는 일본인보다 조선인이 우위를 차지하기도 했지요.

일제 강점기에 조선 자본가들은 어떻게 생존하고 성장했나요?

1910년대 일제가 회사 설립을 통제하는 '**회사령**'*을 시행하는 동안 조선인 자본은 크게 움츠러듭니다. '회사령'을 폐지한 뒤 조선인 공장이 늘어나기는 하지만 대부분 염직, 직물, 정미소, 양조장, 피혁 등 간단한 분야에 한정되었습니다. 큰 자본과 높은 기술이 필요한 분야는 일본인들이 틀어쥐고 있었지요.

> **회사령** 會社令
>
> 1910년 12월 조선총독부가 공포한 회사 설립에 관한 제령制令. 조선에서 회사를 설립하려면 조선 총독의 허가를 받도록 했다. 토지조사사업이 농토 약탈과 농민 수탈의 농업정책을 대표한다면, '회사령'은 일제 식민지 상공업정책을 잘 보여 준다.

1930년대부터 일본의 독점자본이 조선에 들어오면서 대규모 공장이 늘어나고, 이에 발맞추어 조선인이 세운 공장도 늘어납니다. 그러나 이들은 일본계 독점자본에 기대어 성장할 수밖에 없었습니다. 많은 중소 조선인 자본가는 이 일본계 대자본 회사에 예속된 하청기업이 되었습니다.

일제 강점기에 대자본가로 성장한 조선인도 있지 않습니까?

일본 독점자본이 이 땅에 들어오자 일부 조선인 자본은 독점자본 영역의 한 귀퉁이를 차지했습니다. 박흥식, 민대식, 김연수 등의 친일 자본가들은 조선총독부의 노선과 정책에 적극 협조하여 자본을 축적할 수 있었습니다. 조선인 대자본가들은 일제가 1937년 중일전쟁을 일으키고 전시체제를 만들자 확실하게 친일하는 길로 들어섭니다. 일제가 대규모 기업을 집중 지원하면서, 조선 대자본가들은 은행 대출, 원료 수급 등에서 우대를 받았습니다. 일제는 일반인에게 강제로 예금을 하게 하여 마련한 자금을 대자본에게 싼 이자로 빌려 주었습니다. 엄청난 전시 인플레이션 속에서 자본가들은 은행에서 돈을 빌려 물건을 사 두기만 해도 부를 축적할 수 있었습니다.

식민지시대 조선의 대표적인 대자본가인 김성수, 김연수 일가는 어떻게 성장했습니까?

본디 이들은 전라도 지방에 많은 토지를 가졌던 지주 가문이었습니다. "김씨네 땅을 밟지 않으면 고창을 지나갈 수 없다."는 말이 있을 정도였지요. 1910년대 후반 3세대인 김성수와 김연수가 유학을 마치고 돌아오면서부터 호남 재벌의 토대를 쌓기 시작합니다. 김성수는 1915년 중앙학교를 손에 넣고 1919년 경성방직 설립 허가를 얻었으며

김성수 일가가 운영한 경성방직. 경성방직은 총독부와 일제 금융의 도움으로 큰 이익을 챙기고 사업을 확장해 나간다. 김성수 일가가 '민족 자본가'라고 알려져 있지만, 사실 일제 지배기구에 적극 참여 협력했던 '친일 자본가'였다.

1920년에는 『동아일보』를 창간합니다.

1923년 공장을 운영하기 시작한 경성방직은 처음에는 경영난을 겪었습니다. 김씨 일가는 이 어려움을 넘어서려고 여러 방안을 찾았지요. 김성수가 경영하던 『동아일보』는 1923년부터 물산장려운동을 적극 벌입니다. 물산장려운동이란 "조선인 손으로 만든 물건을 쓰자."는 민족주의운동이기는 했지만, 경성방직의 처지에서 본다면 그것은 하나의 제 살릴 꾀이기도 했습니다.

그러나 경성방직은 총독부 권력과 제국주의 금융에 협력해서야 비로소 위기를 벗어날 수 있었습니다. 경성방직은 조선 식산은행과 끈끈한 관계를 맺어 자금 지원을 받았습니다. 1931년 일제가 만주를 침략하자마자 그곳에 '불로초' 표 광목을 팔아 큰 이익을 챙겼고, 중일 전쟁 뒤에 만주로 나아가 '남만방적'을 세우기도 했습니다.

일제 도움으로 경성방직이 컸다면, 김씨 일가도 일제에 협력할 수밖에 없었겠네요?

● ● ●

김연수는 일제 지배기구에 적극 참여했습니다. 처음부터 그는 조선공업협회 부회장, 조선직물협회 부회장, 도의원 등으로 일본 자본가들의 조직이나 총독부 관변조직에 참여했습니다. 김연수는 일본이 일으킨 전쟁에 적극 협력하여 1937년 국방헌금 1만 5,000엔과 '황군위문금' 5,000엔을 냈고, '경기도 애국기 헌납기성회'에 참여했으며,

1940년에는 중추원 참의가 됩니다. 또 국민총력조선연맹 이사, 조선임전보국단 상무이사 등을 지냈으며, 1943년 뒤부터는 학생들에게 학병으로 나가 일제를 위해 싸우라고 권유하는 데 앞장섰다.

김연수 말고 대표적인 친일 자본가로는 누가 있나요?

● ● ●

박흥식을 들 수 있습니다. 그는 화신백화점으로 자본을 축적했으며, 전시체제에서 대흥무역과 조선비행기공업주식회사에 참여했습니다. 1939년에 세운 대흥무역주식회사는 몽골, 신장과 한국 사이의 교역을 맡았습니다. 이 회사는 박흥식이 주인인 화신무역이 가장 큰 주주였고, 일제가 여러 지원을 했지요. 1944년 박흥식이 앞장서 세운 조선비행기공업주식회사는 "반도 곳곳에서 팽배하는 애국열의 총결산적인 성과"로 "반도의 혼을 담은 비행기"를 전선에 보내려고 세운 회사였습니다.

해방 뒤 친일 자본가들은 어떻게 되었습니까?

● ● ●

친일 자본가들이 몰락하지는 않았습니다. 그러나 정치와 경제 여건이 크게 바뀌면서 빠르게 성장하는 자본가들이 새롭게 나타납니다. 오늘날 대자본이라고 하면 언뜻 생각나는 몇몇 대기업은 1950년대 뒤에 성장했습니다. 그동안 전시체제에서 온갖 수탈을 당하고 남북한이 분단되어 생필품이 터무니없이 모자란 상황에서 무역업으로 자본을 축적하는 사람들이 생깁니다. 처음에는 중국이나 북한, 홍콩, 마카오를 상대로 하는 밀무역이 많았습니다. 설탕이나 면사, 의약품, 시멘트 등과 마른오징어, 한천 등을 물물교환하는 형태였지요. 그 뒤 공식적인 무역업으로 전환하지만, 비정상적인 시장 상황을 이용한 폭리는 똑같았습니다.

무역업 말고 대자본으로 성장하는 길은 없었나요?

1950년대 자본 축적 과정에서 국가가 가장 큰 역할을 했습니다. 일제가 물러간 다음 많은 기업이 '귀속재산'이 되었습니다. 대부분 기업에서 연고가 있는 조선인 자본가나 중간 관리자들이 관리인이나 임차인이 됩니다. 대규모 사업체는 국유나 공유로 남겨 놓으려 했으나, 몇몇 기간산업체를 빼고는 거의 모든 기업체를 민간에 불하했지요. 그때 관리인이나 임차인들은 우선권을 가진 데다 대금도 나누어 갚을 수 있어 크게 유리했습니다. 이들은 싼값에 불하받은 귀속 기업체들을 밑바탕 삼아 1950년대 대자본가로 성장할 수 있었습니다. 1950년대 대기업체 89개 가운데 36개 회사가 귀속재산을 불하받은 것이었습니다.

원조자금도 자본가들에게 몰아주었다면서요?

국가의 재정 투자와 원조물자 배분 등이 자본가들의 성장에 큰 영향을 미칩니다. 1950년대 우리나라 경제에서 미국 원조가 차지하는 비중은 매우 컸습니다. 정부는 기업에 원료나 연료를 비롯한 원조물자를 주거나 대외 원조자금을 달러로 주어 도왔습니다. 그때 정부가 저환율정책을 유지했으므로 실제 달러 가치는 공식 환율보다 훨씬 높았지요. 환차익으로 얻는 수익이 엄청났기 때문에 원조자금으로 들어온 달러를 배분받는 것 자체가 큰 이익이었습니다.

또 정부는 미국이 제공한 원조물자를 민간에 판매하여 얻은 이른바 대충자금을 기업에 돈을 대는 주요 재원으로 썼습니다. 대기업들은 아주 낮은 금리의 대충자금을 독점했던 것이지요.

정부가 기업을 지원하는 과정에서 특혜 시비는 없었습니까?

몇몇 권력자들이 귀속재산 불하, 원조자금 분배나 대충자금 융자 등에 영향을 미쳤습니다. 특혜를 당연하게 여기는 풍조가 널리 퍼지면서 일제 때보다 자본과 관료의 결탁이 더욱 굳어졌지요. 기업을 하려면 반드시 관료 또는 정치가와 '원만한' 관계를 맺어야 했습니다. 이른바 '원만한' 관계를 빗댄 말인 '사바사바'라는 말이 크게 유행할 정도였지요. 1950년대 자본가가 성장하는 과정을 관료 자본주의라고 할 만큼, 정책 결정 과정에서 특혜가 심각했습니다.

현재 재벌기업도 이 무렵 형성되었죠? 삼성은 어떻게 자본을 축적했나요?

• • •

삼성 재벌의 창업주 이병철은 '해방' 전까지 대구를 기반으로 하는 중소자본에 지나지 않았습니다. 이병철은 1947년 '삼성물산공사'를 창립하고 생필품 무역에 뛰어듭니다. 삼성물산공사는 이전처럼 중국 상인들을 기다리는 것이 아니라 직접 홍콩 무역을 시작하여 크게 성공합니다.

삼성은 한국전쟁 뒤에 제대로 제조업 분야로 나아갑니다. 원조물품인 설탕, 밀가루, 면직물 제조업이 중심이었지요. 모두 흰색 물건이라 이를 삼백三白산업이라고 불렀습니다. 삼성은 삼백산업에서 가장 앞섰고, 온갖 특혜 속에서 큰 이익을 남깁니다.

귀속재산 불하도 삼성 성장에서 큰 몫을 차지했습니다. 삼성은 일본인들이 대지주였던 은행을 불하받고 이를 토대로 기업 인수에 나섭니다. 삼성은 흥업은행(뒷날 한일은행)을 인수하여 경영권을 손에 넣고, 이어 조흥은행을 인수합니다. 흥업은행은 상업은행 주식 33퍼센트를 인수하여 상업은행도 지배하게 되고, 안국화재도 인수합니다. 이렇게 손에 넣은 금융기관을 통해 여러 기업을 흡수하여 대자본으로 성장한 것이지요.

LG와 GS 그룹으로 나누어진 지난날의 LG그룹은 한국전쟁 때 큰돈을 벌었다죠?

LG그룹의 창업자 구인회는 일제 때 전쟁 특수로 부를 축적했습니다. 구인회는 주로 원료와 상품을 매점매석하여 큰 이익을 얻었습니다. 1947년 구인회는 오늘날 LG그룹의 모체가 되는 '락희화학공업사'를 세웠습니다. 락희화학은 공장과 창고가 모두 부산에 있어 한국전쟁 때 피해를 입지 않았습니다. 오히려 서울 등에 있던 다른 기업이 큰 타격을 입은 사이 독점적인 자리를 차지합니다.

한국전쟁을 계기로 놀랍게 성장하며 엄청난 자금이 필요했던 락희화학은, 이 과정에서 국가의 특혜를 받습니다. 락희화학은 전쟁 뒤에 플라스틱 사업에 손을 댑니다. 아주 새로운 사업이라 기계, 원료, 소모품 등을 모두 수입했습니다. 마땅히 달러가 많이 필요했겠지요. 먼저 정부에서 원조달러를 받아 그 자체로 큰 이익을 챙깁니다. 락희화학은 1954년 럭키치약을 생산했고 1956년에는 PVC 제품들을, 1957년에는 비닐장판과 폴리에틸렌 필름 등을 생산하며 시장을 휩씁니다.

또 락희화학은 여러 은행에서 엄청난 융자를 얻었습니다. 이런 융자는 정권과 유착해야만 얻을 수 있었지요. 실제 구인회는 이승만의 자유당에 1억 3,000만 원을 제공하고 5억 원의 융자를 얻은 일도 있습니다.

이병철, 구인회와 달리 현대의 창업주인 정주영은 '자수성가'한 자본가라면서요?

● ● ●

쌀집 배달원이었던 정주영이 성공을 하기까지 한국전쟁과 미군이 큰 역할을 했습니다. 1950년 정주영은 '현대건설주식회사'를 세웠지만, 그다지 큰 회사가 아니었습니다. 정주영의 동생 정인영이 미군 공병대 통역으로 근무하면서 거의 모든 공사를 현대건설이 수주합니다. 미군 공사를 계속 맡으면서 정부의 원조자금 분배 없이도 현대건설은 꽤 많은 달러를 벌어들였고, 엄청난 환차익을 보았습니다. 전쟁이 끝난 뒤에는 관료와 손을 잡았지요. 미 극동공병단이 발주하는 공사를 계속 맡은 현대건설은, 관급공사에도 손을 댑니다. 그리고 다른 건설업체들과 함께 이른바 '자유당 5인조'를 만들어 정치 거래를 하고 정부 공사를 따 내면서 크게 성장합니다.

해방 뒤 자본과 국가 권력의 유착은 어떤 부작용을 일으켰나요?

● ● ●

새로운 시장을 개척했다는 점에서 경영자로서의 능력을 무시할 수는 없겠지만, 경영 능력보다는 권력과 유착해서 자본을 축적했다는 것이 문제입니다. 자본이 성장하려면 권력과 긴밀히 유착해야만 했으니, 권력을 상대로 한 로비, 폐쇄적 가족 경영에 의존하는 체제를 갖추게 된 것이지요. 중소자본·대자본 가릴 것 없이 모두 노동자를 통

박정희와 함께한 고 정주영 현대 창업주. 현대, 삼성 등 재벌기업은 성장 과정에서 권력과 긴밀한 관계를 맺었다. 재벌기업의 자본 축적 과정에서 이러한 정경유착이 큰 역할을 했고, 그 과정에서 권력을 상대로 한 불법 로비, 폐쇄적 가족 경영, 문어발식 기업 확장 따위의 문제가 싹텄다.

제했지만, 권력과 긴밀히 유착한 독점자본의 경우 더욱 강력하게 노동을 통제했습니다.

재벌 그룹들은 문어발식 확장 경영 과정에서 큰 특혜를 받았습니다. 한 사업 분야에서 성공을 거두면 특별한 연관이 없는 다른 분야로 사업을 넓혔습니다. 연관된 산업 분야로 가는 것이 아니라 먼저 규모부터 키워 놓고 보자는 식이었습니다. 이렇게 원천기술이나 경영 혁신 없이 회사를 키우려 했으니, 기업은 값싼 융자 같은 특혜와 낮은 임금 같은 노동 수탈을 통해 이윤을 확보하려 했습니다.

한 뼘 생각

자본주의 사회란 자본이 주인인 사회를 일컫습니다. 자본주의 사회에서는 자본을 가진 사람과 그렇지 못한 사람 사이에 분명하게 금이 그어져 있습니다. 이것을 숨기려고 예전에는 이 사회가 자본주의 사회라고 함부로 말하지 못하게 했습니다. 반드시 자유민주주의 사회라고 말해야 했죠.

자본주의가 활짝 꽃핀 지금 우리는 행복한가요? 예전에 견주어 생산량이 엄청나게 늘었는데도 지구 한쪽에서는 굶주림에 시달리는 사람이 많습니다. 잘사는 나라라 할지라도 노동자들의 앞날은 불안하기 짝이 없고, 환경은 갈수록 오염되고 있습니다. 인간은 모든 인류를 파멸로 몰아넣을 수 있는 무기를 쉼 없이 만들어 냅니다. 누구나 전쟁을 반대하지만, 전쟁과 전쟁이 꼬리에 꼬리를 뭅니다. 이상하지 않은가요? 이 모든 터무니없는 일들이 벌어지는 배경에 어쩌면 이윤을 찾아 지구를 마구 누비는 자본의 검은 손길이 있는 것은 아닐까요? 이윤보다 사람을 소중하게 여기는 사회가 빨리 왔으면 좋겠습니다.

20

낯선 땅에 뿌리내린 '부평초'

생각 열기

물 위를 둥둥 떠다니는 애기 손톱만 한 잎이 있습니다. 개구리밥이라는 풀이죠. 논이나 연못에서 사는 여러해살이 풀입니다. 바람이 불면 물 위를 떠돌아다녀 부평초라고도 하지요. 고향을 등지고 낯선 곳에 사는 사람을 빗대어 '부평초 인생'이라고 합니다. "타향살이 몇 해던가 손꼽아 헤어 보니 고향 떠난 십여 년에 청춘만 늙어, 부평초 같은 내 신세가 혼자도 기막혀서, 창문 열고 바라보니 하늘은 저쪽"이라는 노랫말도 있습니다.

같은 나라라 해도 고향을 떠나면 무언가 허전하고 늘 고향을 그리워합니다. 자기 나라를 떠나 살아야 했던 사람들의 마음은 오죽했겠습니까? 요즈음이야 좁아진 지구촌 어디에 살아도 그곳이 내 고향이라고 말하는 사람이 많지만, 옛사람들은 자기가 태어난 곳을 잊지 못했지요. 그들은 왜 다른 나라로 떠나 살아야 했을까요? 또 그들은 어떻게 산 설고 물 선 땅에 뿌리를 내렸을까요?

해외 이주민의 역사를 아는 것은 어떤 의미가 있나요?

그동안 역사에서는 나라 밖으로 나가 살았던 사람들을 소홀하게 다루었지요. 해외 이주민의 역사와 그들의 삶을 살펴보는 것이 그저 조선 사람들이 나라 밖에서 얼마나 힘들게 살았는지를 알려는 것만은 아닙니다. 해외 이주민의 역사는, 사람의 국제적 이동이나 그들의 경제 활동뿐만 아니라, 이주민을 낳게 한 나라 안팎의 정치·사회·문화도 함께 보아야 합니다. 한국인의 해외 이주 역사에서 국민국가의 경계에 놓인 사람들이 겪어야 했던 경험과 정체성의 혼란을 알 수 있을 뿐만 아니라, 세계 자본주의체제의 형성과 전개, 동아시아 역사 상황을 읽을 수 있습니다.

조선 사람은 언제부터 해외 이주를 시작했나요?

예부터 나라 밖으로 나가는 사람들이 있었지만, 그 수는 많지 않았습니다. 1860년대부터 평안도나 함경도에 살던 사람들이 굶주림을 피해 집단 이주하기 시작했습니다. 처음에는 아침에 압록강, 두만강을 건너가 농사를 짓고 저녁에 돌아오거나, 봄에 가서 가을에 돌아오곤 했습니다. 그러다가 차츰 가족이민으로 바뀌었고, 많은 사람이 아예 그곳에 눌러 살았습니다.

만주로 옮겨 간 사람은 조선과 청의 대립 속에서 뿌리내리는 데 큰 어려움을 겪었습니다. 1880년대 두만강 상류 너머 중국 땅에는 이미 많은 조선 사람이 황무지를 개간하여 농사지었고, 조선 관리가 조세를 거두어 갔습니다. 이 사람들에게서 세금 받는 권리를 서로 가지겠다고 조선과 청국 정부가 다투었습니다. 이런 논쟁은 마침내 백두산 정계비 비문 해석을 둘러싼 간도 영유권 분쟁으로 이어집니다.

일제시대 간도 영유권 분쟁은 어떻게 되었나요?

1905년 이른바 '보호조약'을 맺은 일제가 대한제국의 외교권을 빼앗으면서 조선과 청 사이의 분쟁에 일본이 끼어듭니다. 일제는 1909년 9월 청과 간도협약을 맺습니다. 이 협약에서 청과 일본은 간도를 청나라 땅으로 규정하고 이곳에 사는 한국 사람은 청에 귀화해야만 거주권, 토지 소유권, 재산 소유권을 가질 수 있도록 합의했습니다. 이로써 19세기 말부터 조선과 청 사이에 논란이 된 만주 한인의 국적과 한인 관할권 문제는 청나라에 귀속하는 것으로 정리됩니다.

이 과정에서 일본이 청나라에게 아무런 대가 없이 양보했을 까닭이 없지요. 일제는 만주에서 다른 이권을 얻는 대가로 청나라와 간도협약을 맺었습니다. 일본은 만주에 사는 한인에 대한 권한을 청에게 넘겨준 대신, 중국 안에 사는 한국 이주민에 대한 여러 문제에 참여할 수 있는 기회를 얻었습니다. 그 뒤에도 만주 지역 한인 문제는 오랫동안 청·일 사이의 분쟁에서 교환 카드 노릇을 합니다.

식민지시대 이전에 만주나 중국이 아닌 다른 나라로 이주한 사람도 있었나요?

19세기 중엽부터 러시아 연해주로 이주하는 사람들이 있었습니다. 1903년부터는 한인 노동자들이 미국 하와이로 집단 이주하기 시작합

1909년 간도 벌판에 모인 조선 사람들. 모두 흰옷을 입고 있는 모습이 인상적이다. 황무지를 개간하여 농사를 지으며 삶의 터전을 일구었던 간도 한인들은, 청나라와 일본의 이해관계에 따라 운명이 엇갈리면서 그곳에 뿌리를 내리는 데 어려움을 겪는다.

니다. 만주와 연해주로 이주하는 일은 불법적인 형태로 시작되었으나, 하와이 이주는 정부의 공식 허가를 받았습니다. 초대 주한 미국 공사 호레스 앨런Horace Allen이 한국 정부와 이민 교섭 창구 역할을 했습니다. 정부에서도 궁내부 소속으로 수민원을 두어 처음으로 근대적인 이민사업을 맡도록 했습니다. 1903년 1월 101명의 한인 노동 이민단을 태운 겔릭 호가 하와이 섬에 있는 호놀룰루 항에 다다른 것이 첫 미국 이주입니다.

왜 이 땅의 사람들이 하와이까지 가게 되었나요?

한반도와 육지로 이어지고 거리도 가까운 만주나 연해주와는 달리, 하와이는 바다를 건너야 하고 아주 먼 거리입니다. 그 무렵 하와이 경제를 지탱한 것은 사탕수수 재배였습니다. 사탕수수 농장주들은 모자라는 일손을 외국 이민 노동자에게서 찾았습니다. 그러면서도 같은 민족 사람들이 너무 많아져서 집단 저항을 일으킬 것을 경계했지요. 이러한 사탕수수 농장주들의 필요에 따라 1860~1870년대에는 중국인 노동자가, 1880~1890년대에는 일본인 노동자가, 그리고 1903년부터 한국인 노동자가 하와이로 건너갔습니다.

부푼 꿈을 품고 하와이로 간 한국 노동자는 행복했을까요?

● ● ●

한인 이주자들은 낯선 땅에서 견디기 어려운 노동 조건 속에서 아주 낮은 임금을 받았습니다. 그들은 단조롭고 고된 노동을 되풀이하며 바깥세상과 담을 쌓은 생활을 했습니다. 호루라기 소리에 맞춰 일어나서 사탕수수 밭에 나가 오전 6시부터 오후 4시 30분까지 쉴 틈 없이 일해야 했습니다. 그럼에도 밥값과 벌금 따위를 빼면 한인 노동자들 손에는 월급 15달러 가운데 기껏해야 2~3달러 정도만 들어왔습니다.

하와이 이민은 1905년 7월 한국인 92명을 태운 이민선이 호놀룰루에 도착한 것을 마지막으로 끊깁니다. 하와이와 미국 서부에서 일본 노동자들이 일으킨 노동쟁의를 성공시키려고 조선총독부가 한인 노동자들이 미국으로 이민 가는 것을 막은 것이지요.

이민이 끊긴 뒤에도 10대 후반 여성들이 하와이로 건너갔다고 하는데, 어떻게 된 일입니까?

● ● ●

처음에 하와이로 건너간 한국 이민자는 거의 모두 총각이나 홀아비였습니다. 그들은 돈벌이가 적고 하와이 사회의 인종적 편견 때문에 결혼하기가 쉽지 않았습니다. 미국 정부는 그들의 결혼을 위해 한국 여성들의 이민을 일부 허용합니다. 그 결과 1910년에서 1924년 사이 15~17세의 신부 951명이 남자들의 사진만 보고 하와이로 건너가는,

하와이에 한인 사회가 형성되면서 자치정부 역할을 하는 대한인국민회가 결성되었다. 하와이 한인들은 낯선 땅에서 아주 낮은 임금을 받으며 어렵게 살았다.

이른바 '사진결혼' 풍속이 생겨납니다. 남자들의 사진이 10년 전에 찍은 것이 많아서 결혼하는 사람들은 실제 평균 15세 정도 차이가 났습니다. '사진결혼'을 고비로 이민 사회는 차츰 안정되었지만, 남편을 일찍 여의고 아이를 키우며 생활을 책임지느라 고생하는 부인도 적지 않았습니다.

일제가 조선을 강점한 뒤 나라 밖으로 나간 사람들이 더 많아졌겠죠?

일제가 토지조사사업 등 식민지 경제정책을 펼치면서 몰락한 농민이 나라 밖에서 살길을 찾았습니다. 특히 만주로 옮겨 가는 한인의 수가 중국 이주민 다음으로 많았습니다. 1910년에 22만 명이던 한인 수는 1930년이 되자 60만 명으로 크게 늘었습니다. 그 가운데 간도 지역에 많은 사람이 몰려 거주민 가운데 75~80퍼센트 남짓이 한인이었습니다. 많은 한인 이주자는 중국인에게서 땅을 빌려 농사를 짓거나, 날품팔이 노동자로 일했습니다.

일제가 조선을 강점한 뒤 만주에 사는 한인들의 지위나 처지도 달라졌겠죠?

일본은 조선을 강점한 지 5년 뒤인 1915년 5월에 중국과 만몽조약을 맺습니다. 이 조약으로 만주에 사는 일본인은 '토지 상조권'을 가지게 됩니다. '토지 상조권'이란 얼마 동안 토지를 소유할 수 있는 권한을 말합니다. 이는 사실상 소유권을 획득한 것이나 마찬가지였습니다. 일본은 '한일합병' 뒤에 한국인이 모두 일본 신민이 되었으므로 간도협약은 무효이고, 만몽조약에서 규정한 '토지 상조권'을 만주에 사는 한인에게도 똑같이 적용해야 한다고 주장했습니다. 그러나 중국은 이에 반대했지요. 이 과정에서 만주에 사는 한인들은 아무런 혜택도 받지 못한 채, 오히려 피해만 입었습니다.

한인 이주민은 중국과 일본이라는 두 고래 싸움에 등이 터지는 새우 신세가 되었습니다. 1920년대 중반 장쭤린이 이끄는 봉천군벌은 일제가 만주에 사는 한인을 앞세워 만주를 침략하고 있다고 생각하고 한인에게 귀화를 강요했습니다. 귀화하지 않는 한인은 여러 권리를 인정하지 않는 압박정책을 펼쳤지요. 이런 상황이 되자 참의부 · 정의부 · 신민부, 조선공산당 만주총국 등의 한인단체는 사실상 국적이 없는 상태에 빠진 한인들의 권리를 보호하려고 귀화운동을 적극 펼칩니다. 중국 정부를 끌어들여 일제 간섭에서 벗어나려 했던 것입니다.

이 무렵 일어난 '만보산 사건'의 내용은 무엇입니까?

1931년 7월 장춘에서 30킬로미터 떨어진 만보산에서 한국 농민과 중국인 지주 사이에 충돌이 일어났습니다. 한국 농민이 물길을 내려 하고 중국인 지주가 이를 막는 과정에서 충돌이 일어나, 일본 경찰이 중국인에게 총을 쏘는 일까지 생겼습니다. 인명 피해는 없어서 그때로서는 그다지 특별한 일은 아니었습니다. 그런데 이 사건을 관동군 등 일본 군국주의자들이 한국 농민이 많이 죽거나 다쳤다는 거짓 기사를 써서 보도합니다. 만주에서 한중 갈등을 부추겨 일제가 만주에 개입할 빌미를 마련하려는 뜻이었지요. 이 일 때문에 한때 한국에서 화교 박해 사건이 일어나고 중국에서도 한국 사람을 보복하는 등 파장이 커졌지만, 일제의 음모가 드러나면서 차츰 가라앉습니다. 그러나 이 사건을 계기로 중국 정부는 한인 이민을 막고 갖가지 규제를 새로 만듭니다.

일제 강점기에 일본으로 건너간 조선 사람은 어떻게 생활했나요?

1차 세계대전으로 일본 경제가 호황을 맞이하여 노동력이 모자라자, 일본 자본가들은 임금이 싼 한국 노동자를 적극 모집했습니다. 1922년에는 이를 제도로 뒷받침하는 자유 도항제를 실시하여, 일본으로 건너가는 한국 사람이 크게 늘어납니다. 그 뒤 일본에서 실업 문제가 심각해져 일본 내무성이 한국인의 일본행을 막아 달라고 요청했습니다. 조선총독부는 1925년 8월 도항 저지제를 실시해서 조선 사람이 일본으로 가는 것을 줄였습니다. 조선 사람들은 일본 경제를 움직이는 저수지의 물과 같은 처지였습니다.

다른 나라로 옮겨 간 한인들은 자신에게 익숙한 농사를 지었지만, 일본으로 건너간 사람들은 산업 중심지와 대도시에서 살았습니다. 잡역부 등의 날품팔이와 광부 등 궂은일을 하며 살았지요. 한인 노동자들은 같은 일을 해도 일본인 노동자 임금의 50~70퍼센트밖에 받을 수 없어서, 많은 사람이 최저생계비에 못 미치는 돈으로 생활했습니다. 또 일본인이 좀처럼 집을 세주지 않아, 재일 한인들은 하천 부지나 공사장, 국유지 따위에 허름한 살 곳을 마련했습니다.

어려운 생활과 차별 대우를 받았음에도 수많은 조선인이 일본으로 건너간 까닭이 무엇입니까?

● ● ●

1910~1920년대 일본으로 건너간 사람은 대부분 전라도와 경상도에서 농사를 짓던 사람입니다. 이들은 식민지 조선의 어려운 경제 상황에서 돈을 벌려고 일본으로 건너갔습니다. 총독부가 막을 때에도 일본으로 건너가는 사람이 꾸준히 늘어납니다. 1910년 2,500명 남짓에 지나지 않던 재일 한인은 1920년 3만여 명으로 늘어났고, 1930년에는 어림잡아 30만 명으로 크게 늘었습니다.

일제가 만주 같은 곳으로 한인들을 강제 이주시킨 까닭은 무엇인가요?

● ● ●

일제는 1931년 만주사변을 일으키고 이듬해인 1932년 만주국을 세운 뒤, 많은 한인을 이주시켜 중국 동북 지역을 대륙 침략의 병참기지와 식량기지로 활용하려 했습니다. 또 일제는 한인을 보호한다는 명분을 내세워 산악 지역에 흩어져 살던 한인이나, 항일유격운동이 활발한 곳에 사는 한인들을 강제로 모아 집단 부락이나 집단 농장을 만들어 통제했습니다. 1930년대 후반 만주 한인의 수는 두 배 넘게 늘었고, 사는 곳도 흑룡강성 북부 같은 곳으로 넓혀집니다.

소련 정부도 한인들을 강제 이주시켰죠?

● ● ●

19세기 중엽부터 소련 땅인 연해주로 건너간 한인들이 있었습니다. 1917년 러시아혁명 때 한인 사회는 10만 명 남짓이었습니다. 이곳에서 한인들은 논농사를 처음 시작하고 부지런하게 살아 다른 사람에게 인정받았습니다. 그러나 일본과 전쟁을 앞둔 소련 정부는 1937년 17만 명 남짓한 한인을 강제로 카자흐스탄과 우즈베키스탄으로 집단 이주시킵니다. 한인이 일본의 첩자 노릇을 할지도 모른다는 핑계를 댔지만, 사실은 중앙아시아의 빈 땅을 이들의 노동력으로 개간하려 했던 것입니다.

연해주에서 강제 이주한 한인들을 '까레이스키'라 부릅니다. 까레이스키들은 이주에 필요한 물건을 챙길 시간도 없었고, 기차 공간도 비좁아 연료 · 의료 · 식량 말고는 모두 두고 떠날 수밖에 없었습니다. 소련 정부는 이들이 두고 간 재산을 보상해 주지도 않았습니다. 기차는 위생시설이 형편없어 한 달 동안 이동하는 길에 많은 사상자가 생겼습니다. 살아남은 까레이스키들은 맨주먹으로 다시 시작해야 했습니다. 피눈물 나는 노력으로 생활은 차츰 안정되었지만, 소련 정부는 우리말과 글을 쓰지 못하게 하여 소수민족의 정체성을 잃어 버리게 됩니다.

탄광 노동자 등으로 일본에 강제 연행된 한인도 많았죠?

중일전쟁을 일으킨 일제는 병력 보충과 전시산업 노동력을 확보하려고 한인들을 일본으로 강제 연행했습니다. 일제는 1939년 9월 '조선인 노동자 모집과 도항 취급 요강'을 발표하면서 '모집'이라는 형식을 빌려 강제 연행했습니다. 1945년까지 강제 연행된 한인은 100만 명이 넘습니다. 20만 명으로 짐작되는 일본군 성노예도 이때 끌고 갔습니다.

일본 내무성 사회국은 1936년 9월부터 협화회를 만들어 일본에 사는 한인 노동자를 통제하고 치안을 유지하려 했습니다. 한인 노동자는 반드시 협화회에 들어가야 하고 회원증을 늘 가지고 다녀야 했지요. 협화회는 군사조직처럼 '소대-중대-대대'로 구성되었습니다.

해방될 때까지 나라 밖으로 나간 사람은 얼마나 됩니까?

'해방' 무렵 나라 밖에 살던 한인은 어림잡아 만주에 160만 명, 일본에 210만 명, 중국 본토에 10만 명, 연해주와 소련에 20만 명, 미주와 그 밖의 곳 3만 명 등 모두 403만 명 남짓입니다. 이는 국내 총인구 가운데 6분의 1에 해당하는 엄청난 규모입니다.

해방이 되어 한국으로 돌아온 사람들 가운데 중국이나 일본으로 되돌아간 사람도 많았습니다. 한국으로 돌아온 이들을 '귀환 전재민'이라 불렀지요. 한국 사회는 갑자기 크게 늘어난 귀환 전재민을 떠안을 만한 여유가 없었습니다. 귀환 전재민은 해마다 늘어 갔고, 전재민을 달갑지 않게 여기는 사람도 생겨납니다. 이런 어려움 속에서 귀환 전재민 가운데 일부는 떠나온 곳으로 되돌아가기도 했습니다.

남북 분단은 나라 밖에 남아 있던 한인에게 어떤 영향을 미쳤습니까?

일본에 남아 있던 한인들은 1945년 10월 '재일본조선인연맹'을 만들었지만, 한반도의 좌우 대립이 재일 한인 사회에도 영향을 끼칩니다. 1946년 10월 우익 사람들이 '재일본조선거류민단'(민단)이라는 또 다른 조직을 만들어 재일 한인 사회는 좌우로 나뉩니다. 이승만 정권은 재일본조선인연맹을 공산주의 단체로 규정하고 일본의 요시다 정권과 함께 이들을 '불온분자'로 몰아 한국으로 강제 송환을

산 사람들은 천명으로 살아온겨

그냥 밥을 퍼 주고, 몸이 그래서 못 간다고 그러면 …… 이렇게 밥을 펐다가 엎어놔. "뭐 하러 그러냐."고 그러면 "넌 오늘 노니까 못 먹는다." 이거야.

…… 사고들 많았지. …… 탄 무너지면 꼼짝 못 하게 죽어. 나갈 구멍이 있나. (조선 사람들) 숱하게 죽었지. …… 죽으면 우리들이 나가서 화장한다니까. …… 마지못해 그놈들이 꺼내 주면 들고서 노무자들을 화장해. 화장하는 데 갖다 놓으면 어떻게 하는지는 몰라. 태우는지 어떻게 하는지 화장하더만.

— 김동업, 『강제동원구술기록집 4 : 가긴 어딜 가? 헌병이 총 들고 지키는데』, 일제강점하 강제동원피해 진상규명위원회.

일본 사찰에 안치된 한국인 탄광노동자 위폐.

추진하기도 했습니다.

해방 뒤 미국으로 건너간 사람 가운데 주한미군 배우자들이 적지 않았는데, 그들은 어떻게 살았나요?

● ● ●

한국전쟁 뒤 4만 명 남짓한 주한미군이 주둔하면서 미군부대 근처나 기지촌 등에서 한국 여성들이 미군과 만났고, 그 가운데는 결혼하는 사람도 생겼습니다. 이 여성들의 가족이나 친지마저도 미군과 국제결혼한 것을 부끄럽게 생각하는 일이 많았습니다. 이러한 편견과 눈치를 피해 주한미군 남편을 따라 미국으로 건너간 주한미군 배우자 수가 1965년까지 6,000명에 이르렀습니다. 주한미군 배우자들은 미국에 가서도 한인 이민자들의 편견 속에서 이민 사회 구성원으로 제대로 뿌리내리지 못합니다. 그뿐만 아니라 미국 가정에서도 편견에 시달리고 무시당하기 일쑤였습니다.

한 뼘 생각

한인 이주민이 겪었던 온갖 어려움을 보면서 어떤 생각을 하셨나요? 이 땅에 들어온 '해외 이주민'에게 눈을 돌려 보기 바랍니다. "유순하고 착한 ○○○나라 처녀와 결혼" 따위의 선전 글이 몹시 거슬립니다만, 결혼 업소를 통해 동남아 여성들이 우리나라 농민과 결혼하는 일이 많아졌습니다. 어디 그뿐입니까. 이 땅에 들어온 외국인 노동자도 크게 늘었습니다. 그러나 농촌 초등학교에 '혼혈아'가 많아지면서 이들에 대한 편견 때문에 여러 문제가 생기기도 한답니다. 외국인 노동자를 곱지 않은 눈길로 바라보는 사람도 많습니다. '혼혈아'도 이 땅의 아들 딸들이고 외국인 노동자도 지구촌 식구라는 것을 까마득하게 잊어버린 못난 사람들입니다. '해외 이주민'의 고통을 이해하고 따뜻하게 손을 잡아 국경을 넘어선 연대를 해야 한다는 것을 모르는 사람이 아직 많습니다.

| 독자가 더 읽으면 좋을 이 책의 **주요 참고문헌** |

강영환, 『한국 주거문화의 역사』, 기문당, 2004.

강준만·오두진, 『고종 스타벅스에 가다』, 인물과사상사, 2005.

고미숙, 『나비와 전사』, 휴머니스트, 2006.

공간 수유+너머 근대매체연구팀, 『신여성-매체로 본 근대 여성 풍속사』, 한겨레 신문사, 2005.

김경일, 『여성의 근대, 근대의 여성』, 푸른역사, 2004.

김진송, 『서울에 딴스홀을 許하라』, 현실문화연구, 1999.

김태수, 『꽃가치 피어 매혹케 하라』, 황소자리, 2005.

김태웅, 『우리 학싱들이 나아가누나』, 서해문집, 2006.

노형석, 『모던의 유혹, 모던의 눈물』, 생각의 나무, 2004.

마정미, 『광고로 읽는 한국사회문화사』, 개마고원, 2005.

박노자, 『나를 배반한 역사』, 인물과사상사, 2003.

박천홍, 『매혹의 질주, 근대의 횡단』, 산처럼, 2003.

서은영, 『세상을 닮은 집, 세상을 담은 집』, 서해문집, 2005.

신명직, 『모던 뽀이 京城을 거닐다』, 현실문화연구, 2003.

역사문제연구소, 『우리 역사의 7가지 풍경』, 역사비평사, 1999.

이승원, 『학교의 탄생』, 휴머니스트, 2005.

이승원, 『소리가 만들어낸 근대의 풍경』, 살림, 2006.

이영미, 『흥남부두의 금순이는 어디로 갔을까』, 황금가지, 2003.

이이화, 『한국사 이야기 22-빼앗긴 들에 부는 근대화 바람』, 한길사, 2004.

이임하, 『계집은 어떻게 여성이 되었나』, 서해문집, 2004.

천정환, 『근대의 책읽기』, 푸른역사, 2003.

한국역사연구회, 『우리는 지난 100년 동안 어떻게 살았을까』 1·2, 청년사, 1998.

| 찾아보기 |